姑婆那些事儿

决胜用户增长

八大理论、六大案例，让你快速实现用户增长

姑婆那些事儿万佩 郝君子 高远 ◎ 编著

人民邮电出版社
北京

图书在版编目（CIP）数据

决胜用户增长 ：八大理论、六大案例，让你快速实现用户增长 / 姑婆那些事儿万佩，郝君子，高远编著. -- 北京 ：人民邮电出版社，2019.8(2020.10重印)
ISBN 978-7-115-51301-4

Ⅰ．①决… Ⅱ．①姑… ②郝… ③高… Ⅲ．①企业管理－营销战略－研究 Ⅳ．①F274

中国版本图书馆CIP数据核字(2019)第098294号

内 容 提 要

随着“增长黑客”这一概念的兴起，如何实现用户增长也越来越受到运营人员的关注，本书是自媒体姑婆那些事儿（简称“姑婆”）根据多年来的工作经验，对用户增长的理论以及案例进行总结编写而成，引导读者掌握用户增长的相关知识。

本书共 6 章，第 1 章讲解产品，让读者快速了解用户增长的基础；第 2 章介绍用户，让读者初步接触如何获取用户；第 3 章介绍用户增长理论，让读者通过对八大理论的学习，快速掌握用户增长的方法；第 4 章介绍用户增长的流程，让读者了解用户增长的步骤；第 5 章介绍用户增长的技巧，让读者轻松掌握用户增长的推广方式；第 6 章介绍用户增长的案例，通过六大企业案例，让读者全面了解用户增长。

本书适合企业的管理人员、企业的运营人员以及独立营销人等互联网营销行业的从业者阅读。

◆ 编　著　姑婆那些事儿　万　佩　郝君子　高　远
责任编辑　俞　彬
责任印制　马振武
◆ 人民邮电出版社出版发行　北京市丰台区成寿寺路 11 号
邮编　100164　电子邮件　315@ptpress.com.cn
网址　http://www.ptpress.com.cn
北京盛通印刷股份有限公司印刷
◆ 开本：720×960　1/16
印张：15
字数：259 千字　2019 年 8 月第 1 版
印数：4 001 – 4 300 册　2020 年10月北京第 2 次印刷

定价：49.00 元

读者服务热线：(010)81055410　印装质量热线：(010)81055316
反盗版热线：(010)81055315
广告经营许可证：京东市监广登字 20170147 号

前言

PREFACE

流量是大多数生意的命脉，那流量是什么？它其实可以理解为用户的时间，因此，如何提升用户规模，获取用户的关注时长至关重要。

字节跳动公司为什么会成为新的行业领先者，受到行业内其他公司的追捧，就是因为无论在用户规模还是用户时间上，它都抢占了行业内的很多市场。从新闻领域的今日头条，到短视频领域的抖音，字节跳动公司在诸多领域大放光彩，成为创业公司在用户增长这方面的经典案例。这也再次说明，技术和资本并不是企业成功的决定性法宝，谁能够低成本获得用户，高价值进行变现，谁才有可能在未来激烈的竞争中立足。

自从毕业以来，我一直从事推广相关工作，产品涉及网站端、手机端以及新媒体端。做过大规模的付费推广项目，也做过不花钱来撬动用户的项目。深感用户增长是有很多共性的，如果能从共性中抓住普适性的规律，那么以后无论做任何产品、任何项目，都能驱动用户增长。

运营和推广是一个受个人主观意识和能动性影响很强的事情。每个人做事情的风格、思维方式和执行力都会影响项目的成败。所以做运营和推广的这个人，一定要有系统化的思维和能力（项目调研能力，数据分析能力，执行力，整合资源能力，复盘能力，团队领导能力等），如此才能提升项目成功的概率。

本书内容是我从业以来的所看、所思、所感，涉及的理论是我从实践过的项目里提炼出来的，我现在基本上每次做新项目，都会用它来指导实践。而每次项目复盘后，反过来我又会不断地优化我的理论，从而让我对运营和推广有更深的理解。

感谢人民邮电出版社有限公司给予我这个宝贵的机会，可以把我的相关经验进行总结，输出给大家。希望大家在未来的产品推广中，可以从本书中获取一些灵感。

万佩

目录

CONTENTS

第 1 章 用户增长的基础 —— 产品

1.1 快速了解产品 02

1.1.1 产品的定位 02

1.1.2 产品的定义 03

1.1.3 产品的分类 04

1.2 产品功能 04

1.2.1 产品取名 05

1.2.2 易于传播 06

1.2.3 用户参与 09

1.2.4 留存活跃 12

1.3 产品矩阵 14

1.3.1 流量产品 14

1.3.2 矩阵搭建 16

1.3.3 价值联动 18

1.4 本章小结 20

1.5 章节练习 21

第 2 章 用户增长的关键 —— 用户

2.1 快速了解用户 23
2.1.1 什么是用户 23
2.1.2 什么是有效用户 24
2.1.3 有效用户的分类 25
2.2 正确使用用户画像 25
2.2.1 获取用户画像 26
2.2.2 解读用户画像 26
2.3 获取新用户的三部曲 30
2.3.1 接触——清晰定位新用户 30
2.3.2 感触——与用户产生共振 31
2.3.3 行动——完成用户转化 33
2.4 如何有效触达用户 34
2.4.1 设计用户触达场景 34
2.4.2 搭建用户触达体系 35
2.5 本章小结 38
2.6 章节练习——小猪短租 38

第 3 章 用户增长的八大理论

3.1 从用户中来，到用户中去——如何利用用户进行宣传 40
3.1.1 知识星球和 100 天看电影学英语的增长之路 41
3.1.2 用户增长案例分析 42
3.1.3 本节小结与思考 43

3.2 在 KOL 时代中，擒贼擒王——如何利用 KOL 进行宣传 43
3.2.1 Faceu、Keep、快牙、欧莱雅的 KOL 营销策略 44
3.2.2 KOL 营销策略分析 45
3.2.3 本节小结与思考 46
3.3 草船借箭——找对盟友事半功倍 46
3.3.1 合作共赢，实现用户增长 47
3.3.2 成功案例的特点 48
3.3.3 本节小结与思考 49
3.4 农村包围城市——找准拉新角度 49
3.4.1 拼多多的城市保卫战 49
3.4.2 一条的成功经验 50
3.4.3 本节小结与思考 51
3.5 馅饼理论——让用户得到好处 51
3.5.1 礼物说的病毒式营销 52
3.5.2 礼物说“馅饼”的制作方法 53
3.5.3 本节小结与思考 55
3.6 修炼内功——提高自己内在品质，打造业界优质口碑 56
3.6.1 扇贝单词——打造优秀产品 56
3.6.2 小米——做好优质服务 59
3.6.3 本节小结与思考 62
3.7 社交增长——通过社交传播拉动增长 62
3.7.1 拼多多的社交增长逻辑 63
3.7.2 拼多多产品及用户分析 64
3.7.3 本节小结与思考 66
3.8 鱼塘分群——提升有效用户的循环增长 66
3.8.1 根据用户行为建立用户分层模型 66
3.8.2 根据运营需求建立用户分层模型 67

3.8.3 数据驱动的用户分层实践 68
3.8.4 本节小结与思考 69
3.9 本章小结 69
3.10 章节练习——裂变公司 69

第 4 章 用户增长三步走

4.1 第一步：知己知彼 71
4.1.1 认识自己 71
4.1.2 认识对手 79
4.2 第二步：数据基础 88
4.2.1 数据指标，数据逻辑对接好 88
4.2.2 数据模型与分析工具 92
4.3 第三步：制定策略 126
4.3.1 产品打磨期的增长策略 126
4.3.2 产品发展期的增长策略 128
4.4 本章小结 131
4.5 章节练习——诸葛 io 131

第 5 章 用户增长实战技巧

5.1 产品本身的推广方式 133
5.1.1 内容推广—— 最走心 133
5.1.2 产品推广—— 最广泛 141

5.1.3 活动推广—— 最亲民......146
5.2 借助渠道的推广方式 151
5.2.1 线上推广......151
5.2.2 新媒体推广......165
5.2.3 社会化营销推广......169
5.2.4 异业合作......177
5.3 借助裂变工具的推广方式 180
5.3.1 公众号裂变“涨粉”......180
5.3.2 个人客服号裂变“涨粉”......182
5.3.3 社群裂变“涨粉”获客......184
5.3.4 小程序裂变......186
5.3.5 裂变活动策划流程......188
5.4 借助数据优化推广方案 190
5.4.1 用户行为数据化......191
5.4.2 数据驱动的推广方案优化......192
5.4.3 复盘总结推广策略优化......195
5.5 章节练习——酷传 198

第 6 章 用户增长企业案例

6.1 AppBK 海外投放 ASM 经验及案例 200
6.1.1 背景......200
6.1.2 ASM 的介绍......200
6.1.3 ASM 的基本原理......200
6.1.4 ASM 投放实例......205
6.1.5 总结......205

6.2 构建免费流量池做实体增长裂变拉新 10 万粉丝——萌新运营苑（大头）........ 206

6.2.1 裂变路径沉淀用户分类........206

6.2.2 开始准备........206

6.2.3 具体执行........208

6.3 衣二三如何巧用 A/B 测试实现高效增长........ 221

6.3.1 背景........221

6.3.2 第一组 A/B 测试........222

6.3.3 第二组 A/B 测试........223

6.4 墨迹天气电商转型时期的入口选择试验........ 223

6.4.1 背景........223

6.4.2 将 Tab 按钮的单击情况设置为本次试验的核心关注指标........224

6.4.3 总结........225

6.5 华住集团自主流量主战场官网首页优化试验........ 225

6.5.1 背景........225

6.5.2 用户体验设计方案........226

6.5.3 总结........226

6.6 追书神器用试验实现体验与付费转化的双赢........ 227

6.6.1 背景........227

6.6.2 布局修改........227

6.6.3 总结........229

附录　购书福利........ 230

第 1 章
用户增长的基础——产品

《论语·卫灵公》中孔子有云：“工欲善其事，必先利其器。”意指工匠要想做好自己的工作，一定要先让工具锋利，比喻要做好一件事，准备工作非常重要。做用户增长也是一样的道理，其准备工作就是做好产品本身。

那么就让我们带着以下问题学习本章内容。

1. 你的产品该如何定位？
2. 你的产品需要具备怎么的功能才能更好地自主传播？
3. 如何打造产品矩阵实现用户增长？

1.1 快速了解产品

做互联网产品无外乎有两种思路：一种是与大多数人相同，打造满足大多数人需求的产品；另一种是与大多数人不同，比如“乔布斯”型的创新产品。但无论是哪类产品，都不难发现，它们成功的背后往往是因为生产商非常清楚用户需要什么，而不是盲目地进行功能开发。

对于一款产品而言，功能往往不需要特别多，只有能满足用户需求，“戳”中用户“痛点”的产品才能受到用户喜爱，并且还能起到自传播的效果。产品的核心功能是为用户需求所驱动的，而不是想着去改变用户的行为习惯，让用户跟着你的思维走。因此，用户有怎么样的需求就会有怎样的产品诞生。

> 1.1.1 产品的定位

想要快速了解产品，首先需要了解产品的定位，即在为什么样的目标用户，解决什么样的问题，也可以理解其是一种“营销观念”，是美国艾•里斯和杰克•特劳特提出的营销理论。定位，就是某一事物在用户头脑中的印象；产品定位，就是确定产品在用户头脑中的印象。如百度在用户头脑中的印象是搜索，海飞丝在用户头脑中的印象是去头屑，蓝翔在用户头脑中的印象是学习开挖掘机。一旦产品定了位，所有的活动都会围绕这个定位而展开。

俗话说“开宝马坐奔驰”，说的就是宝马定位的用户是司机，奔驰定位的用户是坐车的人，又如沃尔沃，它使用了防抱死制动系统和侧翼防护，因此有了“车撞一下，没关系，继续走”这一定位，正是因为这 3 款轿车本身的性能和特点不同，也决定了它们的定位不同。

一、功能定位

功能定位主要指功能用途，就是这个产品主要是做什么，能满足用户什么样的需求，如冰箱是用来保鲜的，微信是用来社交的，支付宝是用来付款的。功能定位是产品的基础，只有明确了功能定位，才能谈其他的，产品才能稳定发展。

二、市场定位

市场定位是指我们要重点明确产品要卖给谁，不要奢望所有人都是我们的用户，如娃哈哈在用户心里的定位是儿童用品，当它推出“老人燕窝”的时候，无论广告怎么诉求，都没有很好地被市场接受，这是因为该产品只能满足一部分合适的用户，这就需要有所取舍。

三、产品的发展规律

因为需求本身是用户调研的结果，所以产品运营如果做得好，就会经历以下 4 个时期：开始时部分需求人群大捧（萌芽期）→更多有需求的人加入使用（发展期）→有需求的人基本都使用（成熟期）→人们开始渐渐失去兴趣，部分人流失（衰退期）。

但是，市面上也总是有一些产品明明在发展期，却突然停滞不前，逐渐走向衰退期；也有一些产品虽濒临衰退期，却突然通过庞大的用户增长基本回归成熟期。那么，这里面的关键点究竟是什么呢？

首先，要跳出固有逻辑，从产品延伸到行业思考。不要问你的产品能满足用户什么需求，而是要问用户为什么需要这一类产品。

其次，将自身产品的核心优势定位于“用户需要这类产品”的深层心理上，在接下来的产品生命周期里不断强化。

最后，在适当的时候推出一些与众不同的做法，避免用户对你的营销文案、操作方式感到疲倦，这样就会起到锦上添花的作用。

> 1.1.2 产品的定义

如百度百科所述，产品是指能够供给市场，被人们使用和消费，并能满足人们某种需求的任何东西，包括有形的物品，无形的服务、组织、观念或它们的组合，一般可以将其分为 5 个层次，即核心产品、基本产品、期望产品、附件产品和潜在产品。

核心产品是指整体产品提供给购买者的直接利益和效用；基本产品即是核心产品的宏观化；期望产品是指顾客在购买产品时，一般会期望得到的一组特性或条件；附件产品是指超过顾客期望的产品；潜在产品指产品或开发物在未来可能产生的改进和变革。

不难看出，产品往往是“一组将输入转化为输出的相互关联或相互作用的活动”的结果，即“过程”的结果。在经济领域中，产品通常也可理解为组织制造的任何制品或制品的组合，在现代汉语词典中，产品的解释为“生产出来的物品”。

简单来说，为了满足市场需要而创建的用于运营的功能及服务就是产品，而互联网产品的概念是从传统意义上的产品延伸而来的，是在互联网领域中产出而用于经营的商品，它是满足互联网用户需求和欲望的无形载体，是为满足用户需求而创建的用于运营的功能及服务，如新浪的产品有“新浪新闻”，腾讯的产品有“QQ”，网易的产品有“邮箱”等。

> 1.1.3 产品的分类

无论承载产品的形式怎么切换，互联网产品本身的属性不会发生改变，基本上分为内容型产品、服务型产品、工具型产品，如表 1.1 所示。

表 1.1 产品属性分类

产品类型	产品特点	用户需求	承载形式	代表产品
内容型产品	以内容为核心，满足用户内容消费需求	阅读资讯 学习知识 消费决策 消耗时间	网站 App 公众号 小程序	虎嗅
服务型产品	服务于用户，满足用户在生活、工作中所衍生出的需求	满足欲望 消耗时间 学习 工作 购物 娱乐	网站 App 微信公众号 小程序 客服	京东
工具型产品	通过使用产品，解决用户具体问题，用户使用产品目的性更强	完成选择 解决问题 提高效率	网站 App 公众号 小程序	QQ

1.2 产品功能

酒香不怕巷子深，好的产品会被人所寻找到并进行广泛的传播，因此，在产品上线之初，功能不需大而全，保证主要功能没有问题即可，用最核心的功能去打动用户，而延伸出来的其他功能，可在之后进行产品更新迭代时有计划地上线。

> 1.2.1 产品取名

人与人了解之初，是通过脸来分清彼此，而产品的名字就好比人的“脸”一样，一个响亮的名称、一个精心设计的标签能够起到好的传播作用，帮助产品脱颖而出。

一、让用户秒懂

名称是用户了解产品的第一步，名称和设计很重要，最好的情况是用户看到产品名称，就能知道其用途。如果用户看到名称后不知道该产品是什么，那么，就需要通过其他方式去了解，而运营者也需要在宣传时对产品的功能做更多解释，从而，用户和运营者要付出更多的成本。

解决的方法有很多，最简单的是在名称中加入功能，如产品名称是酷狗、荔枝、滴滴，用户很难仅凭名称获知产品的用途，但当名称变成酷狗音乐、荔枝 FM、滴滴打车，加上了功能的标签词之后，其用途一下子就清晰了。

二、让用户记住

名字最好不要起得过于复杂，简单、朗朗上口效果会比较好，如今日头条、知乎、淘宝、拼多多、饿了么、简书等。

三、让用户好奇

一个有趣的产品名称，能起到自传播的作用。想必大家在看到一些奇特的产品名称会有“这是什么啊”之类的反应。一旦某种产品能让你发出这样的感叹，说明你对该产品是有了解兴趣的，并且很有可能会分享给朋友。比如水表助手、便便达人等，一看到这些产品名称，会有“居然还有这种操作”的感受，然后就会尝试搜索了解一下，感兴趣的话还会去应用商店下载并体验。

四、商标

产品名称含有其他人的商标名称则构成侵权，因此，名称的选择不仅仅要考虑到好听、好记、符合企业文化，更要考虑到如何避免名称雷同问题及如何通过商标局审查、成功注册等问题。

五、唯一性

这里的唯一性是指最好不要用太常用的词汇，因为用户搜索时，你的产品可能会因为使用太常用的词汇而不突出，例如，百度、摩拜就比较好。另外，善用常用词汇的组合也是一个突出名称的方法，例如，虽然“大众”和“点评”都是常用词，但组合起来的“大众点评”就有唯一性了，同样，“今日”和“头条”都是常用词，但“今日头条”就有了唯一性。

> 1.2.2 易于传播

用户自传播不是万能的，但是没有自传播却万万不能。一个能够迅速“火”起来的产品，起初的用户增长爆发，还需要依赖自传播效应，如设计一款切入用户需求的产品、取一个自带传播属性的名称，增长前景会非常好。

至于传播的方法，无论是基于分享、邀请、砍价等任何方式，其目的都是让每个用户将产品分享到自己的“朋友圈”，把用户的朋友也发展为产品的用户，产品的流量自然就上来了。例如，小米曾策划的新品手机官网预售活动，预售量有限，很多用户为了买到手机会发动身边的朋友帮忙一起抢，这无形中就给产品带来了流量，传播了品牌。

甚至产品的功能定位可以是基于社交平台的，如需要多人协作完成的游戏，当一个人想玩游戏时，必定会找来多个人一起玩，在这个过程中就对产品进行了传播，显然，需要多人共同参与或帮助的产品，更容易具备自传播能力。

一、操作简单明了

一款产品应该做到让新用户也能迅速上手。尤其是产品上线之初，若功能设计得过于复杂，且栏目分类不明确，用户需要花时间思考如何使用产品，或者不知道产品的功能，用户体验就会大打折扣。用户觉得没意思可能就会放弃，那还如何谈自传播呢？

二、使用流畅无阻

产品功能定位准确是实现初期用户自传播效应的基础，并决定其是否能迅速带来大批下载量。如果主要功能没有运行流畅，甚至还会出现一些漏洞，即使实现了自传播引来大量的用户，那也很难留住，反而会起到反作用，造成负面影响。因此，在产品上线之初，一定要进行使用流程测试，或者邀请用户进行体验，确保上线后主要功能不出现漏洞，减少增长期新用户的流失量。

三、了解分享动机

每个产品运营都希望自己的产品能够在依靠用户自发的传播中一炮打响，但在这之前，要学会站在用户的角度思考以下问题。

用户为什么会主动分享某一产品？为什么没有把分享你的产品当作是为你打广告？当用户分享产品时，他们到底是在分享什么，或者想要表达什么？

既然是用户自发传播某一产品，说明该产品一定有至少一个能引起用户传播的动机。通常，吸引用户自发传播的动机主要有两个。

1. 直接利益驱动

分享可获得某种物质奖励，比如图 1.1 所示的很多游戏类产品的邀请好友拿大礼，直接以能够在产品应用内消费的利益来驱动用户把产品分享出去。

2. 满足用户某种社交心理需求

能够满足用户某种心理需求是社交平台一个比较关键的价值。就拿我们自己来说，我们每天在朋友圈、QQ 空间、微博等社交平台分享文字、视频、图片等是基于什么心理呢？

图 1.1　邀请好友拿大礼

用户在社交网络平台分享事物或产品的常见心理需求有：归属感、认同感、成就感、虚荣心，抑或是比较心理，如炫耀、好胜心、自尊心；展示欲，如塑造自己的形象、威信，给自己贴标签；求知欲，如爱学习；从众心理，如大家都转发的准没错，或者大家都知道的我也是知道的……

因此，运营人员想要使产品形成自传播，需深入分析产品的特点，列出产品能够满足用户哪些社交心理需求。

四、赋予分享属性

用户分享需要契机，这需要运营人员赋予产品一定的分享属性，为产品找到合适的切入点。

1. 游戏

有趣的游戏总会让人欲罢不能，分享游戏战果不仅可以告知朋友“我在干什么”，还能使用户获得成就感。很多游戏会在用户完成某个关卡或获得一定游戏积分后，出现“让你的朋友也来试试吧”“炫耀一下”等话语吸引玩家分享，如图 1.2 所示。

图 1.2　游戏分享

可以尝试将这种引导用户分享的方式多多应用在自己的产品中，或利用公众号做一些操作简单、有趣味的小游戏，并在游戏的某个页面提示用户分享。

2. 活动

如果想要短时间内让用户自发分享你的产品，那么发起活动是比较可行的方式。在活动中设置一些刺激用户分享的因素，比如前文提到的分享赢好礼，用户分享给好友后能获得额外的奖励，增加分享者的积极性。

（1）业务流活动

根据产品应用具体的业务来确定活动形式，如消费类App，可以采取抽奖、送红包、促销等形式来刺激老用户分享，通过活动带来一批新用户，如图1.3所示。

图1.3 活动盒子业务流活动模板

（2）节日流活动

借势节日做一些回馈用户的活动，提高产品的用户活跃度和分享率。如图1.4所示，活动盒子会在每个节日之前为产品运营提供各种节日模板，让运营人员快速生成节日活动。

图1.4 活动盒子节日流活动模板

（3）用户场景活动

用户在不同的场景下，对同一款产品需求不一样。运营人员根据用户在产品应用内的不同行为、场景推送不同的活动，不仅可以提高活动的分享率，更可以实现产品的用户自传播。

如图 1.5 所示，当用户登录活动盒子 App 后，推送一个签到送豪礼的活动，用户签到后中了一个充电宝。用户兑奖后，再提示他分享给好友。

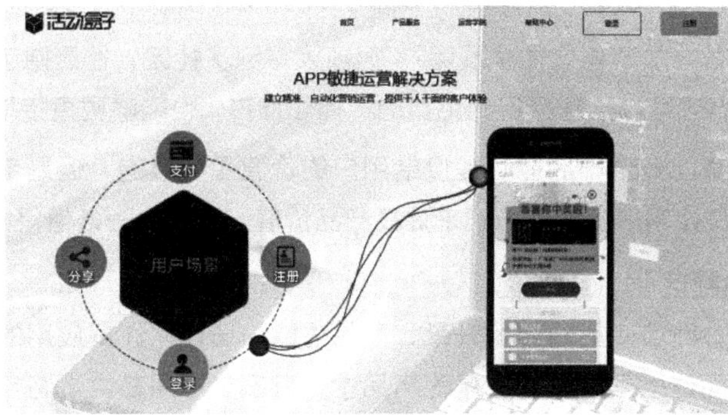

图 1.5 活动盒子提供用户场景精准化营销活动服务

3. 图片

图片相较于文字，更加直观，视觉冲击力更强，更容易让用户接受并将其分享出去。用户在社交网络分享比较多的就是图片，遇上各种搞笑、有趣的图片时，用户都有分享给好友的可能。在“读图”年代，图片不失为一个形成用户自传播的绝佳途径之一。如柏拉图 App 推出的个性标签图片之所以能够“火爆”互联网，主要还是靠用户与用户之间的自发分享和传播。

4. 视频

大量数据显示，在微信公众号中，视频比图文信息阅读量更容易上 10 万，用户分享转发率也更高。因此，通过制作一些和产品有关的视频来刺激用户分享也是如今比较热门的分享属性。如 2015 年“穹顶之下”视频被用户转发到各大社交平台，随着视频被大量的转发，某个污染地图类 App 下载量超过 100 万。

> 1.2.3 用户参与

我们常常把下载量作为衡量一款产品是否优秀的标准之一。但通过数据筛选，往往会发现，我们得到的只是大量的注册用户，有超过 20% 的用户可能只打开过产品一次。由此可见，如何让用户持续参与，才是我们最应该解决的问题之一。

一、增加讨论、社区功能

能够满足大众化需求，但是缺乏使用频度的产品价值不高。这里举一个典型的反例，通讯录是每一个人都会用到的一个大众化应用，但是一般人使用通讯录，都是在寻找非常用联系人的情况下，使用频度十分低。

就像通讯录一样，大部分产品尤其是工具类产品，都是这样的情况：缺少流量入口、打开频次较低、竞品多。即使实现了多功能的平台化，其核心功能及用户认知的限制也将决定这是一个无用功，结果自然就是增加用户难、流失快、变现难。

那么有没有办法改善这种状况呢？ 很多人想到了社区，社区除了能增加流量入口和应用黏度外，还可以让产品得到免费的传播和推广，也能够更直接地了解用户需求。

就功能而言，一个产品能够提供给用户的价值是有限的，但是个性化服务的空间是无限的。通过让用户参与的方式来提高产品价值，无疑是一条值得尝试的道路。

二、产品社区化、平台化

不可否认，随着产品的转型升级，产品功能的迭代，许多应用的产品形态也随之产生了变化。而这些形态发生变化的产品中，有不少应用在尝试将自身向平台化、社区化的道路发展。

1. 音乐类产品

以网易云音乐、虾米音乐、QQ 音乐为代表的音乐播放器应用逐渐平台化。

在产品形态上，这些 App 除围绕用户听音乐的核心需求出发，满足用户听歌决策的需求外，还实现了个性化歌单、电台、歌曲、MV 推荐的产品功能以外，它们正致力于将自身打造为一个音乐平台、音乐社区。

围绕用户了解音乐资讯的需求，开通专业生产内容（Professional Generated Content，PGC）音乐信息专栏；围绕用户与音乐相关的分享和互动需求开通用户原创内容（User Generated Content，UGC）社区、动态板块。

2. 工具类产品

网易有道词典（简称“有道”）的平台化，并上线问答社区就是一个很好的例子，如图 1.6、图 1.7 所示。

图 1.6 有道词典 6.0“学习词典”界面

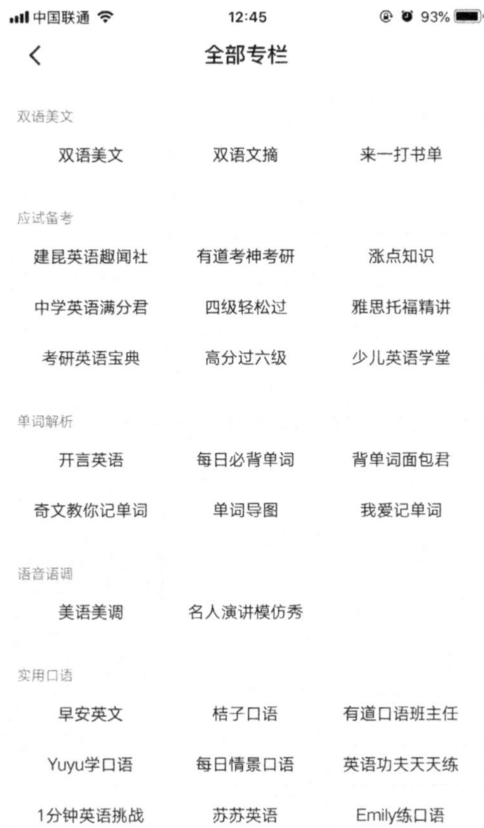

图 1.7 有道词典全部栏目

2012 年 11 月，有道开通了移动版的下载入口。早期的有道作为一款轻量级应用，产品形态相对简单，版本的更新迭代均围绕查词、翻译进行，没有社区，也没有太多的垂直专栏与内容，是一款在体验上几乎做到极致的查词和翻译软件。

而随着商业化的进程，有道为产品加入了支付、福利商城等功能。2015 年 9 月，有道新增“学习词典”功能，全面改版“单词本”，为词典用户量身打造分门别类的学习词典，在产品定位上向“定制化的外语学习平台”迈进。

2016 年有道新增圈子功能，开设“E 口同声”“考研备战团”“译路有你”等 10 个学习板块，用户可以在社区板块中实现互动；同时，随着用户量的不断增长，有道逐步在内容上发力，利用数亿级用户数量的优势，强化内容生产，由简单的查词工具逐渐扩充成更为全能开阔的外语信息媒体平台，并于 2016 年，针对“看天下”全部栏目做系统分类，为日后专栏的内容扩张、产品内容的运营打下基础。

3. 社交类产品

陌陌从“附近的人”逐渐转变成线上娱乐聚合平台。

陌陌这款基于地理位置的开放式移动视频社交应用产品，无论是从早期基于附近的人聊天到兴趣小组，还是短视频的加入、直播功能的加入，都使其一步步成为如今集基于位置服务（Location Based Service，LBS）社交、直播、短视频、滑动社交、视频聊天、视频群聊、游戏等多样产品功能于一体的线上娱乐聚合平台。

> 1.2.4 留存活跃

互联网产品中的留存率可以理解为用户的需求在产品内得到满足而主动留下来继续使用产品的一种状态，即用户在一款产品内是有一定生命历程的，很难要求用户对产品永远保持新鲜感与忠诚。基于用户的生命历程，可以将其进行分层，大致分为 3 个阶段，如图 1.8 所示。

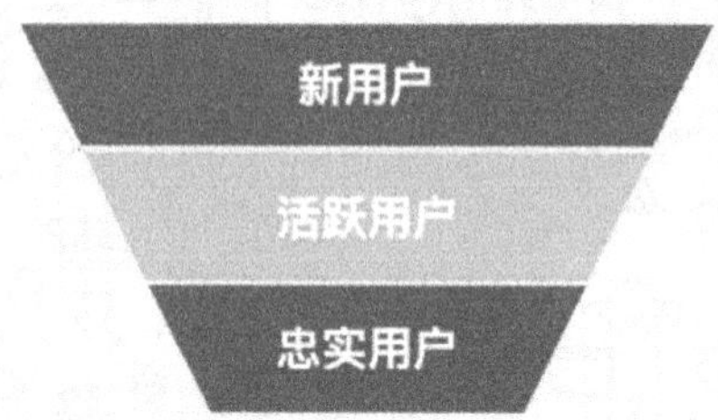

图 1.8 用户生命历程

新用户阶段: 第一次使用产品的用户。

活跃用户阶段：触发产品内某些核心行为的用户（如对于电商产品，活跃用户的定义是有过下单行为的用户；对互联网金融产品，活跃用户的定义是绑定银行卡的用户等）。

忠实用户阶段：高度认可产品价值并且主动给产品背书的用户。

基于用户生命历程属性，让用户留存的方式分为以下 5 种方式。

1. 内容驱动：原创优质内容很重要

我们都知道内容的重要性，好的内容自带流量。但同样是内容，差异在哪里，值得从以下几个方面来思考。

（1）内容与平台属性及用户需求有关

这其实也是内容的一个定位过程，即为什么用户要选择在你的平台阅读，因为你的文章符合他的需求。如常见的新闻平台会以新闻报道为主，地区性平台则集中发布地域特色的内容。

举一个具体的例子，一款为健身打造的平台，就大多会选择与健身相关的内容，如健身教程、健身食谱、健身计划等，当以合理的比例来包装这些内容时，就能让目标用户养成对应的阅读期待和阅读习惯。

（2）内容不要老生常谈，原创很重要

现在的很多公众号慢慢让人疲倦，很大一部分是因为原创内容比例降低，用户很可能刚刚在这个平台读完这篇文章，到另一个平台又发现类似的文章，既然去哪里看都一样，为什么一定要在你这里看呢？

除此之外，内容标题很重要，好的标题其实就是门面，可以多使用一些热点词、悬疑词，只要内容言之有物用户就不会介意。

2. 利益驱动：定期的活动和完善的积分体系

除了精致的内容之外，一些让用户产生期待心理的福利还是相当有必要的。

（1）定期举办活动

活动类型包括线上线下联动的类型和纯线上活动，线上线下联动活动的操作方式一般是线上发布活动公告，线下达到指定的消费要求或标准，即可以在线上获得抽奖机会或者其他奖励；又或者在线上完成某项调研，可以到线下领取相应礼品等，让用户感觉到自己只要留存公众号，很有可能某天购物惊喜就可能“砸”到头上。而纯线上活动的做法就更加多样化一些，可以是留言、点赞、答题、投票、抽奖、分享、截图、游戏等，礼品不在于有多贵，而在于参与方式简单，让更多的人都有获奖的机会。

（2）构建积分体系

一些涉及线下交易的平台，积分的赚取方式可以设置为交易积分、签到积分、论坛积分、参与调研积分、邀请其他用户关注或注册积分等，当用户完成赚积分的不同环节，定期可以兑换到一些小而实用的礼品会增加其参与的积极性。其中，积分商城中可以兑换的商品需要满足实用的特点，即人们生活中所需要的一些东西，才能够让积分体系真正发挥它连接和回馈用户的作用。

3. 服务驱动：建立与用户之间的情感联系

一个拥有百万名粉丝的公众号运营人员曾说过，他最喜欢的就是和自己的用户互动，用户的留言他都会看，即使工作繁忙，也会抽时间去回复，这其实就是一种情感沟通的意识。

运营一款产品，与用户之间情感联系的纽带就是客服，如果一名客服坚持每天接二三十通电话、管理四十多个微信群、定期回复后台消息以及留言板……刚开始用户可能没什么感觉，但时间久了，就会慢慢记住他并且会对其产生信任和信赖，这就是优秀的服务定会让用户看见的道理。

而当客服收集到用户反馈的建议并对其进行整理归类，将有效信息反馈给运营部和技术部时，这样也使运营和服务始终保持在一条线，为用户的需求而运营，为提供更好的服务而运营。

4. 功能驱动：给用户一个使用的理由

对于一个平台的运营，能够带给用户“刚需”或“趣需”的功能非常重要，这也是功能驱动的一个重要意义。如支付宝，对于经常使用它的人而言，都会非常熟悉它的 3 个基础功能：付款满足支付需求、余额宝满足理财需求、蚂蚁森林满足社交与趣味需求，也正是因为这 3 个功能，支付宝不断地完成与用户之间的互动和联系。

当然，依托于如今大数据平台和技术开发团队的不断创新，在功能驱动这一领域可以探索的还很多，也只有不断地进行创新、改变，才能更加靠近用户，完成留存。

5. 社交驱动：打造用户属性圈

通过产品定位建立共同爱好的圈子。产品中如果能加入用户互动的功能，这对提高用户留存有着很大的作用，同时，也能提高产品在朋友圈的传播力度。在产品中，用户之间有了交流，认识了很多新朋友，用户就不会轻易放弃这款产品。

就拿微信和 QQ 这两款 App 来讲，国内有智能手机的人基本上都装有这两款软件。因为它们已经和我们的生活密切相关，我们的朋友和家人都通过这两个平台交流、分享。因此，对于产品来说，应该能够吸引用户并把用户黏到产品上，这有增加用户“回头率”的能力。

1.3 产品矩阵

我们现在处于日益多元化的世界中，产品越来越难取悦所有人，因此需要另辟蹊径，将用户细分，为每类用户定制满足需求的产品。如宝洁有飘柔，还有海飞丝；腾讯有 QQ，还有微信；阿里有淘宝，还有天猫；今日头条有火山小视频，还有抖音短视频……打造产品矩阵的思路基本分为以下两种方式。

有纵向拓展产品形态的，如“十点读书”，横跨公众号、微博、电台、读书会和社区等多种产品形态。

有横向拓展内容主题的，如“视觉志”，其旗下已经有一个庞大的公众号矩阵，在各自细分领域名列前茅。

总的来说，产品矩阵强调用户定位，产品大都有较大差异性体验，常见于成熟组织，也是大部分人日常比较容易了解和看到的一种策略，即多品牌策略。

> 1.3.1 流量产品

流量产品指的是专门为获取用户而设计的产品，属于产品获客的一种途径。它本身的售卖是不赚钱的，甚至可能是亏钱的。但是商家会针对购买它的用户进行二次营销，转化到其他的高客单价、高利润的产品中，从而获得整体的盈利。它是一种长线的营销策略，包括优惠券、0 元购，甚至包括一些正常销售的产品，图书之于京东，门票之于途牛，都是这种营销策略。

与产品矩阵常见于成熟企业不同，流量矩阵更常见于中小企业，往往产品差异不大，用户群基本一致，更侧重于流量的获取和聚拢，意在最快速地占领细分市场。

一、优势和劣势

流量产品的增长策略，其实是把费用补贴给用户，可以很精准地算出来需要投入的成本，即成本是可控的，因用户是具备关联性的，用户的精准化和转化能力都会相应提升，如果首款产品获得很好的销量和口碑，那么在做二次营销的时候效果也不会差，需要注意的是，在实践过程中，尽量使成本可控、转化率可控，否则可能会出现亏损。

二、理论支持

用户的生命周期可以很长，获取用户之后，可以通过精准的营销以及一系列的服务，把用户转化到其他产品，获得二次转化，从而提升用户的价值。

生命周期总价值（Lifc Time Value，LTV）是产品从获取用户到流失用户所得到的全部收益的总和。LTV 用于衡量用户对产品所产生的价值，是所有用户运营手段改善的终极指标，同时，LTV 也应该是所有运营手段的最终衡量指标。

以用户获取为例，一个用户获取渠道的新客成本是否昂贵，并不仅仅取决于这个新客成本的绝对值的高低，还取决于获取到的用户 LTV 是多少。同样一个产品，A 渠道的新客获取成本是 150 元，B 渠道的新客获取成本是 300 元，直观地感受 A 渠道效果更好。但是如果后续追踪 LTV 之后，A 渠道的用户平均 LTV 是 100 元，B 渠道的用户平均 LTV 是 400 元。在考虑 LTV 之后发现，A 渠道每个新客亏损 50 元，B 渠道赢利 100 元，虽然 B 渠道新客价格更贵，但是 B 渠道更加有效。

三、实际应用

流量产品一般分为设计产品、计算用户价值、产品包装、营销推广、用户沉淀、二次营销 6 个步骤。

1. 设计产品三原则

第一，业务相关性。只有业务具备相关性，对应业务的用户才具备相关性，在未来的二次营销中，才会获取转化。比如，旅游产品里，门票是一种流量产品，它的用户可以转化到周边游、跟团游、酒店、机票等产品。

第二，门槛壁垒低。门槛低，用户才会很容易参与进来，才能形成规模可观的用户池，为后续转化打基础。比如免费产品、1 元购产品、爆款产品等。如果门槛太高，用户参与度会降低，后续的转化规模就会很小。

第三，刚需、高频。刚需的产品，适用人群范围大、规模高，如此才能形成规模大的用户池。高频的产品才能形成较高的转化率。

2. 确定用户价值包装产品

用户的整个生命周期价值必须先算出来，如此才能测算获客成本以及在用户身上可以花多少钱，然后根据这次价值参数，寻找合适的产品进行包装，打造用户需要的优质产品。

3. 不断推广完成用户沉淀

第一，需要通过各种渠道，把流量产品推广出去以获取用户。

第二，推广开启后，用户会付费进来，通过各种方式，把用户沉淀到各种渠道，包括数据库、微信公众号、微信号、网站、App、小程序等，形成流量池。

第三，可以通过各种方式去完善，搜集用户的资料，更好地了解用户。

第四，一方面，在正常推广的过程中，用户看到其他产品，会自然转化一部分到其他品类，从而完成二次营销；另一方面，在通过数据分析后，发掘用户的进一步需求，给用户进行个性化推荐产品，获取转化。

> 1.3.2 矩阵搭建

产品矩阵搭建指的是针对业务做了很多产品，各个产品一起配合，提升整体业务运营效率，如果产品与产品之间不进行关联，基本上就没有协同效应，达不到预期，因此，需要根据用户需求对矩阵搭建进行规划。

一、业务矩阵

每一个业务做成单独的项目，需要从用户需求出发，不同的业务满足不同用户的需求，并带有层级递进关系，不同的业务之间可以相互转化。

图 1.9 所示是姑婆那些事儿（以下简称“姑婆”）的业务矩阵。

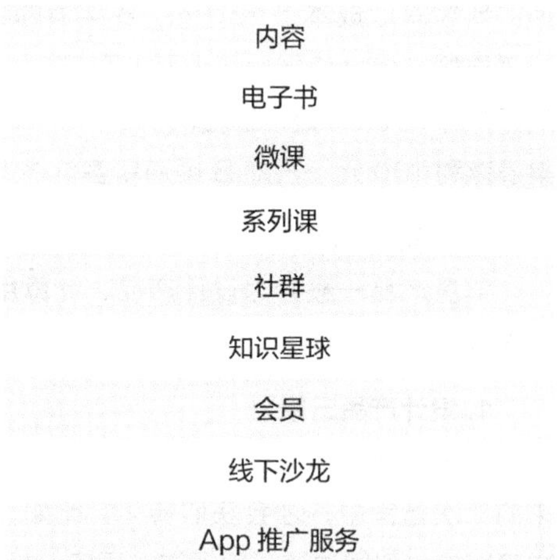

图 1.9 姑婆的业务矩阵

1. 业务逻辑

图 1.9 中的整体业务逻辑主要分为免费和付费两种，内容、电子书和微课是基础业务，可以免费提供给用户，主要用于获客。系列课、社群、知识星球、会员、线下沙龙和 App 推广服务是收费的，用于营收。

姑婆一方面通过电子书和微课持续做好内容，打造获客产品，不断吸引用户，扩大用户规模；另一方面，获客产品会为其他产品形成转化，如内容的用户会转化为电子书的用户，之后会转化为课程、社群、线下沙龙等的用户。营收产品之间也是会形成转化的，比如姑婆的课程用户会转化为社群用户等，基本上每一个环节，都是不断把自己和用户的关系，从弱关联变成强关联，最终希望部分用户可以转变成 App 推广服务的用户（姑婆主要的营收来源）。

最后，App 推广服务、社群等会产生优质的内容或者投稿用户，以此继续拓展内容源，提升内容质量。这些组成部分可以相互影响，相互转化，如果做好了，会形成一个很好的生态圈。

2. 转化方式

不同业务设置不同的负责人，每个人对用户规模负责，对营收负责。首先，需要把产品的用户规模数做起来，把活跃用户做起来；其次，需要把用户转化到其他产品上，把营收做起来。

具体的做法是把用户引导到运营的微信号上，一方面，当用户有需求的时候，积极回答用户的问题，进行业务引导；另一方面，根据用户的情况，在合适的场景下积极推荐业务。

二、产品矩阵

网站、App、小程序、微信公众号等形态都可以做成矩阵，我们需要把用户都沉淀到上面，每一个产品都有自己的定位，后续不同的产品之间是可以相互导流，且可以相互转化的。

图 1.10 是姑婆的小程序矩阵。

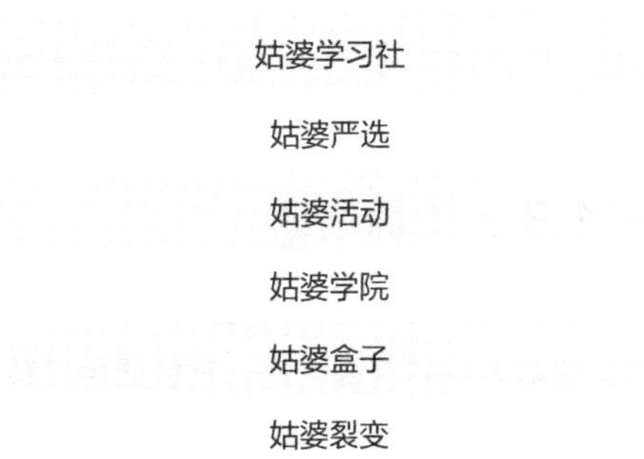

图 1.10　姑婆的小程序矩阵

总的来说，矩阵搭建强调用户定位，大都有较大差异性体验，并通过不同的业务或者产品进行联动，从而达到用户拉新和留存的目的，实现用户增长。

1. 姑婆学习社

姑婆学习社是官网的小程序，主要用来介绍公司的业务。一方面，可以更好地承载公司的介绍；另一方面，可以把用户聚集到该小程序，从而为其他小程序“导流”。所以它的使用场景类似于公司的门户，是所有业务以及其他小程序的入口。

2. 姑婆严选

姑婆严选是公司的网上商城，承载的是知识付费业务的销售活动，比如，用户可以通过姑婆严选小程序购买课程。

3. 姑婆活动

姑婆活动是公司活动的发布地，所有的活动都发布在这个小程序上，用户可以在这个小程序上看到这些活动。

4. 姑婆学院

姑婆学院是公司沉淀内容和用户的地方，付费内容以及付费用户都会聚集在这个小程序里面。付费用户可以在这里看到发布的知识内容，也可以在这里看到其他用户的信息。用户可以在这里学习，也可以在这里积累人脉。

5. 姑婆盒子

姑婆盒子用于收录小程序，姑婆可以利用自己的资源，为小程序开发者提供免费的推广服务，把小程序免费收录进来，为小程序开发者提供流量。

6. 姑婆裂变

姑婆裂变用于进行裂变推广，用户可以免费试用，帮小程序开发者推广小程序。

以上是姑婆目前做的小程序矩阵，每一个小程序都有独特的功能及定位，每一个小程序都可以满足不同用户的需求。下一步，姑婆需要把这些小程序连起来，看看如何最大限度地形成联动，提升整体运营效率。

> 1.3.3 价值联动

价值联动指的是如何通过运营，使矩阵产生协同效应，促使价值最大化，从而完成变现最大化的最终目的。它包括用户转化和收入转化两种目的。

一、用户转化的方式

用户转化指的是一个产品里的用户，也可以是另外产品里的潜在用户，它们的用户存在互相转化的关系，通过以下几种方式可实现不同产品之间的用户的互推和转化。

1. 广告

这里的广告指的是比较简单的方式，即在产品中加入其他产品的广告，直接宣传其他产品为其带来流量，比如姑婆盒子的显著位置在推姑婆严选。

2. 产品合作

产品合作方式可以是产品推荐，比如应用推荐墙，也可以是产品的深度合作，比如一个产品做汽车电商，另外一个产品做汽车信息，在汽车信息里可以放置汽车电商的产品推荐，在汽车电商里也可以放汽车信息模块，值得注意的是，这两种产品需要存在很强的产品合作和互推关系。

3. 活动

明白了产品合作的定位之后，不难看出，活动指在一款产品中通过活动的方式推广另外一款产品。同样拿汽车电商和汽车信息举例，汽车信息与汽车电商相比可以更好地获取用户，在汽车信息产品里可以做活动，如汽车电商产品 A 免费领取（需要下载汽车电商 App，在该页面参加活动），如此可以做到为汽车电商产品导流。

4. 更新升级

当一个产品完成使命之后，就可以提示用户“请大家及时更新到另外的产品”等。

5. 用户互推

在运营产品 A 的过程中，为了更好地留存用户一般会建立社群、公众号、个人号等，并用其来聚集用户，那么就可以直接在这些渠道推广产品 B 的福利活动，用户自然会顺利地迁移到产品 B 中。

6. 资源共享

有些起步早的产品，如今已经累积了很好的品牌属性，拥有一定的资源和流量基础。那么就可以借助已经成熟的优质产品资源培养起步比较晚的产品。如优质产品可以获得不错的赞助资源、奖品资源，就可以直接移植过来给起步比较晚的产品使用。

二、收入转化的方式

收入转化指的是一个产品的用户不仅在这个产品上消费，还可以到其他产品上进行消费，一次形成不同产品之间用户的转化，可以通过以下几种方式进行。

1. 消费升级

如矩阵搭建所讲，因为产品矩阵是针对不同的需求设置的，不同的需求意味着人群的需求不一致，如姑婆的微课产品可以到系列课程进行转化，因此可以通过微课产品将低端社群的用户转化到高端社群中，从而完成消费升级。

2. 精准推荐

在打造产品矩阵的过程中，因为产品的多样化可以满足用户的多种需求，因此可以针对已有付费用户，调研了解他们的需求，从而对他们进行精准的产品推荐，以实现变现。

3. 资源共享

如借助已经成熟的优质产品资源培养起步较晚产品的道理一样，变现能力强的产品同样具有一定的固定资源和增长模式，可以将这些模式复用到起步较晚的产品中，从而实现流量变现。

三、案例分析

下面以姑婆订阅号为其服务号“涨粉”为例，重点分析在这个过程中是如何完成价值联动的。

1. 新增关注回复

设置自动回复，当粉丝关注姑婆订阅号后，系统自动回复“姑婆那些事儿还为你准备了 xx 福利，关注姑婆那些事儿服务号获取”，为服务号进行第一步引流。

当用户关注服务号后，同样利用自动回复功能，为用户发一个领取礼品的任务卡，即助力好友关注服务号即可获取，如此为服务号建立初步的裂变导入粉丝模型。

2. 社群用户

在姑婆那些事儿订阅号社群中做福利活动，设置一个任务卡给用户，助力好友关注服务号即可获取，为服务号“导粉”。

3. 微信小号

在朋友圈宣传助力好友关注服务号即可获取。

4. 原创内容

制作好精致的原创内容，在服务号率先发布，同时订阅号拿到授权进行转载，通过订阅号庞大的粉丝基础为服务号引流。

5. 资源共享

姑婆订阅号上线 4 年左右，积累了几十万名粉丝，在圈内品牌渗透率高，与不少合作伙伴建立了良好的合作关系，如 135 编辑器、幕布、创客贴、人人秀、小裂变等都愿意提供免费的产品给姑婆的用户当作福利。在本次自有产品导入粉丝过程中，把这些福利整合起来形成福利社，用于推广服务号，即用户想要获取礼品需要关注姑婆的服务号，从而为服务号新增大量粉丝。

1.4 本章小结

你是否也有过这样的苦恼：产品本身用户体验好，且在特定场景下能很好地满足用户需求，但用户却不愿意主动地去传播你的产品。在当今用户存量为主的时代，想要获得用户的青睐，除了给用户足够使用你产品的理由外，更需要打造产品矩阵以增加用户对产品自发传播的概率。

1.5 章节练习

1. 假设你经营一家企业，你的产品在功能上有哪些利于增长的设置？

A. 产品具有哪些功能？

B. 这些功能是如何拉动增长的？

2. 如果你来设计你的产品矩阵，会怎么做？

A. 做哪些产品，每个产品的定位如何？

B. 如何在用户增长与收入转化之间进行配合？

第 2 章
用户增长的关键——用户

“姜太公钓鱼——愿者上钩”的典故无人不知，但这其中却暗含了很多运营方面的知识。让我们来看一下，姜太公（类指产品）无疑是有才华的，但他缺少的是被人发掘的渠道，于是姜太公策划了一场自我营销的经典案例。姜太公知道自己是治世之才，他的目标是人心所向的周文王（类指用户），而周文王在哪里呢？姜太公通过事先准备知道了周文王的回都路径，于是就在周文王回都的必经之路上开始了宣传，姜太公自导自演了一个热点事件，从而吸引到周文王亲自接见，然后通过自己的才能为周文王排忧解难，开创了周朝。

通过这个典故，让我们带着问题开始本章的学习。

1. 你认识你的用户吗？
2. 怎么定义你的目标用户？
3. 怎么触达目标用户？
4. 怎么把目标用户转化成有效用户？

没有用户的产品是没有意义的，用户的存在是产品持续创造价值的基础，因此，做到更加客观和清晰地认识用户变得至关重要。我们需要了解我们的用户是谁，他们有什么样的习惯和能力，他们的困惑是什么，想要通过产品解决什么样的问题……通过认识用户，精确地把握用户认知，才能维系好用户，使产品向更好的方向发展。

2.1 快速了解用户

整个互联网的庞大用户群体对某个需求或产品都有自己的认知阶段，不同认知阶段的需求也不同。我们面对的是非常繁杂的用户群，无法通过庞大的用户群看清每一个用户行为，准确地判断并模拟他们的真正需求。因此，我们需要对用户群体进行分类，从全部用户中筛选出产品真正需要的有效用户，找到他们并了解他们，探寻出用户的核心需求，为产品提供更好的视角和思路。

> 2.1.1 什么是用户

每个产品的调性、文化甚至“灵魂”都与每一个用户息息相关，也影响着一款产品从上架到推广从而实现变现的路径，拥有更多的忠实用户也是互联网时代运营人员工作价值的体现，与工业时代为产品买单的用户不同，活跃在各个产品中的互联网用户主要分为五大类型，如图 2.1 所示。

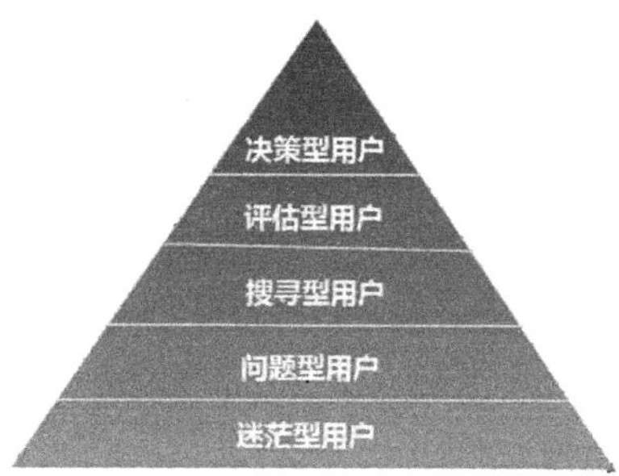

图 2.1 用户类型分类

一、迷茫型用户

在整个互联网用户群体中，迷茫型用户拥有相当大的群体基础。该类用户不知道自己的问题是什么，也不知道自己想要什么，他们购买产品的转化率比较低。我们需要做的就是唤醒他们的“痛点”，也就是帮助他们构筑一个目标或者树立某方面的危机意识，并给出对应的解决方案。

二、问题型用户

相对于迷茫型用户，问题型用户已经知道自己的问题，却困惑于寻找问题的解决方法，处于渴望去解决问题，却无法获知哪些产品对自己有帮助的阶段，更看重对自己所执着问题的解决方案的有效性。

三、搜寻型用户

搜寻型用户往往很清楚地知道自己的问题和答案，但还不知道自己该用什么产品，正处于搜寻产品的过程中，此类用户是整个互联网用户群体的中坚力量。相较于前两种用户，搜寻型用户已进入了产品锁定阶段，购买产品的转化率是比较高的，知道自己的问题和想要的答案，只是不知道该用什么产品来解决问题。

四、评估型用户

评估型用户已经对某个领域有了一些了解，想要尝试对产品进行锁定，转化率比搜寻型用户还高。这个阶段的用户明确知道自己的需求点，并且有较强的付费意愿，但却困惑于想要尝试的产品是否值得被持久信任并对其产生依赖感，处于对产品的评估阶段。

五、决策型用户

决策型用户是整个互联网用户群体的顶端用户，是离购买、转化、变现最近的用户类型。他们深知自己的产品喜好和产品依赖类型，对于一款新的产品而言，往往有尝试意愿，只差一点动力[①]。

> 2.1.2 什么是有效用户

有效用户是支撑产品持续发展的核心用户，在一款产品中，他们可能是付费型用户，为产品贡献收入，可能是使用型用户，为产品贡献点击量，也可能是领袖型用户，为产品带来互动……当我们通过各种营销方式获取众多用户后，面对初期庞大的用户群体，通过不断尝试与用户建立联系，排除掉无效用户，即潜伏在产品中的“僵尸”用户和非目标用户，从而沉淀下来的用户就是核心用户——目标用户，也就是需要我们重点尝试运营的有效用户（见图 2.2）。

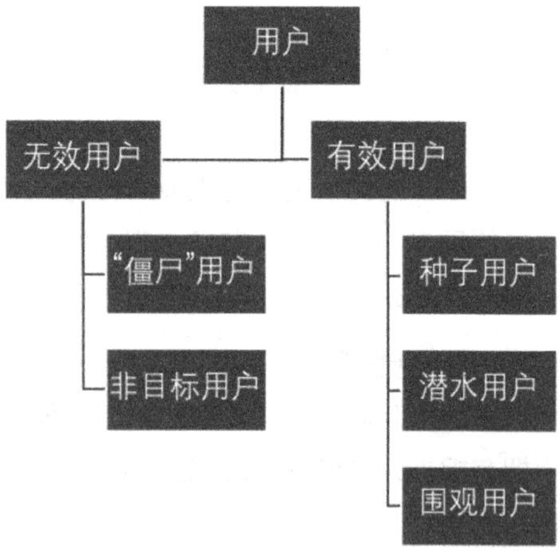

图 2.2 用户分类

① 内容来自微信公众账号：怪兽先森。

> 2.1.3 有效用户的分类

为了更加精准地找到核心用户，也就是有效用户，往往会选择将这些有效用户进行分类，如图 2.2 所示，一般分成种子用户、潜水用户、围观用户三大类。其中，种子用户是指能“发芽”的用户，细心培养，具备成长为参天大树的潜力，也是对产品的生命周期最有帮助的一类群体，以对该产品生命周期的影响力进行细分，一般将种子用户简单分为以下 3 类。

一、内行

我们可以把种子用户理解成愿意分享产品的用户，这类用户大多属于问题型用户和搜寻型用户，在一款产品的使用中，不只满足于被动地获得信息，更有意愿主动搜集第一手和第二手资料，并且会对收集到的信息进行加工和比较，因为他们了解自己的问题和需求点，一旦信任一款产品会毫不吝惜地主动分享，让更多具有同样困惑的用户知道。

二、联系人

联系人更像一个磁场，是能够快速把产品里的内容传播出去的用户，他们可能并不擅长创造内容，但他们的人脉很广，能够连接到的人绝对不仅仅局限于某一个或几个领域，而是不同年龄、不同职业、不同生活形态，甚至是不同国籍的。

三、推销员

如果说联系人可以让更多的人知道产品，那么推销员则可以让更多的人使用产品。推销员大部分已经处于评估型用户和决策型用户阶段，对某个领域有着一定的知识储备和非常信赖的产品，对自己信赖产品的价值观非常认同，并善于与处于该领域的迷茫型用户和问题型用户发生“互动”，在他们的感染和说服下，这些处于迷茫型和问题型的用户对于接收到的信息会印象更加深刻并乐于接受。

2.2 正确使用用户画像

只了解互联网用户群体和有效用户的基本属性是不够的，还需要通过更加具象的方式探寻用户的“痛点”，并告诉他们解决“痛点”的方法。其中被广泛使用的方法就是用户画像，如今其已成为重要的数据化思维方式。简而言之，用户画像就是运用数据分析的方式深度了解用户行为背后的需求点，从而策划有直接因果关系的营销决策。

> 2.2.1 获取用户画像

用户画像基于庞大的数据来源，获取并筛选出真实的用户数据和有效信息，无疑是一个细致而复杂的工作。为了保证它的精准维度，往往需要我们反复对用户贴标签，并不断对已获取的用户信息进行分析，精炼出更有价值的标签，然后通过后期用户的行为进行持续矫正。一般获取用户画像的方式分为以下两类。

第一类，尝试团队内部市场调研，并通过用户运营、产品、技术等部门的配合，找到切实有效的方式，如尝试新颖趣味的线上线下活动收集用户画像，通过“人工猜想 + 智能机器”获取用户画像，使用渠道包监测，直接给用户贴标签等。

第二类，通过参考行业内部报告获取，以该行业涉及的电商、App、网站、论坛等用户数据作为一个基本参考，并通过该行业内大号获取更多用户数据，但大部分数据基于保密性建议通过第三方平台获取，如易观智库等，从而做到抽象出每一个用户的信息全貌。

> 2.2.2 解读用户画像

用户画像主要分为两个维度：用户属性和用户行为，下面以母婴行业宝宝树的用户数据为例，讲解如何通过这两个维度做到清晰地分析用户画像，以及如何对后续的营销决策起到更加高效，直观的指导意见。

一、用户属性

用户属性是指用户的性别、年龄、地域、学历、收入、职业等基本属性，如图 2.3 所示，根据基本属性可更加直观地定位用户人群。

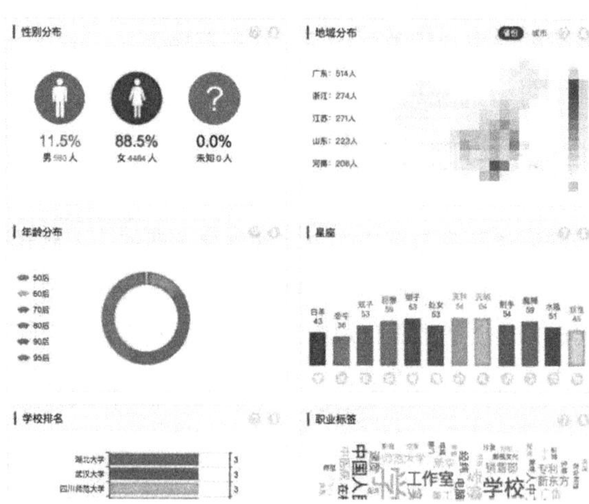

图 2.3 基础用户画像

1. 用户性别属性决定运营策略的调性

用户的性别直接影响了你服务用户时选取运营策略的调性，即是理性的还是感性的输出方式，能够更形象、直观地帮助你了解用户的性格和喜好，一般采取整体布局和具象分析相结合的方式，定位受众用户群体的基本喜好，从而解决了用户的最初需求。

2. 整体布局即整体数据概况简析

拿到一份用户画像数据报告，先从整体数据概况分析出大部分用户群体的性别属性，如图 2.4 所示，宝宝树拥有 80% 的女性用户，整体内容策略调性用“感性”的输出方式会更有亲和力。

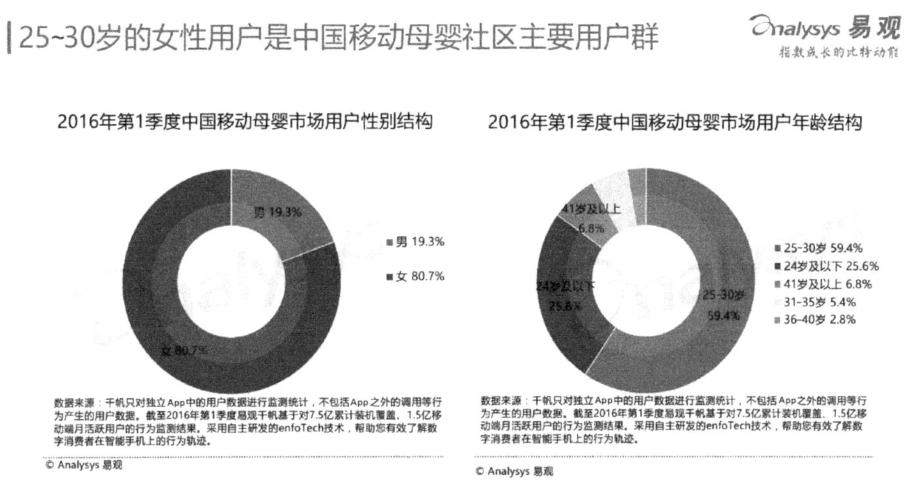

图 2.4 宝宝树主要用户群分布

3. 具象分析即重点数据细分呈现

对大部分用户群体继续细分定位出推广执行过程的侧重点，25 ~ 30 岁的用户有 59.4%，24 岁及以下的用户有 25.6%，所以很清晰地得知大多数的受众用户人群属于偏年轻化的群体属性，那么年轻化就是一个更加具象的调性基础。此外， 41 岁及以上的用户占 6.8%，针对高龄孕妇，在强大的大市场背景下，这部分用户的“痛点”很强，付费意愿也很高，尝试对这部分特殊群体的重点运营则是另一个调性关键点。

4. 地域属性是地域性推广参考的重要依据

如果你要做线下活动或有线下业务，用户地域数据无疑一个重要参考指标，如图 2.5 所示，宝宝树北京、上海、广州、深圳的用户占比 13.7%，相当大的部分是在乡村地区，根据这个地域属性分析，可以清晰看到用户群体在哪、生活圈子的形状以及认知边界，从而定期根据地域分布图对线上和线下推广内容的输出方式做出相应调整。

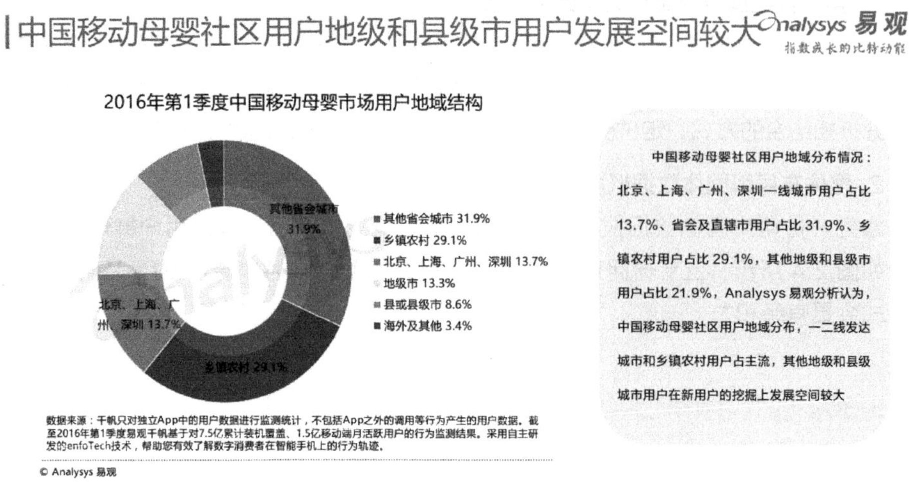

图 2.5 宝宝树地域属性分布

5. 用户学历、职业、收入是内容和变现的重要参考

用户学历（见图 2.6）、职业、收入等参数能更加清晰地描绘出用户群体的内在性格特征，做到具象模拟用户群体性格并给予更深入的推广角度，总体而言，用户群体越是高知，付费能力越强，但对内容的挑剔程度也越高，推广角度需要更加精细打磨；相反，如果用户群体文化层次不高，侧重点放在传播和裂变会是不错的选择。

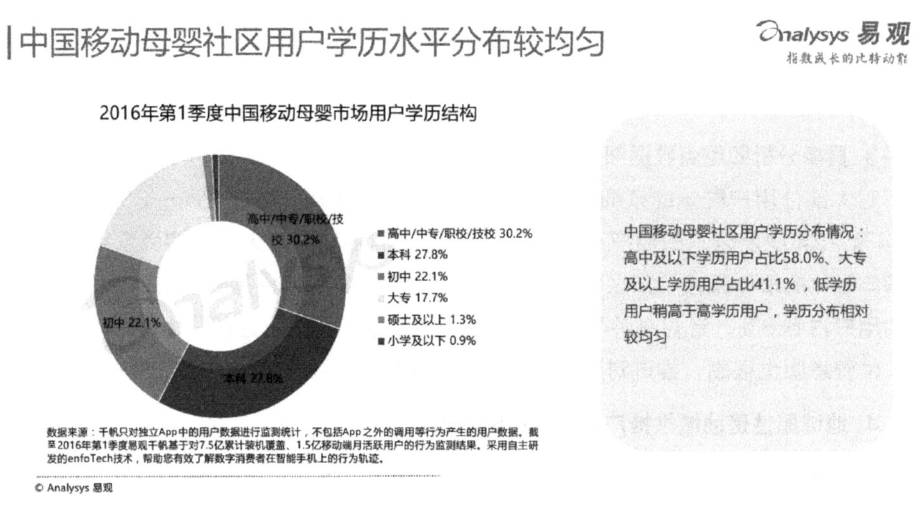

图 2.6 宝宝树用户学历分布

二、用户行为

对用户行为进行分析，最终通过不断给用户贴标签的方式精准定位用户，清晰地明确用户需求，如图 2.7 所示。

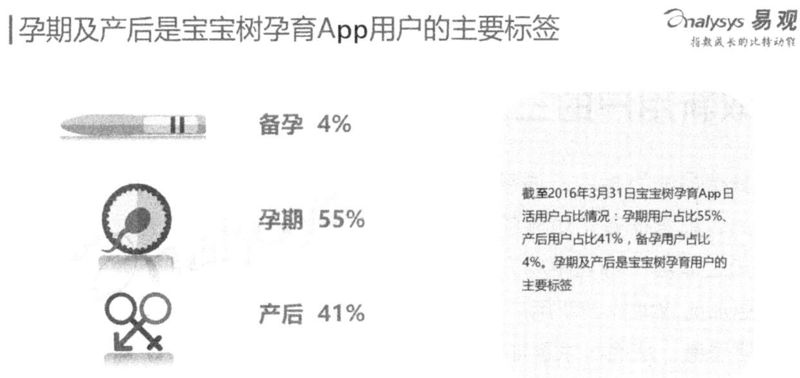

图 2.7　宝宝树用户主要标签

1. 进行用户分类，建立完善的用户结构

根据用户的浏览行为，将用户结构分成了三大类：备孕、孕期、产后，通过用户行为状态方式实现更加明确的内容属性区分。当然，在第一维度的拆分方式上也可以用年龄或兴趣来划分，通过选择不同的标准来划分人群结构，做到初步了解用户需求。

2. 通过细分用户贴标签精准触达

接下来需要对第一维度标签下的每个标签进行二级分类，如将孕期的用户继续细分为孕早期、孕中期、孕晚期，产后的用户细分为 0 ~ 6 个月、7 ~ 12 个月、1 ~ 3 岁、3 岁以上，并对每一类用户的主要标签进行总结，方便找到用户最关心的问题并对推广角度做出指导，如图 2.8 所示。

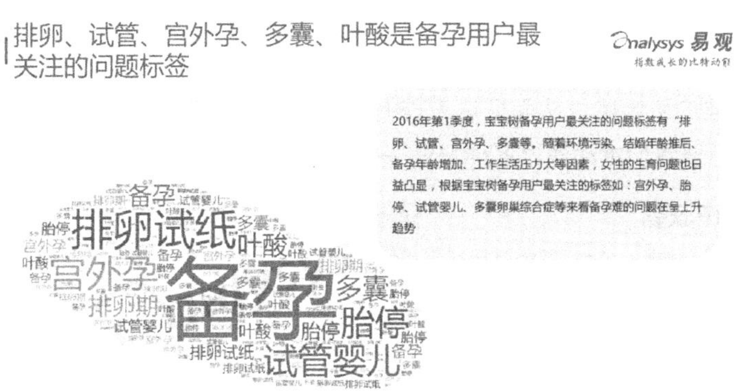

图 2.8　宝宝树用户细分标签

3. 不断复盘细分标签锁定用户

通过对每一类用户的主要标签下的选题、标题等关键词进行分析，找到用户真实的兴趣点，对日后的工作进行调整，通过不断细分用户标签和复盘的方式，做到真正明确用户需求[①]。

2.3 获取新用户的三部曲

正如一款产品的目标用户通常不会是所有人群，在通过用户画像“模拟”有效用户的行为之后，散落在各个角落的他们到底身在何方，通过什么方式才能更加快速地找到他们，知之非难，行之不易，如图 2.9 所示，通过“接触—感触—行动”三部曲能帮助我们更加高效地找到新用户，而这 3 个关键词在落实到执行层面往往错综复杂，需要我们深度思考，从而寻求更加准确的方式快速找到新用户。

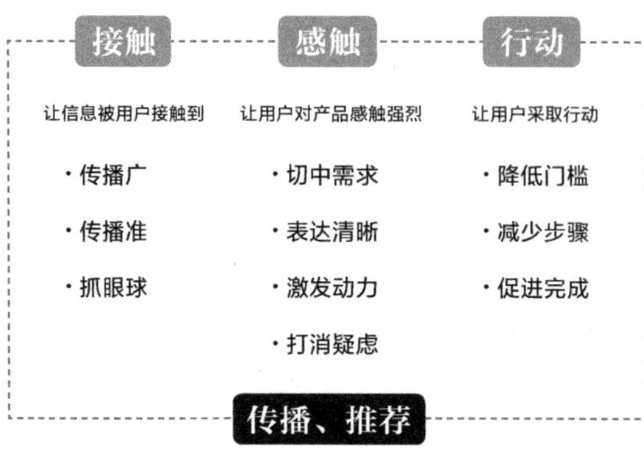

图 2.9 新用户增长流程

> 2.3.1 接触——清晰定位新用户

接触作为寻求新用户的第一步，需要根据目标用户的属性定位用户人群，让产品的信息得以推广和传播，从而抵达人群并完成转化，但产品信息不会自动流传到用户的世界里，需要我们主动通过各种渠道去传播。

一、用户获客

培养意见领袖（Key Opinion Leader，KOL）传播：通过用户获客，主要是指利用活跃在各大平台的 KOL 进行宣传，从而获得新用户。在微信群、朋友圈、QQ 群、

① 该内容作者杨坤龙，媒老板创始人，90 后新媒体从业人员，有着丰富的行业经验，目前参与运营的公众号多达 50 个，创作的付费课程“零基础做出赚钱公众号”累计学员多达 5 万人。读者可关注公众号“坤龙老师”，回复“涨粉”，即可获取 9 个增加粉丝的秘诀。

贴吧、论坛等流量阵地的公共平台培养相关领域的 KOL，然后将广告、软文、公关文由 KOL 投放给他们的粉丝。

用户自发宣传：如果产品本身已经具有权威性或者质量很高，就会吸引相关领域的 KOL 主动进行免费宣传，这是一个互相成就的过程。

二、产品获客

一款优秀的产品，如一些符合当下时效性的、用到最新技术的、用户界面 (User Interface，UI) 设计非常棒的、开发者曾经被应用商店推荐过的产品，本身就拥有获取用户的能力，如满足于人群深度需求的功能性产品，用户在使用产品的过程中会主动逐步完成个人重要信息的添加，帮助产品获取清晰的用户画像，从而产生持续的获客能力。

三、渠道获客

先确定我们的目标人群，然后去生产或者搜集这些人群想要了解或学习的内容，它们可以是文章、视频、图片、图书、音频等多种承载形式，从而制作适合我们目标人群的“诱饵”文件并投放到不同的渠道，达到不断吸引目标人群的效果，如在微信公众号这个渠道中，回复相应关键词即可看到对应的文章；将软文投放到有大量目标人群活跃的论坛中触达用户等，均是通过渠道获客的形式。

四、工具获客

顾名思义，工具获客就是通过各种线上活动借助裂变工具获得用户的方式。正常来讲，这类活动也可以手动来做，但是会比较繁琐，效率比较低，所以需要工具。比如助力活动，邀请 6 个微信好友为你助力，即可获得一本运营类纸制书。这种活动，需要借助裂变工具来实现助力这个步骤，也需要借助工具来实现数据的统计。有了裂变工具，整体的用户体验也会更好。

> 2.3.2 感触——与用户产生共振

用户都有自己产生行动的理由，切中需求才会有强烈感触，比如，和一个喜欢自拍的女生讲性价比高是没用的，她最关心的功能是自拍效果好不好；而对于一些“痛点”是手机电池不耐用的用户来说，“充电 5 分钟，通话 2 小时”便切中了这些有电量焦虑的用户，因此找到目标用户的需求点，完成与他们的情感、体验共振是很有必要的，这样也更利于后期用户的转化。

一、表达清晰

让用户能够轻松理解产品的功能点需要我们完成清晰的信息传递，事实上，生活中我们会经常见到不知所云的推广信息，如图 2.10 所示，我们来猜一下它要推广的是什么产品。

图 2.10 某产品推广素材

你可能会说这是服饰、旅行、眼镜，甚至是楼盘的广告，这就是一个表达不清晰的推广信息对新用户造成的常见困惑感，其实，它只是一则广告位招租信息。如果广告位招租是一个需求点的话，那么像图 2.11 这样简单直接的推广素材，虽然艺术观感上不如图 2.10，但信息清晰，最终达到的效果会比图 2.10 好很多。

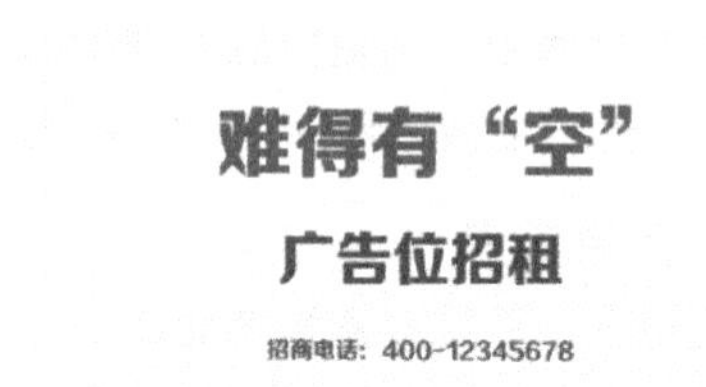

图 2.11 某广告位推广素材

通过这个例子，不难看出，在进行推广的时候，最起码的要求是把产品的特质讲清楚，不同于影视作品和艺术作品的发散性思考模式，在寻求与新用户的接触过程中，对产品的特质描述得越细分，与用户产生的共振感就会越具象，从而摆脱新用户对产品的困惑感和错觉感，从而更加有意愿去体验产品。

二、激发动力

想要让用户有所感触，需要调动用户的情绪，要么是激发快乐，要么是减少痛苦，要么是收获感动，如“你还想每天继续让 200 万只螨虫陪你过夜吗？XX 牌除螨机让你拥有干净、舒心的睡眠”这句推广语，通过增加人们对螨虫原有的恐惧感，因而让通过使用除螨机消除恐惧的诉求变得格外强烈；“你还在迷茫的工作中乏力摸索吗？XX 课堂让你少走弯路不再加班”这篇付费课程推广文案，通过唤醒用户内心在工作中迷茫的情感诉求，从而促使用户主动尝试学习付费课程。

因此，在新用户已有的需求点上，加大其对某种需求的渴望，或增加其解决某种问题的迫切感，从而与用户产生深度共振。

三、打消疑虑

尝试了解用户在使用产品过程中会有哪些疑虑，并提前让用户知道如何解除疑惑往往是个加分项，会让一个从未使用过产品的人觉得格外贴心和温暖，比如一款产品比同类产品的价格贵，用户的疑问往往会直接来源于价格，在他们初次了解这个产品的时候，清晰阐明价格贵的原因能够帮助用户消除来自价格的疑虑感，从而让产品的转化率也明显提升。

1. 提前预判

某电商平台上越来越多的商家开始赠送运费险，只要用户不确认收货，货款都可以全额退回，这样，用户在购买时就可以更快决策；还有一些商家，打消用户顾虑的方式是告知用户“拆了可以退，用了可以退，无效可以退，不爽也可以退……”让用户深感贴心的同时，也大大增加了转化率。

2. 客服跟进

用户做出购买操作后，也会有新的疑虑，如易碎品会不会完美送到、食物会不会变质等。这时用户可能会退货或下单后迟迟不付款，这种情况下就需要客服进行电话或者线上沟通，开导用户、关心用户，打消他们的疑虑，让他们完成付款。

> 2.3.3 行动——完成用户转化

从初次见面的认知度，到观察体验后的好感值，再到想要尝试的践行力……每一步的前行都离不开产品与新用户之间发生的奇妙“化学反应”，那么，如同游戏通关一般，最终得到的奖励与自己想要的画面是否吻合、收获喜悦的步骤还需要多久……这会最终决定新用户与产品之间能否得到一种深度契合和信任，一般而言，让用户得到舒适的行动体验需要以下三步。

一、降低门槛

用户行动的门槛越高，就越难形成转化，适当降低门槛，可以极大提高转化率，比如奔驰的天猫官方旗舰店，已经卖出了近万台 Smart，但在网店上支付 15 万 ~ 20 万元还是一个心理门槛非常高的事情，于是商家采用了先支付定金的形式，线上只需要支付 666 元，就可以获得一定比例的优惠，最后到店提车完成最终交易。还有像“不需注册可以先体验 App”“XX 会员免费试用 7 天”等策略，通过降低门槛的方式实现促使用户继续使用产品的可能。

二、减少步骤

科技的发展让产品的功能越来越简单，因此无论多好的产品，每增加一个步骤都会有流量的损失，尽可能地减少步骤无疑是明智之举，无论是领取奖励，还是在使用产品的过程中，尽可能减少步骤和跳转，让用户快速完成操作，既能节约用户的时间，也能让用户快速得到自己预期的需求值。

三、促进完成

在用户最兴奋、最感性的情况下，及时促进用户行为，减少用户的犹豫，也会使转化效果变得更好，比如某电商平台上每个商品都在限时特价，同时标有倒计时，通过时间的紧促感帮助用户完成及时购买，在用户加入购物车后，收到来自客服贴心的消息提醒，促使用户快速完成购买等，正因为用户在兴趣点或者需求点产生时往往都会带有一定程度的冲动行为，如果不在其感兴趣或者冲动意愿增加的时候及时促进，后续其再尝试的概率就很低，因此，必要时采取一定程度的激励方式可以更高效地帮助用户完成转化过程。

2.4 如何有效触达用户

当一款产品找到并聚集用户之后，随着时间的推移，用户需求和市场发生变化与调整，需要反复地调整触达用户的方式以便更好地维系用户。对于一款产品而言，无论是对新用户的定位转化，还是对老用户的经营维系，都需要通过触达用户的方式与他们建立联系。

> 2.4.1 设计用户触达场景

用户触达需要通过外部（渠道流量）、内部（用户营销）和内部（网站 /App）的关系实现，常见的途径分为外部环境的触达和内部环境的触达两大类，如图 2.12 所示。

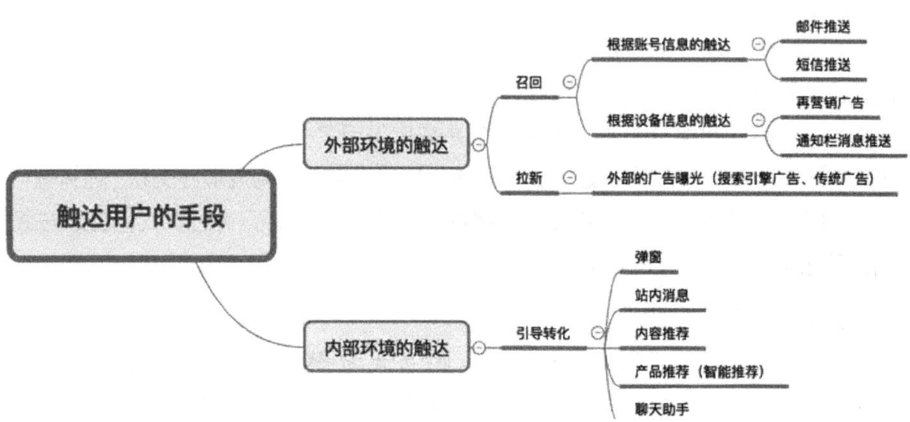

图 2.12 触达用户的方式

一、外部环境的触达

外部环境触达的用户更多是通过渠道合作、应用市场、软文推广、营销活动拉新、短信邮件通知、问卷调查等手段，主要分为召回和拉新两大维度。

（1）召回场景。因为邮件、短信、通知栏等从外部触达用户的场景，都是建立在拥有用户的账号信息或是设备信息的基础上，也就是说这些都是使用过我们产品的用户。所以邮件、短信、通知栏等触达渠道更适合对不活跃用户的召回场景，一般而言，流失时间不同的用户需要不同的召回激励，从用户路径中分析用户曾经的关键行为，从而去确定所采用的触达手段和给用户的激励，是召回用户最有效的方式之一。

（2）拉新场景。拉新场景的核心就在于让新用户看到我们，比如通过 KOL、置换资源、线上线下的各种活动、广告、优化搜索等手段，让目标人群看到产品信息，成为我们的新用户。

二、内部环境的触达

内部环境的触达主要通过应用内消息、推送、问答等产品功能实现自传播，在实际的触达过程中，如何有效地将活动信息发送给用户，并产生更高的转化也变得至关重要，需要我们引导用户完成，常见的触达方式有弹窗、站内消息、内容推荐、产品推荐、聊天助手等。

如某电商分析师分析活动页面的用户路径时，发现部分用户行为路径相似，都是浏览首页后跨过 3~5 个页面后才浏览到该活动页面，而这些用户均没有购买行为，于是该电商分析师在首页做了一个弹窗引导，想参加活动的用户可直接通过弹窗跳转，从而缩短了页面转化路径，提高了转化率。

通过总结用户使用一款产品的行为规律，结合它们为用户做引导，是与用户产生交互的贴心方式，通过这样的方式可以根据用户浏览行为偏好为用户推荐其感兴趣的内容，也可以根据用户的访问路径为用户打标签，做深度引导体验，让用户更加乐意与产品产生交互。

> 2.4.2 搭建用户触达体系

触达用户的目的一方面在于通过内部场景（如 PUSH）提升存量用户的活跃、留存和转化，另一方面在于通过外部场景 [如信息流广告、电子邮件营销（E-mail Direct Marketing，EDM)] 带来用户增长，搭建用户触达体系的目的在于通过用户洞察，建立信息与用户的关联，提升触达的转化效果。

用户增长的内涵在于“以用户为中心”，在用户触达上，同样需要通过用户画像挖掘用户需求关键词，以此来设计提升用户转化的内容。

某在线幼儿教育类产品有一项周末线上公开课的常规活动，针对已付费用户提升活跃度与黏性，在一次针对家长的“睡前故事”课程活动中，针对不同人群设计了3个活动推送标题。

标题1：睡前故事，为什么爸爸讲起来更动听

标题2：每天5分钟，爸爸如何给予女儿安全感

标题3：每天5分钟，让爸爸培养儿子成为男子汉

这次活动的主题是爸爸如何为孩子讲睡前故事，3条标题分别针对妈妈用户、女孩家长用户及男孩家长用户3类人群，通过用户标签筛选，匹配不同的推送标题，以此来提升转化效果。

上面这个案例实现了基本的“千人千面”效果，即同一内容根据目标受众的不同设计触达信息，在触达时机上设置了两种方式，一种是根据不同用户的平均高频使用时段设置具体的推送时间，另外一种是用户在非高频时段打开产品后进行推送。

上面这个案例是对智能化用户触达体系很好的诠释，从整体流程上来说，搭建用户触达体系需要分为“用户筛选：发现共性需求”“设计活动：建立个性化场景”“智能触达：把握触达用户时机”3个主要环节。

一、用户筛选：发现共性需求

以上面这个案例为例，通过用户标签筛选出妈妈用户、女孩家长用户、男孩家长用户3类用户人群，建立用户分层，为下一步活动设计提供人群基础。

在用户筛选上，除了用户属性筛选外，通过数据可以进行多维度的用户行为分析，如图2.13所示，以诸葛io工具提供的数据分析功能为例，其提供了“新增于”“活跃于”“属性”“做过”4个维度的用户分层筛选，通过用户新增时间、活跃时间、关键属性以及关键行为，找到精准的目标用户。

图2.13 诸葛io的数据分析

在上述案例中，可以对用户做更精细化的筛选：向在最近 15 天内注册并连续 3 天登录，访问过“睡前故事”专题的用户推送活动信息；也可以针对待流失用户设计用户唤醒活动，例如筛选条件为在 30 天内注册但最近 7 天未访问；针对用户的共性关键行为，例如向查看过“睡前故事”课程的用户推广上述案例中的活动信息。

用户筛选是搭建用户触达体系的第一步，也是关键的一步，用户属性特征决定了活动内容设计和推广策略设计，通过用户分层发现群组用户的共性痛点，营销活动的设计目的围绕解决痛点而展开，能够获得更好的转化效果。

二、设计活动：建立个性化场景

所谓“千人千面”的数字营销，是通过用户行为洞察，设计与用户行为强关联的个性化营销场景。个性化场景的建立来自于对用户行为“事件”的采集（“事件”可以包括用户浏览过的页面、商品、内容），参与过的活动，领取优惠券、加入购物车等关键行为。

洞察用户个性化特点后，根据用户特点所发现的需求或痛点设计营销活动。例如，在营销引导语中加入用户浏览过的信息：“您看过的 XX 商品降价了，满 200 减 99”。

三、智能触达：把握触达用户时机

触达用户时机是指根据用户行为在有效的关键节点推送消息引导用户转化。传统意义上的 PUSH、短信、EDM 等用户触达方式是由运营人员在统一时段内发起活动传播，用户被动接收，而智能触达方式是根据用户的需求点主动推送，引导转化。

如图 2.14 所示，通过诸葛 io 的智能触达功能设置活动，面对查看过某商品但未购买的用户在查看 14 天内推送一张商品优惠券，推送信息包含了用户名称、商品名称及优惠券信息，建立与用户的强关联。

图 2.14 诸葛 io 智能触达功能设置

通过搭建用户触达体系，利用数据驱动智能化触达营销，让营销信息建立与用户之间的联系，从而带来转化提升，避免营销文案的“自嗨”①。

2.5 本章小结

一篇文案，能否让用户乐于分享，取决于这篇文案能否激发用户内心的情感共鸣。

一款产品，能否让用户持续使用，取决于在这款产品的设计场景里面，能否让用户主动打开。

一次活动，能否让用户参与进来，取决于活动所触达场景能否给用户身临其境的带入感并使其愿意进行尝试。

随着智能设备的普及，智能家居时代的开启，在这个万物承载的互联时代中用户无处不在，无论撰写一篇文案、运营一款产品，抑或策划一场活动，都离不开用户的参与和转化，只有通过不断地认识用户、定位用户、触达用户……才能更好地服务用户，让越来越多的用户沉浸在产品之中，这也是本章介绍的整体思维框架。

2.6 章节练习——小猪短租

小猪短租是国内知名的短租民宿预订平台，主打具有人情味的社交住宿社区。

下面请根据小猪短租这个产品，完成以下作业。

1. 你认为小猪短租的目标用户怎么定义？
2. 你怎么为小猪短租找到新用户？
3. 怎么触达小猪短租的目标用户？

① 该内容为本书合作方诸葛 io 提供。

第3章 用户增长的八大理论

在草船借箭的典故中，诸葛亮面对周瑜限他十日造箭十万这个看似无法完成的任务，他利用曹操的多疑，借用草船布局诱敌，三日便借箭十万支，不费一兵一卒……在如今互联网用户增长这一没有硝烟的战场上，这个思路也值得借鉴。

那么，就让我们带着对草船借箭的思考，开始本章的学习。

1. 如何撬动用户主动产生用户原创内容（User Generated Content，UGC）？
2. 如何网罗 KOL 产生蝴蝶效应，以囤积用户？
3. 如何找到盟友高效合作，实现双赢局面？
4. 如何在三四线城市另辟蹊径，通过迂回路线完成有效拉新？

我们常说付费用户是产品的核心用户，那么如何才能得到更多的用户，并让他们转变成活跃用户甚至付费用户呢？这需要我们不断地制造触达用户的机会，不管是激励用户产生 UGC 还是抛弃传统的明星代言，选择更加垂直领域的 KOL 做推广，抑或借助其他企业的品牌、用户、资金做活动……只有通过建立一座座桥梁，不断地与用户拉近距离，才能清楚他们想要什么，并找到更好的角度刺激用户为产品买单。

3.1 从用户中来，到用户中去——如何利用用户进行宣传

如果说用户是产品的生存之本，那么产品与用户之间能产生怎样的联系无疑是产品的生存之道，只有不断地寻求产品与用户利益的结合点，撬动用户自愿参与到内容生产、社群维护、分享推广的每个环节，以每一个用户作为产品的传播子中心，才能实现用最小的成本完成用户增长的终极目标。

姑婆那些事儿（以下简称“姑婆”）微信公众号早期的用户快速增长的驱动力之一就是能够将目标用户发动起来，参与到内容创造和推广中。让原创内容以及用户都能得到快速增长，从而用很小的成本实现了可观的用户增长。表 3.1 为姑婆的成长经历。

表 3.1 姑婆的成长经历

情况	成长经历
状况	姑婆在成立最初是自己写原创内容的，但是后来发现原创能力以及原创数量有限，便开始转向调动用户的积极性让其创作内容
解决办法	关注行业内各个细分领域的用户，并发动他们进行原创投稿。设计内容目录，根据内容去找潜在作者，最终，大部分的潜在作者都被找到了
如何撬动用户	刚开始撬动的都是熟人：第一，大家相熟本身就互相认可（因人情问题，相对容易答应）；第二，他们也可以借此机会对自己进行复盘，总结自己的推广经验；第三，他们正好可以借助姑婆的平台进行宣传（会在醒目位置帮他们宣传自己想宣传的）
效果	开始的时候，内容只是在产品推广的线上领域，到后来逐步延伸到地推、校园推广等姑婆并未涉足的领域，均因为找到了该领域的优质作者，写出了优质的内容，从而在这两个细分领域也逐步提升了品牌，加强了品牌渗透力

续表

情况	成长经历
附加效果	用户不仅愿意一起做内容，在给姑婆贡献内容的同时，也会积极在朋友圈等场所进行内容宣传，因此姑婆也获得了他们的用户
总结	劳心者治人，劳力者治于人。高阶运营的差异不在于会编辑、会排版、会做事情，而在于会整合资源，会撬动用户参与到整个运营中，让用户得到价值满足的同时，帮自己做事情，提升运营效率

> 3.1.1 知识星球和 100 天看电影学英语的增长之路

寻求产品与用户利益点的维度有很多，小到完成与用户情感认同的一次共振，大到通过孵化、裂变等方式完成用户的一次付费，通过尝试与用户建立联系的可能性，寻求更多的方式和角度才能真实、有效地触达并转化用户。

案例 1：知识星球 UGC 的沉淀之路

知识星球，一个实现运营人员分享和学习的真实案例库类型产品，在短短 3 个月的时间内，用户自发分享的案例已经超过 1 000 条，拥有 700 个付费用户，成为一个非常有价值的案例库，下面先来看一下知识星球在运营时遇到的情况和解决办法，如表 3.2 所示。

表 3.2 知识星球 UGC 的沉淀之路

项目	原创情况
产品	知识星球
目标	组建一个真实案例库，并刺激用户产生付费意愿
障碍	1. 人力资源有限：运营人员精力、时间有限，大量搜索数据并整理很难实现 2. 信息盲点：搜索、整理案例人员存在局限性，无法做到全面、客观
解决办法	1. 激励用户完成运营人员角色转变：鼓励用户自愿完成产品内容的累积 2. 通过用户传播获取新用户：刺激用户分享，为产品打造高效传播路径
结果导向	3 个月产生 1 000 个 UGC 运营案例，拥有 700 个付费用户

案例 2：100 天看电影学英语的裂变之路

100 天看电影学英语作为一个付费课程，通过策划裂变活动，从启动到开课，4 天完成 10 万用户的增长，无疑是知识付费行业的经典之作，让我们复盘一下整个活动流程，如表 3.3 所示。

表 3.3 100 天看电影学英语的裂变之路

项目	裂变之路
产品	100 天看电影学英语
活动核心	1. 通过分享奖励机制，刺激用户转发 2. 配合创意宣传文案策划，增加用户分享欲望
活动形式	微信群裂变 + 打卡小程序
活动步骤	1. 扫码启动：A 订阅号启动——B 订阅号报名进群——群里领课通过 C 服务号的带参码 2. 进群引导打卡：扫码进入第一课——课程贴片打卡小程序，并强调打卡后分享炫耀卡到朋友圈才算打卡成功 3. 打卡分享，传播裂变：进入小程序打卡，朋友圈分享卡片，学员扫描卡片二维码，回流到微信群，完成闭环推广 4. 创意文案增加趣味性：在整个过程中，根据活动节点制作不同的创意海报，增加用户分享欲望
结果导向	4 天完成 10 万用户的增长

由此可知，通过鼓励用户为产品生产内容并分享内容，已成为产品完成预期目标更高效的运营方式。

> 3.1.2 用户增长案例分析

知识星球所拥有的 1 000 个 UGC 运营案例和 100 天看电影学英语短时间囤积的 10 万用户到底是如何产生的呢？可以简单分成以下几个步骤。

一、推广前的准备

冷启动：产品刚建立阶段，运营团队每人每天都要找 1~3 个案例进行分析，因为刚开始，什么都没有，用户分享的意愿也会很低，所以只能靠自己发起。

二、分析用户需求

通过反馈得知，用户普遍认为分析案例不仅能提高深度思考能力，还能为工作上遇到的问题找到解决思路。

三、创造孵化环境

根据这些反馈，我们决定提供运营案例分析的环境，让有需求的运营人员把这里当作练习和分享的场所，让优质的案例得以沉淀。

四、用户激励方式

规则制定：一般来说，通过奖励方式可以调动活跃性，也可以筛选目标用户，无论是 21 天免费打卡计划或是分享购买即获取折扣，意在培养用户“了解内容——尝试行动——得到奖赏”的思考习惯，当用户养成习惯后，以用户作为每一个传播点的方式就成了水到渠成的事情。

实时反馈：如果用户感觉目标太远，就很容易放弃。所以需要我们用游戏化的进程，把用户的每一次参与都进行及时反馈，通过简化活动步骤、降低奖励门槛等方式，给用户一定的满足感和鼓励，从而促进用户持续产生行为，增强参与感和竞争感。

> 3.1.3 本节小结与思考

知识星球作为一个以社交为核心的产品平台，在考虑如何与用户建立联系时，选用了激发用户做真实案例分享这个角度；100 天看电影学英语则通过实质的现金奖励机制，提升用户参与和分享意愿，为产品实现了用户增长高效的路径，正如取众家之长，成一家之大的道理一般，说起来人人都懂，但行动之前我们一定要先思考如下 3 个问题。

问题一：我们的目的和用户之间能产生什么联系？

问题二：这个联系是用户真正需要的吗？

问题三：如何才能促使用户使用？

3.2 在 KOL 时代中，擒贼擒王——如何利用 KOL 进行宣传

KOL 是如今活跃在各个行业内有话语权的人，比如在各种平台上活跃着的有众多粉丝的“大 V”和 KOL，他们的粉丝本身就具有一定的归属感，为其买单的意愿也会更高。因此，通过 KOL 的形式进行投放，可以获取更可观的转化率和用户增长效果。

姑婆在内容运营过程中经常思考：如何才能调动用户的积极性，如何才能激发用户帮其宣传，最终认为一定要找到该领域的 KOL，并与其进行合作，如表 3.4 所示。

表 3.4 姑婆激发 KOL 帮自己宣传

宣传方式	具体宣传步骤
找到领域内公司高管背书	公司高管在朋友圈转发一篇文章，一是能获得优质用户圈内的曝光，二是点击率会高，三是可以带动部分至少是其员工的关注与转发
找到领域内的民间组织	找到那些在圈内有一定威望、拥有用户的人，最后把目标锁定在一些圈内活跃社群的群主上 群主一般微信好友比较多，在圈内有一定威望。找到这些群主，他们所在群里的用户就是我们的潜在用户。因此，群主在群里以及朋友圈转发一篇文章，都能帮我们带来不错的用户增长量
洽谈合作形式	找到市面上的优质文章，拿到授权，进行二次创作，主要是把标题以及开头和结尾修改一下。方法是增加文章作者的参与感，比如标题里提到他们、在文章里让他们作序。这样的文章，反而比最开始的文章更具备传播力。另外，KOL 也可以借助我们进行宣传，形成双赢的局面
推广效果	因为采用了“大 V”的文章，所以他们会在朋友圈以及社群主动进行推广。另外，我们也会在群里给“大 V”发红包，激励他们继续推广 通过这种形式，我们一方面给“大 V”进行免费的宣传，一方面也通过“大 V”的背书获得了好的传播及可观的用户

> 3.2.1 Faceu、Keep、快牙、欧莱雅的 KOL 营销策略

一些成熟的品牌，在 KOL 营销上已经过了早期的粗放式合作，而是更有针对性地利用不同层级的 KOL 在不同圈子的影响力，制定自己的 KOL 营销策略。

案例 1：Faceu 策划全民吐彩虹

Faceu 主要用户群为女性，90 后、00 后的用户居多。所以 Faceu 结合《太子妃升职记》制作“# 全民吐彩虹 #”微博活动，通过 4 天的推送，“# 全民吐彩虹 #”的话题达到 8 000 万的阅读量，相关的“明星 + 网红 + 营销号”的阅读量也到了 5 000 万次，与微博相关的互动分享每天有万余次，持续的热度发酵，让 Faceu 最终登上了 App Store 免费榜首位。

案例 2：Keep 巧借朱亚文上快乐大本营

Keep 的创始人王宁希望为 Keep 带来一次效果极佳的品牌曝光，最终选择在热爱健身的朱亚文录制《快乐大本营》的过程中完成品牌首次推广，当主持人问朱亚文

如何保持身材时，他通过介绍自己利用空闲时间使用 Keep 这款 App 进行锻炼，与主持人进行互动，节目播出当天，Keep 的新增用户接近 100 万。

案例 3：快牙成为明星周边传播渠道

快牙与黄晓明、佟大为等明星合作，拍摄宣传视频，并在快牙上推独家花絮，将明星的影响力内化成产品的营销力，同时，与粉丝团合作，成为粉丝团的专属工具，短短几个月，已有 1 200 万用户在快牙完成明星周边产品的购买。

案例 4：巴黎欧莱雅制作 KOL 矩阵

2016 年，巴黎欧莱雅签下 5 位美妆博主，组成“Beauty Squad”，2017 年，这支美丽小分队已经扩展到 8 人。她们发布对不同品牌的评价，以此来确保所发布内容的可信性。欧莱雅也通过打造 KOL 实现客观的用户数量和销量的增长。

因此，自带流量的 KOL 无疑是转化用户的有效阵地，可以帮助产品在一段时期获取爆发式的用户增长数量。

> 3.2.2 KOL 营销策略分析

通过这些产品与 KOL 合作的案例，可以总结出：在选择 KOL 这个推广方式时，定位 KOL，找到更加适合产品的推广角度，才能更好地利用粉丝的凝聚力，实现真实的用户增长。

一、付费投放 KOL 做软植入

首先要从产品出发去选择 KOL。那么，微博红人、微信大号，知乎“大 V”，某个平台“段子手”……KOL 那么多，该怎么选呢？只有找到和你目标用户同属性的 KOL，才能起到相互加持的作用。然后选择合适的平台传播出去，再配合好的广告文案和活动方式，才有可能产生理想的宣传效果。

二、借助明星形象 / 周边做产品

对于初创公司而言，不一定有那么多费用让明星直接做公共关系，所以这种情况下，可以借助明星的号召力，将明星的形象、独家特权和产品的功能联系起来，吸引明星粉丝的关注，将其转化为用户。

三、寻找行业权威人士

KOL 资源真实感和凝聚力最重要，对于一些小 KOL，他们不一定像明星那样拥有强大的流量，但是在自己的圈子里，也是非常有能量的，如果触达他们背后所代表的细分消费者群体，也可以精准地宣传产品。

四、利用公司的资源自产 KOL

很多产品在推广初期，都想要借助 KOL 资源，但是 KOL 资源从何而来？其实可以尝试换个思路，将公司的员工打造成 KOL，通过积攒优质内容以及策略性的曝光，打造自带流量的 KOL 为产品带来持久的用户增长量。

除了明星员工还有明星 CEO，例如聚美优品的陈欧。

> 3.2.3 本节小结与思考

在选择以 KOL 方式做推广时，尤其是初次接触这种模式时，选择什么样的 KOL 更能帮助产品完成推广？如何使效果达到最大化？我们对此总结了如下两大重点误区。

误区一，我就是个小员工，没有什么 KOL 人脉

KOL 资源不一定非得是明星才有，在各个领域有话语权的人都可以称为 KOL，如活跃微信群、QQ 群的群主，企业家，自媒体人，行业达人，记者……而这些 KOL 资源需要平时进行积累。

所以当感觉没有 KOL 人脉资源的时候，要注意在平时进行积累和维护。

误区二，找大明星效果就好

经常会有某个产品通过明星的推荐，或者无意中被报道出来之后就“火”了，然后想想明星强大的曝光量，及其购买力强大的粉丝团，就会抱有很大的幻想。

但找明星并不能保证效果就好，某个朋友曾投几千万元找明星代言，但是广告播出后却反响平平，远没有达到预期的效果。反而在找到适合的 KOL 合作后，有了事半功倍的效果。

3.3 草船借箭——找对盟友事半功倍

采用市场的“平均策略”去博取产品目标，那么有很大概率只能获得平均收益。如果要想获得更佳效果，就必须采用“特殊策略”，除了自身的推广渠道和经营模式之外，找到对自身产品推广有帮助的盟友进行合作，实现双赢的局面无疑是一种行之有效的“特殊策略”。

在做运营的过程中，尤其是在创业期间，我们往往面对的局面就是，拥有的资源太少，要做的事情太多……但是不妨换个角度思考：资源在哪里？用户在哪里？谁有用户，我们就和谁合作，这个是姑婆那些事儿（以下简称“姑婆”）一直以来的用户增长思路（见表 3.5）。

表 3.5 姑婆是如何找盟友的

方法	具体方案
用户在哪里	用户在哪里，盟友也在哪里。早期，姑婆的内容是以 App 推广相关的“干货”，用户也多是 App 推广圈子的。App 推广圈子的用户聚集地有几个：CP 圈子 、代理公司和工具圈子
建立合作	首先想到的是代理公司，因为它们需要宣传，手里也有一批有价值的用户。于是姑婆开始和它们接洽，聊聊各自的需求，最终达成一致意见：通过福利来吸引用户参与，对于代理公司来说可以获取潜在客户，对于姑婆来说，可以活跃和拉新。最后姑婆设计出了免费送积分墙的活动
合作形式	代理公司提供免费的积分墙资源作为奖品，姑婆来做宣传。用户想要获取奖品，必须做任务（转发到朋友圈、拉群等）
合作效果	代理公司：获得了品牌传播及潜在的客户线索 用户：获得了免费奖品 姑婆：广泛传播的同时，获得了很多用户，后期还通过这种方式获得了赞助，并把这种活动进行了商业化

> 3.3.1 合作共赢，实现用户增长

利用自我产品优势，找到营销号、品牌方、其他产品运营团队，通过合作的方式完成推广积累用户，往往能达到“1+1>2”的双赢效果，接下来就让我们重点看以下几个案例。

案例 1：微信红包雨活动策划

新年期间，某微信公众号 A 与品牌方 B 合作，策划一场新年红包雨活动，在大年三十、初一、初二这 3 天，给公众号粉丝发放现金红包，输入口令即可领取，参加方式为先到先得，活动参与人数近 20 万名，累计新增了 10 万名粉丝，净增 6 万名，与活动相关的文章阅读量为 8 万 ~11 万，打开率为平常的 2 倍，品牌方 B 曝光和转化效果远超平常，如表 3.6 所示。

表 3.6 新年红包雨活动

项目	具体情况
产品	新年红包雨活动
目标	利用新年抢红包热度制作活动，增加粉丝量
障碍	资金有限：公众号粉丝较多，分发红包的奖品难以支持
解决办法	1. 与品牌方 B 合作，由品牌方 B 提供奖品 2. 微信公众号 A 提供活动方案：推文告知活动信息和红包口令 → 用户在公众号内输入特定口令（即关键字）→ 自动回复红包领取链接 → 点击链接进入红包 H5 页面 → 点击领取红包 → 后台通过微信接口发放现金红包
结果导向	活动期间某微信公众号 A 累计新增了 10 万名粉丝，与活动相关的文章阅读量为 8 万 ~ 11 万，品牌方 B 曝光和转化效果远超平常

案例 2：理财产品通过知乎平台“涨粉”

一个理财类公众号在初期积累用户时，选择了在知乎平台做用户沉淀，理财类公众号的团队将精心制作的一篇篇理财文章和点评内容汇总，植入用户关注较多的理财类问题的回答中，并在签名处植入公众号信息，从而达到往自己平台引流的效果。

案例 3：传统杂志与品牌的打包推广

某时尚杂志与某化妆品公司合作，制定了一款打包套餐，即购买 180 元的护肤品套装，便赠送价值 240 元的全年杂志套餐，其中由化妆品公司支付杂志社每个套餐 36 元的成本，不到 3 个月，通过贩售套餐的方式，原本经营惨淡的杂志社就获得了 27000 个杂志客户。

> 3.3.2 成功案例的特点

无论是找到品牌方赞助完成一次“增粉”活动策划，还是将产品生产的内容结合各大免费流量平台的特点进行分发，抑或是选择与产品调性相符的同行业产品做打包推广……在选择盟友合作的时候，盟友自身的用户属性加持、变现的能力不同，所选择的合作方式不同，最终所达到的效果也会存在差异化。

一、你的创意我来买单

推广一款全新产品、策划一场创意活动除了团队人员的支持，有时候也同样需要资金的支持。这时如果能找到愿意与自己合作的产品或品牌，通过资源置换、流量共享等方式，可以更加经济地实现用户的快速增长。

二、矩阵引流是关键

利用各大流量平台分发原生内容，将内容以内外链的形式相互串联，形成强大的链接网，实现粉丝同步增长，也能让产品的价值实现最大化。

三、实现双方共赢“互推”

公众号互推如今已成为主流“增粉”渠道，基于内容的互推，见效快、成本低，逐渐以合作的方式形成自媒体间的引流矩阵。但需要注意的是，进行互推账号选择时，不仅要考量合作伙伴粉丝数量是否与自己处于同一量级，合作伙伴的产品质量也至关重要。

> 3.3.3 本节小结与思考

找盟友方式的优点在于能有效提高产品粉丝活跃度和粉丝增长量，“增粉”方式来自用户的主动行为，风险和成本较低，具有一定的可复用性，但我们要思考如下几个问题。

问题一：如何将合作方的利益与产品更加有效地结合？

问题二：矩阵平台如何选择？

问题三：互推账号能否带来精准的目标人群？

3.4 农村包围城市——找准拉新角度

在这个流量被重新定义的时代，一款产品的诞生到引爆需要另辟蹊径，无论是对用户属性的精准细分，还是对用户行为属性的具象放大，从细节入手，不断切换产品的推广角度，才能为产品实现有效的用户增长。

> 3.4.1 拼多多的城市保卫战

如今大而全的产品正因为本身的广泛性，在运营过程中，想要做到面面俱到、照顾好每一个用户的使用感受却往往会力不从心，小而美的产品却因更加从心出发，而能够快速触达用户，与用户建立联系。

其实过去几年中国移动互联网增长比较快的地方就是三四线城市，拼多多的集中爆发也是受益于长尾互联网流量红利，对于价格高度敏感的三四线城市用户而言，拼多多主打的优惠似乎是很有效的一种拉新手段，那么就复盘一下拼多多的成长之路，如表 3.7 所示。

表 3.7 拼多多的成长之路

项目	具体情况
产品	拼多多
目标	网上团购模式的电商平台
运营模式	1. 拼团模式：利用微信生态导流，在用户分享帮好友砍价时，提示用户下载 App 砍价进行导流 2. 服务号时时推送：当用户不主动打开拼多多 App 或小程序时，通过微信服务号的消息可以刺激用户主动使用相关服务 3. 设置开屏礼包奖励机制：当用户进入 App 后，通过开屏弹窗给用户制造优惠、惊喜的感知，进一步引导用户使用产品，完成留存的动作 4. 零元购活动策划：因为在三四线城市的熟人社交圈里，社交货币是很廉价的，零元购，意味着不需要花钱，通过极低的决策成本保证了“群组内分享”模式持续循环
结果导向	国内电商类产品排名第三

> 3.4.2 一条的成功经验

总结以上案例，不难发现，如果说小而美的产品定义是一款产品调性的内核，那么小而美的推广路径，往往能更加高效地带来有效用户的增长。下面再来看一下“一条”的成功策略。

一、内容极致化达到人群细分

一条是一家主打生活短视频的互联网新媒体，除了前期大量的推广，内容也做得很好，针对艺术爱好者、电影发烧友的人群画像，按照杂志的审美提升内容品质，形成模块化、可复制的高品质商业化“杂志模式”，在高端人群中达到足够的影响力。

二、尝试从二三线城市进行推广

除了大城市的精英，一条把目光对准了二三线城市中的小镇青年。因为近年来二三线城市的人口增长迅猛，小镇青年已经成长为一批拥有不俗消费能力的用户，他们的年龄通常介于 25 ~ 35 岁，拥有本科甚至更高的教育水平，在当地有一份得体的工作，虽然不在一线城市打拼，但生活质量并不低，因为相对便宜的房价使得小镇青年更加有余力进行消费，也有更多可以自由支配的时间去消费。

三、用最好的方式抓住新中产

从内容到电商，一条的崛起是因为做了一件事：抓住了新中产，这个人群不仅具备一定的付费能力，同样拥有一定的精神需求，通过对他们的深度分析，不断优化产品的调性，延长产品的生命周期。

> 3.4.3 本节小结与思考

无论是做内容时遵循“有用、情感和互动”的思路，还是做产品时建立一个可触碰、可拥有，和用户共同成长的品牌，通过找准角度从点到面、从二三线城市到一线城市，进行步步深入，能创造一种获取用户的可能，从而沉淀更多用户，增强产品在行业的竞争力，使用这种方式推广的时候，需要思考如下内容。

问题一：如何建立可复制的高品质内容模式？

问题二：二三线城市用户的需求是什么？

3.5 馅饼理论——让用户得到好处

我们都听过“天上不会掉馅饼”这句话，但我们现在要做的就是制造一个免费的“馅饼”给用户，让用户有一种好处从天而降的感觉。当然用户并不是完全不需要付出，只需付出少量成本即可。一般来说只需要动动手，打几个字而已：分享和拉人。馅饼理论讲的就是通过这种免费的形式，让产品像病毒一样传播，裂变“吸粉”。

很多人是喜欢“占便宜”的，运用到运营中其实就是通过给用户提供免费礼品的方式吸引用户参与，从而达到获取用户的目的。

姑婆就是通过为用户提供持续不断的礼品来获得可观用户的（见表 3.8）。

表 3.8 用小礼物实现用户增长

项目	具体情况
背景	我们发现用户对精选的内容、日常的工作工具、免费的推广资源感兴趣，因此，把用户感兴趣的东西整合起来，形成一种福利产品，提供给用户

续表

项目	具体情况
方式	我们在公众号、朋友圈进行宣传。用户要获得这种福利产品，必须做任务（转发朋友圈）。但是因为微信有诱导分享的惩罚规定，因此，我们让用户提交表单（表单里包含用户信息、转发朋友圈的截图）。我们添加参与活动的人的微信，把他们拉群，通过发红包的方式鼓励大家继续转发朋友圈。另外，我们的合作方（工具赠送方）也在不断地宣传此活动
要点	1. 需要找到好的奖品吸引用户，好的奖品可以从合作方处获取 2. 需要找到好的推广渠道，这是成功活动的前提 3. 活动流程需要简单易行，用户参与体验好
结果	通过这种方式，吸引不少人参与活动，我们更是获得了不少新增有效用户

> 3.5.1 礼物说的病毒式营销

礼物说在端午节前后基于“馅饼理论”的操作毫无疑问是一次经典案例。借助异界合作、KOL 效应等一系列推广手段，活动准备的 50 000 份粽子礼盒瞬时一抢而空！同时也因为这批“免费”的粽子，在朋友圈完成了病毒式传播（见表 3.9）。

表 3.9 礼物说端午节活动

项目	具体情况
产品	礼物说
目标	利用端午节的热点，实现用户增长、品牌升级
内容模式	1. 异界合作：礼物说联合真功夫推出礼盒装的粽子 2. 免费福利：共 50 000 份粽子限时赠送
推广节奏	1. 基础：热点借势（端午节）+ 高需求场景 + 好产品（体面包装和优良口感） 2. 冷启动：头部名人效应 + 持续预热 + 长尾效应 3. 助推：产品设计促留存 + 促拉新 4. 发酵：持续合作 + 社交发酵 + 媒体复盘 5. 品牌化：创造认知 + 品牌赋能 + 节日爆发
结果导向	50 000 份粽子礼盒瞬时一抢而空！礼物说由于这次营销，实现“节日爆发”，朋友圈裂变“吸粉”，并成功扩大了品牌影响力

> 3.5.2 礼物说“馅饼”的制作方法

并不是所有的“馅饼”都能深受用户喜欢，礼物说的这块“馅饼”不仅是免费的，而且还很有档次，再加上各种合作者的加持，想不“引爆”微信朋友圈都难。

下面就来具体分析一下礼物说的端午活动为什么能得到如此好的反响。

一、基础好

礼物说的这次活动联合了真功夫，推出礼盒真空包装的 4 只装粽子。

为了打破传统礼盒的笨重感，礼物说特地请来了以第一名的成绩毕业于伦敦艺术学院的设计师，打造时尚轻巧的包装，既高端又接地气。

和真功夫的联合也算是传承了传统文化，真功夫的品牌形象和传统美食粽子结合起来，一点都不违和。传统手工制作的咸粽与甜粽，是委托中华老字号五芳斋生产制作的。

“优良口感 + 体面包装 + 端午热点”是这次营销活动的基础。简单概括就是“好的产品 + 用户痛点 + 热点借势”。

二、门槛低

产品操作简单，体验与微信抢红包相似，没有学习成本。扫码之后的抽奖动作与页面设计和微信红包极其相似，让人们有一种抢到了红包的错觉。这个页面过渡是很重要的，能潜意识地让人们产生抢红包的惊喜感和趣味性。

活动的整体操作只有 3 步，如图 3.1 所示。

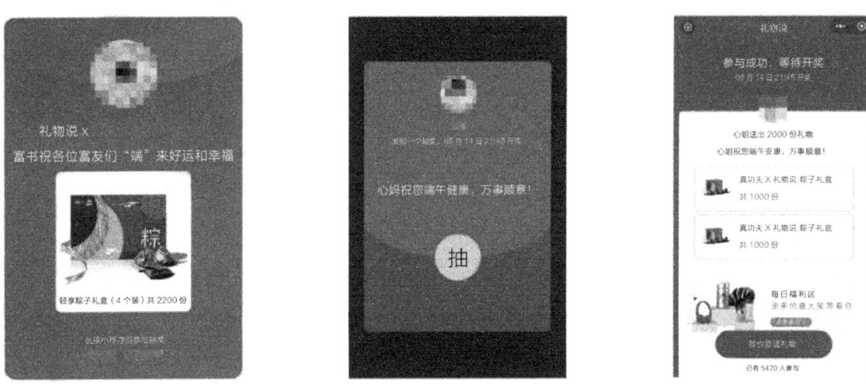

第①步 第②步 第③步

图 3.1 抢粽子流程图

三、名人效应

这次礼物说的主要引爆方法还是和名人以及领域 KOL 的合作。与六神磊磊的合作，就是使用了头部名人效应。由于头部名人自带信任背书，和他们的合作在得到流量的同时更容易形成品牌效应。而普通的朋友圈广告或信息流与此相比感觉具有一些距离感。

四、激发用户

礼物说的领奖页面设置逻辑整体非常像微信红包的设置逻辑。多少人参加、多少人中奖、多长时间领完，这些数字都在“利用”人们“贪便宜”的心理，激励人们参加下一次的抽奖，如图 3.2 所示。

图 3.2 “礼物说 + 六神磊磊”端午活动图

而页面还有一个精彩的设计，就是“每日福利区”。对于已经中奖的人来说，会激发他们参加抽取更多奖项；对于没有中奖的人来说，看到别人中奖可能会有所失落，同样会激发他们再来一次。

这样的设置与电商平台的“秒杀活动”和“一元抢购”相似，都是“利用”人们的“贪便宜”心理。但是此设置，不需要任何参加成本，所以更加高级。

而进入“每日福利区”，我们能发现产品的价格都不菲。而且基本上是大家都能用到的护肤品、游戏套装等，如图 3.3 所示。

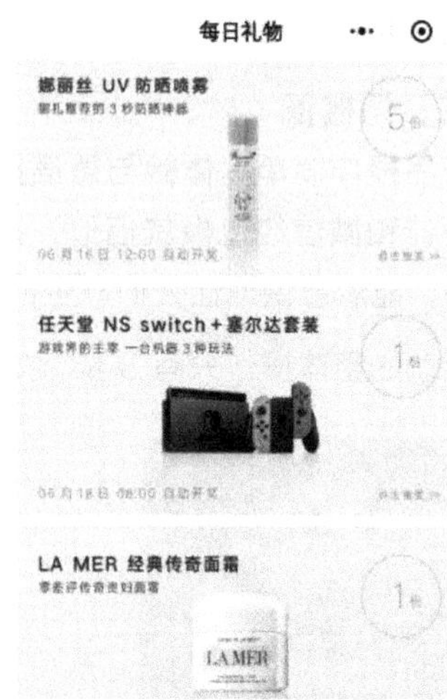

图 3.3 礼物说“每日福利区”

这样的产品设计，很好地实现了“促留存”的效果。由于每天都有新的抽奖，会吸引人们每天都打开一次小程序，增加小程序的活跃度和黏性。

五、持续曝光

除了真功夫，从活动启动开始，礼物说一直都没有中止和品牌的合作。各种类型的“持续合作”，只要有覆盖人群都会合作，比如少量区域集团、少量垂直领域的公众号等，如图 3.4 所示。

图 3.4 礼物说端午节活动品牌联合组图

这样高密度的合作福利活动，让人们参加到了“薅羊毛粽子”的队伍中来，大家在社交媒体搜索搞活动的平台，之后把活动作为福利转发到社群和朋友圈。

通过参加粽子多而参与人数少的抽奖活动，很多人一天中了好几份粽子。

有少量厉害的“专业羊毛客”也分享了他们“薅粽子”的技巧方法，流传于各个社群和社交平台。

在朋友圈发抽奖图片，在社群互晒……这所有的内容，都是“社交发酵”的结果。大家互相探讨某一个热点事件的同时，自己又是热点事件的带动者和参加者。

这样的案例，怎能少得了新闻媒体的报道呢？礼物说刷屏的案例有诸多主流媒体和自媒体已经进行了复盘，“媒体复盘”再一次带动了热度，使得事件持续发酵和传播。

六、品牌升华

礼物说的案例，从最开始到后面所有的营销动作都表现其真挚的一面。

没有任何诱导用户的动作，抓住了用户“痛点”。整个产品的体验过程也是相当顺畅的，比如提示用户已经开奖、提示其填写地址、提示其好友已经领取礼物等，都非常人性化（见图 3.5）。

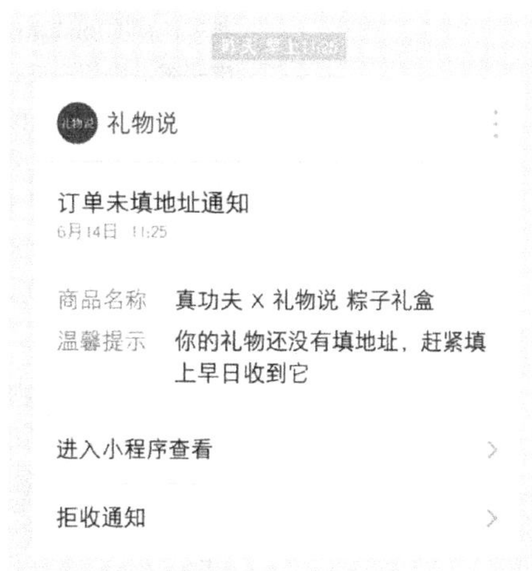

图 3.5 礼物说端午节活动提示图

所有的抽奖活动使用户都不需要付钱，甚至有些活动能直接领取而不用抽奖。这对于用户来说有很大的激励作用，大大地提升其忠诚度。

这一轮营销动作下来，“礼物说”已经深入用户的内心。而“微信送礼就使用礼物说”这样的认知也在逐渐形成。“创造认知”也是品牌化的必经之路。

> 3.5.3 本节小结与思考

深入人心的营销不应该是一蹴而就的 ，更像是一场持久战。毫无疑问，从礼物说的营销节奏把控来说，是一场持久战。而持续发酵带来的不仅仅是流量，还有品牌的积累。好的产品很多，但是好的营销却太少。而成功的案例也只为借鉴，完全模仿并不可取。

3.6 修炼内功——提高自己内在品质，打造业界优质口碑

服务用户就是要从用户的需求点出发，不断地通过完善产品、提升服务体验让用户满意，从而达到好的口碑，形成自传播，最终成为一个用户自增长的生态闭环。

一直以来，姑婆都在不断完善用户的需求。在完善用户需求的同时，姑婆针对用户的需求来匹配服务，在满足用户服务的同时，又获得了好的口碑以及收入，具体如表 3.10 所示。

表 3.10 姑婆是如何做好服务的

项目	具体服务
用户需求	基于用户有阅读精选文章的需求，姑婆把优质的原创作品整合，出了合集电子书，为用户节省阅读时间，提升阅读效率；基于用户有免费推广资源获取的需求，姑婆做了赠送免费积分墙的活动，为用户提供免费的积分墙；基于用户有使用工具进行工作的需求，姑婆去找工具方谈，给用户提供免费的会员资格；基于用户有系统学习的需求，姑婆做了系列课程，希望用户可以进行系统化的学习。所有的这一切，在用户处获得了不错的口碑。另外，姑婆也会不定期地把手上的资源公布给用户，价值 999 元的峰会的门票，为用户创造了额外的惊喜
资源对接	用户不仅有学习的需求，还有社交、资源对接的需求。姑婆整合资源，做了很多社群。包括早期的品牌社群、地推社群、校园社群、换量社群等，也包括当前的付费社群、小程序社群、App 推广社群、运营社群等，为用户提供交流、分享、资源对接的平台。通过这个平台，很多用户完成了从职场“小白”到职场老手的过渡，积累了优质的人脉、当前热门的信息及工作经验
回馈用户	针对优质用户（对姑婆有贡献的），姑婆会定期进行回馈（发文感谢、发奖品），让他们在满足自身需求的同时，有一种家的感觉。另外，在用户提需求时，姑婆会尽可能地协助，包括对接人脉、对接资源等
总结	总之要做好服务无非两个思路：一是确实能在产品功能上给用户帮助；二是情感上可以让用户开心、满意

> 3.6.1 扇贝单词——打造优秀产品

一个成功的产品不一定是优秀的产品，而优秀的产品无疑是成功的产品。优秀的产品往往具有一个重要的特点，那就是不断给用户带来惊喜。让用户使用之后无法再去使用其他同类产品。

扇贝单词是一个移动端的英语学习平台，经历了早期没资金做推广到最后拥有庞大粉丝群的成长过程。在这期间，是什么让扇贝单词留住用户并且保持良性增长的呢？让我们通过几个案例来了解一下。

一、打卡功能

在扇贝单词上线初期，移动端还处在起步阶段，为了让用户了解产品，只有使用发放传单的地推方式。随着产品用户的增多以及移动互联网的发展，地推方式的性价比变得越来越低。一是转化率低，二是成本越来越高，因为不送个小礼品没有人愿意下载产品，即使下载了产品很多人又会很快卸载，基本上折腾一番下来得到的活跃用户很少。于是扇贝单词开始通过产品引导用户分享，来增加曝光率和下载量，如表 3.11 所示。

表 3.11 扇贝单词 App“打卡”功能

项目	具体情况
产品	扇贝单词 App
开发功能	“打卡”功能
功能解读	1. 可以把当天的学习状态分享到微博、微信朋友圈中 2. 有了亲朋好友的监督和点赞，更容易坚持
结果	通过产品引导用户分享，增加了曝光率和下载量

二、H5 小游戏

2014 年，H5 这项已经发展多年的技术终于找到了应用场景：移动营销。那个时候 H5 还没有像现在这样被过度消费，扇贝单词也做了一批 H5 广告，通过微信推送给用户，再由用户进行传播，得到的效果非常好，如表 3.12 所示。

表 3.12 扇贝单词 App H5 页面小游戏

项目	具体情况
产品	扇贝单词 App
活动方式	H5 页面小游戏
成功案例	1. H5 测试单词量小游戏 2. H5 起英文名小游戏 3. H5“双 11”小游戏（通过测试单词量给你找对象）
结果	以测单词量小游戏为例，通过朋友圈的病毒式传播，有 200 万人参与了单词量的测试，给扇贝单词 App 带来 20 多万的下载量

三、签名彩蛋

扇贝单词出版了一本英语学习图书，有位用户购买的时候希望得到一个签名，这时候应该怎么处理？让我们来看看扇贝单词的处理方式，如表 3.13 所示。

表 3.13 扇贝单词 App 相关图书销售

项目	具体情况
事件	扇贝单词 App 相关图书销售
起因	用户购买时希望得到签名
处理	由于作者本人的头像是恐龙，就在书里画了一只小恐龙当作签名
结果	用户很开心地发到微博炫耀，带来了很好的宣传效果

我们可以简单地将扇贝单词的案例看作依靠有趣的功能形成自传播，也就是说不断地通过满足用户的兴奋性需求，最终实现商业价值。

四、KANO 模型

东京理工大学教授狩野纪昭 (Noriaki Kano)1979 年在一篇论文中提出了 KANO 模型（见图 3.6）这个用于评估需求的经典模型。

KANO 模型定义了 3 个层次的用户需求：基本型需求、期望型需求和兴奋型需求。

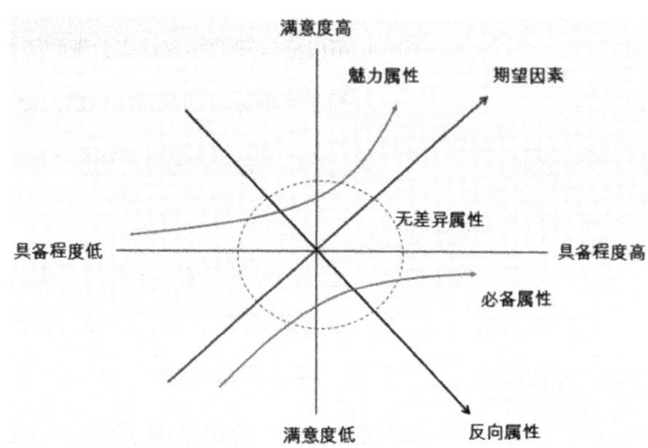

图 3.6 KANO 模型

1. 基本型需求

基本型需求就是用户认为产品“必须有”的属性或功能。

2. 期望型需求

要求提供的产品或服务比较优秀，但并不是“必须”的产品属性，或者服务行为有些期望型需求连用户都不太清楚，但这是他们希望得到的。

比如“打卡功能”，用户有无法坚持学习的痛点，但是本身并不清楚如何去解决这个问题，于是产品利用打卡功能解决了用户需求。

3. 兴奋型需求

要求提供给用户一些完全出乎意料的产品属性或服务行为，使用户产生惊喜。当产品提供了这类需求中的服务时，用户就会对产品非常满意，从而提高其忠诚度。

从上面的内容可以看出，兴奋性需求是用户没有想到，能让用户出乎意料的需求。

扇贝单词开发的几款 H5 小游戏都是满足了用户的兴奋性需求。而最后用户只是想要签名，最后得到了意料之外的签名画，这个惊喜程度就像是得到个彩蛋。

扇贝单词就是依靠着产品的实用性和趣味性不断满足用户的需求和给用户带来惊喜，并通过用户的分享，实现了增长。

> 3.6.2 小米——做好优质服务

产品依靠服务获客就是通过好的服务体验形成口碑传播，获得回头率。那么应该如何做好服务呢？首先我们服务的对象是人，人有七情六欲，也是复杂的。我们不能想当然地去解读他们，要用心去了解他们。

第一，多和用户沟通。

第二，多参加用户间的活动。

第三，多为用户考虑。

与其说是把用户当成上帝，不如说想着如何跟用户交朋友。但交朋友是试探性的，这时还没有建立共同的价值观。

我们最终希望达到的是通过“不断地试探，到了解，到有的放矢地关怀”可以和用户做朋友：大家真的是一起在做一件事，一起学习，一起成长。

下面通过小米的案例，来看看应该如何跟用户做朋友。

小米粉丝经济的基本体系分为 4 个部分：分区版主、兴趣小组、明星米粉计划、自媒体 PR 小组，如图 3.7 所示。

1. 分区版主

图 3.7 玩转用户

分区版主会做 QQ 群、微信群的管理，用户群的维护以及一些广告。还有就是用户组的管理，如特殊用户，特殊用户就是一些版组、解答组、资源组以及配发组，都会由分区版主去管理，每个月制定考核的标准，然后小米会收到考核回馈。

除了社区维护，分区版主还会策划线上线下活动，有了用户的热情参与，可以极大地减少员工的工作量，实现了用户的自运营和论坛的自运营机制，如图 3.8 所示。

图 3.8 分区版主

2. 兴趣小组

这些兴趣小组不但能调动用户的活跃度，还会增加用户的参与感和归属感，如图 3.9 所示。

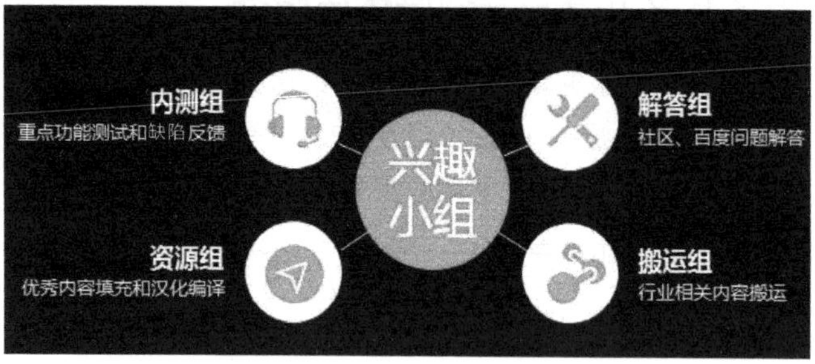

图 3.9 兴趣小组

（1）内测组

内测组负责处理产品中的缺陷，或者进行功能测试等。之后因为用户基数越来越大，成立了预测粉丝组，让用户去负责重点工程的测试和缺陷反馈。

（2）解答组

解答组负责社区本身的解答，以及百度贴吧、百度问答及微博的解答。

（3）资源组

资源组主要进行绿色内容的填充，和汉化的编译，把国外优秀的产品进行汉化。

（4）搬运组

搬运组负责对行业相关信息进行整理。

3. 明星米粉计划

明星米粉就是每年对一些忠实用户进行包装，然后将这些活动转化成口碑营销。小米会做一些线下活动，让 KOL 和小米进行价值观的统一，形成口碑营销。而小米则

图 3.10 明星米粉

会帮助明星米粉向互联网企业进行推荐，包括提供实习证明，甚至有可能成为小米的员工，如图 3.10 所示。

4. 自媒体 PR 小组

关于公共关系（Public Relations，PR）小组，举个很简单的例子来说明：当有人来抹黑小米的时候，有一些米粉会自动地回复或反击。这些都是用户自发的行为，并不是培养或有组织的。实际上，用户会自发维护产品，这就是因为产品跟用户在价值观上面达成了统一，如图 3.11 所示。

图 3.11 PR 小组

让一些人通过 PR 小组、自媒体等平台发布信息，形成口碑营销。最后成为一个自媒体机制，人人都是“发烧友”，人人都能为公司发声。

通过小米的案例来思考一个问题：用户为什么而来？或者说我们提供各种服务的根本是为了让用户得到什么？

1. 获得感

用户使用这个产品肯定是有一定目的的，为了达到这个目的才会购买该产品或者服务。而这个时候，用户只是被吸引来了，并没有最终沉淀下来。

2. 归属感

让用户有家的感觉。这个如何做到呢？比如，用户是来学习的，有一个学习型的社群，这个社群能给用户带来什么呢？就是让所有爱学习的人集合在一起，这就是归属感。

3. 参与感

小米一直强调米粉的参与，比如，在一些重大时间点邀请用户做活动规划，甚至到后期的时候，一些活动已经下放给用户去做。这会让用户感到自己是社区的领头羊，他会帮小米解决很多事情，同时可以给小米减轻很多成本上的压力。

4. 成就感

用户参与小米的某活动后，还会追着参加后续的活动，原因就在于有成就感。比如，给用户一个参加发布会的邀请函，或年终给用户发一个 VIP 勋章等，这些都会激发其成就感，使其对产品更加忠实。

> 3.6.3 本节小结与思考

想要服务用户，最重要的还是以人为本。要善于倾听用户，找到用户真正的需求，不断优化产品，并用心经营每一个接触用户的机会。

以下与大家分享三点心得。

一、要仔细倾听

要尽量保持中立的态度倾听，因为我们获取的信息或多或少都会受到原有知识结构、情感、立场等背景信息的影响，这些背景信息往往可能使得我们最终加工出来的信息与原始呈现的信息有差异。在做流失研究的过程中，往往会遇到很多对我们产品的否定和批评，我们要保持中立的态度去接收和理解，既不能下意识地忽略用户反馈的一些细微的负面信息，也不能出于爱之深而责之切的心态放大用户反馈问题，只有客观地理解用户的问题才能帮助产品进行精准的优化。

二、要善于判断

在与用户接触的过程中，我们除了获取用户对产品的大量“吐槽”外，还会收到用户对产品的大量要求和建议。我们绝对不能无视用户提出的要求和建议，每一条都应该仔细、慎重地去对待，但在这个过程中不能被用户的各种要求和建议弄晕，一定要保持清醒的思维逻辑去分析用户每一个要求和建议背后的原因。洞察用户的真实需求和痛点才能做出最优的设计和改进，而不是被用户的建议牵着走而误解其真实需求。

三、要时刻关怀

每一次和用户的接触过程，都是在进行品牌形象建立和维护的过程。用户和产品的接触点不仅仅是在使用产品的过程中，用户看到我们发送的邮件、接到我们访谈的电话、每一次与我们沟通和交流的时刻都是在体验我们的产品和服务。每一个接触点我们都要尽量让用户体验到被重视、被理解、被关怀、被尊重。

3.7 社交增长——通过社交传播拉动增长

很多人都玩过“狼人杀”的游戏，通常一局需要七八个人共同参与。游戏需要以语言描述来推动，需要较量玩家的口才和考验其分析判断能力。虽然这是一款游戏，但更侧重社交属性，通常一局下来，玩家也都对彼此有了一定的了解。

有些产品和“狼人杀”一样，虽然有其他属性，但却需要社交属性来驱动。这样的好处在于可以直接利用超级社交平台的流量，通过裂变快速获取用户。让我们来看一下微派桌游助手的增长案例，如表 3.14 所示。

表 3.14 微派桌游助手用户增长案例

项目	详细内容
产品介绍	微派桌游助手是一款线下面对面玩谁是卧底、狼人杀、杀人游戏等桌游时分发角色的工具。定位为成为年轻人线下聚会玩桌游的入口
现状	有两个相关的公众号，共有1 584万用户关注：微派桌游助手——692万，微派谁是卧底游戏助手——892万
三次大规模的用户增长	1. 社交媒体传播：获取了20万用户 （1）找到靠谱的传播渠道，微派发现很多用户来自人人网，于是开始重视人人网这个传播渠道 （2）创造有趣的内容 （3）使用大号转发 2. 科技媒体报道：获取用户20万 通过36氪传播内容，再次分发到各种新闻阅读应用上 3. 微信认证：获取50万用户 优化搜索：认证账号搜索结果会靠前
口碑传播	这是由产品本身的属性决定的。因为用户要玩这个游戏，就会主要找身边的朋友一起玩。即使不做推广，该产品都可以保持一定的自然增长。直到现在，总用户突破1 500万

> 3.7.1 拼多多的社交增长逻辑

拼多多是一款主打“电商＋社交”的产品，做的是团购业务。电商这件事很容易理解，可“电商＋社交”又是什么“玩法”？带着这种疑问，先来看看拼多多的主线使用流程。

一、参与者视角

对于团购的参与者而言，接触拼多多的过程一般是这样的。

① 朋友在群里发了个购物链接，价格非常便宜，于是点进去看看。

② 看到商品和价格的细节，确实非常便宜，点开 H5 看拼团介绍。

③ 参团。

④ 支付。

⑤ 收货，发现商品还行，关键是真便宜！于是决定也下载拼多多 App。

二、发起者视角

对于团购的发起者而言，使用拼多多的主线流程则是这样的。

① 在拼多多当中找到自己想买的商品，单击进入商品详情页面。

② 在商品详情页面当中，可以看到平常电商产品当中的立即购买按钮在拼多多中变为“X 人团”按钮，单击。

③ 支付。

④ 开团。分享到朋友圈，邀请好友拼团。

⑤ 再到拼多多 App 上发现拼团成功了。

⑥ 收货。

从拼多多的使用过程可以看出，与社交游戏类似，拼多多是一种社交购物，就是说完成一笔交易必须通过朋友圈分享这一步骤，找到人一起拼团才能实现省钱这个目的。

> 3.7.2 拼多多产品及用户分析

和传统电商不同，拼多多将每次购物的用户分成了主动用户和被动用户两部分，两者各司其职：主动用户负责寻找商品，开团后分享给朋友，而被动用户则在微信上看到主动用户发的购买链接进行购买活动。

让我们具体分析一下。

一、场景及用户画像

通过表 3.15 可以看出，在买家这一端，拼多多主要的用户及使用场景分为两类。

表 3.15 拼多多主要的用户及使用场景

项目	详细内容	
	场景一	场景二
场景	A 用户想买东西了，打开拼多多 App，找到其中符合自己需求的商品开团或参团，并分享到微信寻找朋友与自己一起拼团	B 用户在微信上看到一个朋友发到群里一个链接，参与拼团就可以以很低的价格买到一个不错的商品，于是打算不错过这次优惠，单击参与拼团
用户类别	主动用户	被动用户
需求	购买商品	遇见想买的商品
痛点	希望以最低的价格买到自己所需的商品	不知道买什么，寻找的话需要付出大量时间

二、产品分析

从用户画像中可以看出，拼多多作为一款平台类产品，它的用户群体一共分为 3 类：主动用户、被动用户、商家。

而围绕这 3 类用户，拼多多的核心业务逻辑如下。

现在已有的各电商平台，本质上是 Google 式购物平台，注重的是买家与商家之间的关系。买家主动找到自己想购买的商品，这使得流量中心就是各个平台，所以淘宝、京东等平台做活动、做广告，各种想办法获取更多流量，因为流量才是它们的命脉。

而拼多多不一样，走出了一个彻底不同的道路，是 Facebook 式购物平台，注重买家与买家之间的交流和沟通，每个人都是流量中心，如图 3.12 所示。

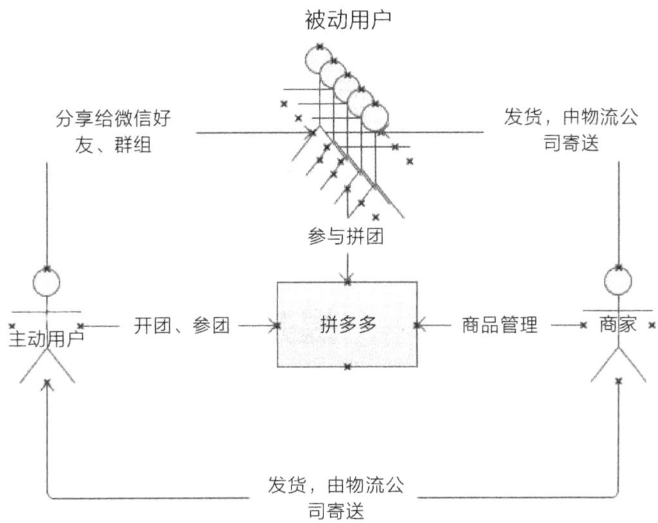

图 3.12 拼多多业务逻辑

三、竞争优势

既然每个用户都是流量中心，自然使拼多多拥有以下两大竞争优势。

1. 社交流量获取，极易触达用户

通过让用户分享到微信上凑人数买实惠的形式，达到了“吸粉 + 团购”的双重目的。拼多多不需要像其他电商平台一样去思考怎么获取流量，而是直接利用微信的流量，通过社交链的传递快速获取用户，流量获取成本低。

2. 拼团模式，商品价格低廉

与团购类似，将更多的用户凝聚在一起，提高用户与商家的议价能力，因而最大限度地获得商品让利，以更低的价格购得更好的东西。并且，由于流量成本较低，拼多多上的商家所需支付的广告费用相应较低，自然可以以一个较低的价格出售商品，以此吸引用户，获得更多交易量。

> 3.7.3 本节小结与思考

通过拼多多的案例来思考两个关于社交成本的问题。

1. 用户为什么要分享？

最简单的一个理由——便宜！当然如果仅仅只是便宜还不够，不然各种转发可降价的公众号岂不是早都发展成平台了！拼团还是帮助朋友！用户看到了一个实惠的商品，分享给朋友看他需不需要，也算是帮他一个忙，不仅省去了他挑东西的时间，还买到了实惠的产品，一举两得。

2. 为什么会作为被动用户来参团？而不是使用淘宝、京东商场来购物？

有些人也不知道自己需要什么东西，也不知道想买什么，去淘宝、京东商城上面“逛”半天才能找到想要的。有了拼多多，就不用这么麻烦了，偶尔朋友发群里一个商品链接，商品又物美价廉，自己就不用花时间去挑选了，直接购买即可，非常方便。

3.8 鱼塘分群——提升有效用户的循环增长

在营销行业中，有一个著名的“鱼塘理论”，将用户比喻为鱼，所有存量用户组建成了一个“鱼塘”。而一个鱼塘中的鱼按照大小来分，可分为大鱼、小鱼、鱼苗等，在用户分层理论中，可以按照用户质量，将其分为核心用户、活跃用户和普通用户3个层级。

鱼塘中真正能够产生价值收益的是大鱼，小鱼和鱼苗具有潜在价值；用户群中真正产生价值的是核心用户，活跃用户和普通用户具有潜在价值。鱼塘分群的用户增长逻辑就是将小鱼养大，将普通用户培养为活跃用户，将活跃用户培养为核心用户。

这里所谓的用户价值，对不同产品类型有不同体现，电商类产品的高价值用户自然是购买频次高或购买单价高的用户，内容产品的高价值用户指内容生产者或内容消费者（高频阅读、转发、评论互动）。

> 3.8.1 根据用户行为建立用户分层模型

鱼塘分群的用处在于根据产品的关键指标筛选不同质量的用户群体，以群体特征为原点设计运营活动，促进用户关系的递进。

例如，在电商类产品的用户分层中，一般采用RFM用户分层模型，按照R（最近消费时间）、F（最近购买次数）、M（最近累计消费金额）3个维度将用户分为重要价值用户、重要发展用户、重要挽留用户、重要保持用户、一般发展用户、一般价值用户、一般挽留用户、一般保持用户 8 个类型，针对不同用户的行为特征设计针对性运营活动，如图 3.13 所示。

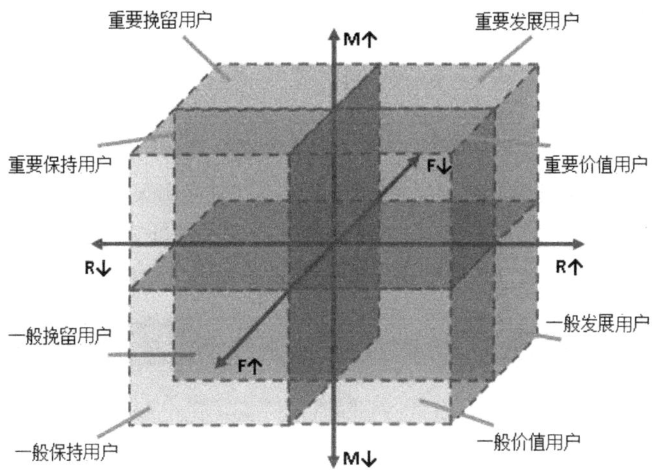

图 3.13 RFM 用户分层模型

> 3.8.2 根据运营需求建立用户分层模型

在用户分层方式上，并不局限于固有模型，可以根据当下运营阶段的“北极星指标”设置用户分层维度。

例如，当下运营阶段的“北极星指标”为提升用户黏性，用户分层的质量维度主要是用户访问频次、用户访问时长和用户访问深度。

用户访问频次：阶段时间内用户使用产品的次数，例如，核心用户 1 天 3 次，活跃用户 1 天 1 次，普通用户 3 天 1 次。

用户访问时长：阶段时间内用户使用产品的累计时长，例如，核心用户 1 天 60 分钟，活跃用户 1 天 30 分钟，普通用户 1 天 10 分钟。

用户访问深度：根据用户行为定义用户的互动性，例如，核心用户平均浏览 20 个页面，活跃用户浏览 10 个页面，普通用户浏览 5 个页面。

在定义用户质量分层维度后，找到提升指标的关键点，例如，提高普通用户的访问频次，可以向普通用户推送感兴趣的内容；提升普通用户的访问深度，可以向普通用户推出互动活动。

用户分层运营的目的在于针对性“投喂”，避免出现大鱼越来越大，小鱼逐渐流失的现象。

> 3.8.3 数据驱动的用户分层实践

用户分层运营是基于用户行为数据建立的用户群组标签，通过数据分析工具洞察用户行为，对用户进行有效分层。以诸葛 io 为例，可以根据运营“北极星指标”设计多维度的用户分层指标。下面以“提升活跃用户”这个指标为例，对数据驱动分层的方法进行说明。

首先，分析用户行为找到提升指标。既然要提升活跃用户，需要先对“活跃用户”进行定义，例如，活跃用户的定义是连续 4 天访问并且每天使用超过 20 分钟的用户，那么通过诸葛 io 的黏性（图 3.14 中为粘性，有误，此处正文使用正确的黏性）分析可以看到 36% 的用户满足“连续使用 4 天”这个条件，如图 3.14 所示。

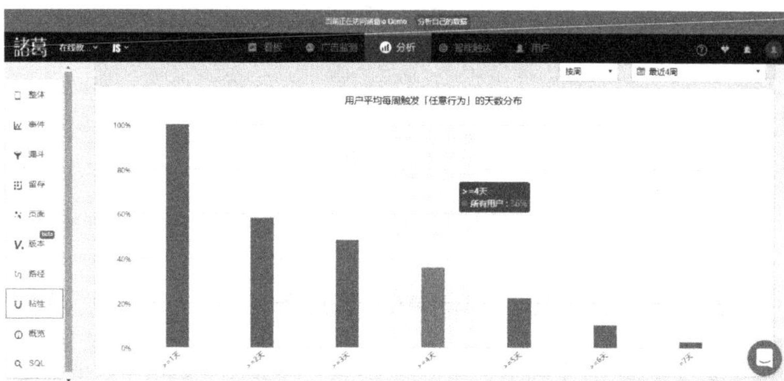

图 3.14 找到用户增长指标

其次，针对 64% 未满足条件的用户分析用户行为，将这一部分用户定义为“高流失风险用户”群组，在路径分析中分析用户的访问行为，观察在进入首页后哪一个步骤的用户流失比较严重，如图 3.15 所示。

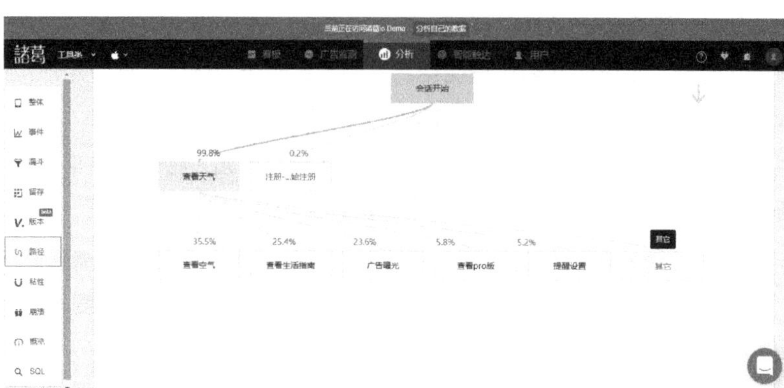

图 3.15 找到用户流失问题的原因

用户路径分析有两个目的，第一个目的是查看根据设定好的用户路径起始点，跟踪用户的后续行为习惯；第二个目的是查看不同行为的转化人数，找到用户高频访问行为以及用户低频访问行为，通过用户行为习惯向流失用户进行针对性唤醒活动的设计。

> 3.8.4 本节小结与思考

鱼塘分群的核心在于实现不同层级用户的正向循环发展，通过用户分群模型的应用及各群组针对性运营策略，在分群而饲的同时共同建立一个有效的鱼塘生态。

问题一：培养用户黏性的福利总被少数人获得，如何在有限的预算下让更多人获得福利?

问题二：用户分群时，如何定义不同层级用户的显著特征？[①]

3.9 本章小结

以前，投放广告在各大应用市场里让用户自主下载，产出优质内容让用户自主分享……靠着传统用户自然增长而带来的粉丝数增长是远远不够的。想要大量获取粉丝并实现爆发性增长，就必须另寻出路。通过本章所述的方式，利用“四两拨千斤”的思维，才能更有效地实现预期的用户增长目标。

3.10 章节练习——裂变公司

假如你是裂变公司的运营：

1. 如何撬动用户为你产生优质的 UGC？
2. 怎样寻找以及寻找哪些盟友合作?
3. 领域内有哪些 KOL？如何打动他们和你合作?

---

① 该内容为本书合作方诸葛 io 提供。

第4章 用户增长三步走

《孙子 · 谋攻篇》中说:“知己知彼，百战不殆; 不知彼而知己，一胜一负; 不知彼，不知己，每战必殆。” 意思是说，在军事纷争中，既了解敌人，又了解自己，百战都不会失败; 不了解敌人而只了解自己，胜败的可能性各半; 既不了解敌人，又不了解自己，那只有每战必败的份了。

同样，企业在制定增长策略时也不能打无准备之仗，了解竞品更要了解自己。

那么就让我们带着以下问题，开始本章的学习。

1. 你的目标用户属性如何？
2. 针对你的产品，你设置了哪些数据维度和指标，并以此来衡量你的运营质量？
3. 你将会用到哪些增长策略，推动产品的数据增长?

4.1 第一步：知己知彼

制定增长策略其实是指在一个比较长的周期，或者从开始到结束的完整过程中，为了实现某一个目标，而预先针对不同的问题假设去执行的一系列应对方案，并且在实践过程中，根据实际的形势发展和变化不停地选择、调整甚至制定新的方案来确保目标达成的一系列思考和执行的计划。

当我们接手一个产品，如何快速理清思路，制定增长策略呢？一般要通过以下 3 个步骤：迅速了解产品情况，对产品数据进行分析，产生增长想法。所以我们只有了解自己、了解对手、了解市场，才能站在高处去考虑如何制定增长策略。

> 4.1.1 认识自己

正所谓“知己知彼，百战不殆”，第一步要做的当然是了解自己。连自己有何能力都不了解又谈何打胜仗呢？我们可以从 4 点入手 ，即认识产品、认识用户、理清资源、管理团队。做到这 4 点，才算对自己有了基本的认识，接下来当我们完善功能点、制定增长策略的时候，才会更有逻辑和说服力。

一、认识产品

对那些亲力亲为、从无到有的产品就不必说了，对于那些新接触的产品，该怎样快速去认识它们呢？当然是去体验产品，只有深度了解产品背后的底层逻辑，才能更加深刻地理解产品的迭代路线，才能有所依据地指出它需要完善的功能。可以从以下几点入手，以更快地了解新接触的产品。

1. 产品形态

当我们体验一款产品时，需要考虑这款产品是做什么的，它的目标用户之间是怎样连接的。比如，A 产品是一个在线教育平台，那么它是如何连接学生和教师的？我们要去思考学生是怎么上课的，老师又是如何教学的。

2. 业务逻辑

思考完产品是做什么的以及用户之间的连接状况，就要思考产品是如何实现与用户连接的，它的关键功能的使用情况如何。比如，A 产品的关键功能是学生能学习，那么就要去体验学生是如何实现学习这个过程的。

3. 功能流程

除了体验关键业务逻辑之外，还要全方位地去体验这款产品某些具体功能及整个产品的迭代点是如何实现的。还是以 A 产品为例，假如 A 产品还有学习计划这个功能，就要了解这个功能是如何实现的，为什么要增加这个功能，它在整个产品的发展过程中起了什么作用。

4. 交互体验

我们还要看整个产品的交互设计，即页面原型和交互体验究竟有什么特色，它的设计是怎么符合产品特点的。举例说明，为什么 A 产品的左滑是这样的，而 B 产品的左滑是那样的？

5. 体验产品

需要注意一点，对于专业人员来说，碎片化的体验是没有什么用处的。比如，虽然普通用户每天都打开微信或者 QQ，但是，他们并不了解这个软件。而专业人员需要比普通用户更加了解一个产品的逻辑。那么，从产品视角来体验产品的操作方法应该是什么样呢？

要认识自己的产品，应该做到带着问题、带着感觉、带着思考去看待产品，带着明确的任务和逻辑去体验产品。主要有 3 种体验方式：系列化体验、深度体验和追踪式体验。

（1）系列化体验：单点突破、延伸同类、以点带面

看到 A 产品之后，去看同类的竞品 B，并进行对比。

看到 A 产品的某个功能点之后，去看同类的竞品 B 和有相同功能但是不同领域的产品 C。

（2）深度体验：模拟用户多次重复完成关键任务，体验用户与场景

对应着目标用户、典型场景、需求痛点去思考什么样的用户（2~3 种），在什么情况下会用这个产品或者功能，这个产品到底解决用户的什么问题。

体验用户场景、体验关键功能：一定要用真实的场景，如微信，入门级别的用户使用微信，使用文字聊天、语音聊天和视频聊天功能；深度级别的用户使用微信转账、发红包以及提醒备忘录等功能。

关键功能的体验，同一动作，重复 10 遍以上。

暴力体验测试——关键功能：关键功能的上限是什么？为什么会有这些限制？举例说明，微信聊天窗口最多可以发多少文字？为什么会有文字限制？

暴力体验测试——钻空子：有哪些空子可以钻？钻空子的复杂程度如何？

暴力体验测试——特别“玩法”：有哪些意想不到的“玩法”？为什么会出现这些“玩法”？例如，芝士超人答题赢百万现金活动特别“火爆”，为什么？

竞品分析——直接竞品：看优缺点与差距，例如，在朋友圈、QQ 空间和微博发动态的操作，有什么区别？为什么会有这样的区别，其各自的优缺点是什么？

竞品分析——相关功能：看功能模块在大平台中的意义和体现。

（3）追踪式体验：持续体验，持续跟踪效果

持续体验：不能只做一次，要持续跟进。例如，微信版本还在不断更新中，每次更新的时候，都可以关注一下，为什么要更新这个功能，跟预想的有区别吗？不断体验，就有做产品的感觉了。

关注中长期结果：体验是暂时的，结果是长期的。

二、认识用户

没做透用户调查，就开始做产品功能，是很多新人都犯过的错误。对任何项目来说，用户研究都是一个重要的组成部分。只有了解了用户，才能去判断需求是否合理。

1. 用户是群体

用户是一个有特定需求的群体。这听上去像句废话，但是如果抓住重点就会发现，用户不是某个个体，而是一个群体，这也就是为什么我们在做用户调研时一定是定性和定量的方式并用，因为个体需求永远不是用户需求。

2. 用户是凡人

我们常常会犯一个错误，就是大大高估了用户对产品的了解，默认用户就是对自己的产品有强烈需求以及甘愿贡献自己时间去使用的群体。这个错误看上去很低级，但是这种思维确实在很多时候影响着我们。

这个错误的根本原因在于给用户添加了一个积极的属性，尤其是在把自己当作用户的时候，把自己的情感也转移到其他用户身上。

在一个优秀的从业者眼中，用户有很多需求。不管是做产品还是做增长，我们都要认识到一点：绝大多数产品都是为人性消极的部分服务的。所以想要了解真实的用户需求，就必须要了解用户的真实想法。

3. 用户的进化

先来分析一下用户的类型，大部分都可以按照图 4.1 所示的 3 种层级进行分类。

图 4.1 用户的进化

① 小白用户：对产品或者竞品一无所知的用户。

② 中间用户：对产品或者竞品有所了解，但只了解产品基本功能的用户。

③ 专家用户：对产品或者竞品非常了解，有一定专业领域知识的用户。

小白用户对应使用预装系统的用户，所以他们是不追求新功能的，只追求版本的稳定。

中间用户则对应稳定版本系统的用户，该系统会有定期的版本升级并增加新的功能，用户使用时间也较长，为的也是保证稳定性。

专家用户对应的是体验版本的用户，该版本每周定期更新，不断添加新的功能和优化，不过版本质量就会相对差一些。但是这些用户也不会很在意，他们追求的就是体验。

从整个用户进化过程来看，我们可以得出如下结论。

对于新产品，任何人都是初学者（或者说用户没有必要对新产品了解得过于详细或深刻，他们对于特定产品的了解与使用可能很长时间都只停留在表面）；多数用户在掌握了基本操作之后，就会希望提升对于产品的认识，期望了解其更多的功能功效，并且在学习认知的过程中获得满足感与成就感；高级用户只占少数，往往因为有特殊需求或个人偏好。因为大多数的用户停留在中间阶段，所以在制定增长和留存策略时，企业更应该关注小白用户和中间用户。

三、理清资源

很多人都说推广难，没预算怎么推广？其实没预算也是可以推广的，但是如果预算没有，资源也没有，那就难了。所以我们需要盘点手里有哪些可以用的资源，明确在预算没有到位的情况下怎么用才能帮我们达到目标。

1. 奖品资源

免费推广是互联网推广最好的策略之一，奖品资源就是免费策略的一环。它依赖的是我们的人脉、资源整合以及谈判能力。奖品是拉新的一个重要资源，一般用来做活动，以此达到获取用户的目的。

无论是姑婆公众号还是姑婆小程序，一直在用免费的奖品资源来获客，包括整理的电子书、课程，也包括商务拓展来的 135 编辑器会员、幕布会员、小裂变会员、创客贴会员等。

奖品来源一方面是姑婆自己创造奖品，一方面是商务拓展来的资源。奖品越多，用户增长潜力越大。

2. 渠道

渠道推广是拉动用户增长的重要方式。它依赖企业的人脉以及谈判技巧。

在推广之前要问自己，有哪些同行是可以给予支持的，自己能不能做出新媒体渠道？自己是否懂搜索引擎优化（Search Engine Optimization，SEO）？

例如，姑婆校园在只有 400 名粉丝的时候，拿着自己的奖品资源（免费课程）去和谦行公子（有 5 000 名粉丝的校园自媒体）谈合作，由谦行公子为姑婆推广。另外，姑婆一开始就注重 SEO 的建设，早期百度搜、App 推广、积分墙、校园推广，姑婆都是名列前茅的。另外，市面上偶尔会有免费试用的渠道，姑婆都会试着积极参与一下，比如之前开展的免费送积分墙的活动等。

3. 产品

产品是获取用户的最好途径之一，它依赖企业的研发资源以及产品整合能力。

（1）流量产品

例如，姑婆在做电子书时，就把电子书当作流量产品，它不用于赚钱，而用于获客。用户要获取电子书，需要做任务，如此产生裂变，为姑婆带来新的用户。

（2）马甲

小程序、微信公众号都可以改个名字，多上一些产品，占据关键词，以获取用户。要针对不同用户的需求来做产品，比如姑婆严选用于卖东西、姑婆活动用于做活动、姑婆学院用于沉淀知识和用户。

4. 内容

内容是很好的获客途径，它依赖的是团队本身的内容运营能力。

我们可以把准备的内容资源，以文字、音频、视频等格式输出到自媒体平台、微信公众号、今日头条、抖音等渠道。

如果内容做得好，会有不错的品牌以及粉丝效应。例如，姑婆早期就是通过内容的积累、沉淀、传播来获取用户的，如 QQ 空间的内容至今还会给姑婆带来有效用户。

5. 用户和 KOL

用户资源是获取用户的良好手段，它依赖的是企业的人脉资源以及过往的积累。

如果我们自己或者朋友是 KOL，那可以直接推广产品。如果我们身边有潜在用户，那么初期就可以把他们变成种子用户。

6. 工具准备

工具也是获取用户的有效手段。

比如，姑婆最近在做赠送裂变工具的活动，就是去找裂变工具谈的免费资源。姑婆通过工具配合，可以促使微信公众号、小程序获得不错的用户增长量。

7. 人力准备

人力资源不仅仅指的是团队本身，还可以是兼职人员、众包人员等。

例如，姑婆早期没什么全职员工，依靠自己的人脉积累以及品牌效应，有很多兼职人员义务帮姑婆在网站发布内容，在知乎回答问题等，帮姑婆承担了很多基础工作。

再如秋叶老师，有学生资源，学生帮其维护社群、维护课程等，也给他省力不少。

四、管理团队

在有过几年运营经验之后，很多人都会面临一个问题：成为团队领导者，如何管理运营团队。

面对关键指标的压力，面对部门协作的问题，如果团队不靠谱，拖慢你的节奏，降低你的效率，怎么办？

运营不像流水线生产，不像软件开发，零件怎么装，代码怎么写，都有明确的方法和技巧，运营却很难找到“可复制”的规律，但可以从管理方法入手去解决这方面的问题。

1. 项目制管理

面对不同的项目、不同的用户、不同的产品和不同的团队成员，如何统一管理呢？破整为零，将整体运营工作分割为一个个小项目，设置项目目标和时间节点，这样，运营工作就会更清晰了。

（1）让目标更清晰

运营工作常常以拉新、促活、留存为关键运营指标，但是“新用户增长10%”这样的指标往往让运营人员无从下手。

可以将用户增长目标分解为“新增电子市场渠道”“组织2～3次推广活动”“与2～3个自媒体大号达成推广合作”这些可执行的工作目标，成立对应的项目组，对目标再次进行细分，明确每个人的工作即可。

（2）让工作更有条理

除了那些成规模的大型互联网公司，创业团队很难做到分工明确，即便划分了内容、活动、用户、推广等运营角色，每个人需要同时身兼多职，但也要尽量做到责任明确。

（3）让考核更有效果

项目制管理让每个人清楚自己所负责工作，并根据项目目标为每个人设置具体可执行的工作目标，避免考核时出现不公平现象。

（4）让员工更有积极性

项目成员可以参加项目目标讨论、项目方案策划、项目执行等工作，而不只是想着“听领导安排，让领导负责”，要让成员真正参与到工作当中。

2. 如何施行

（1）将运营目标分解为项目目标

在这里要提到“OKR”这个名词，O 为整体目标，KR 为达成目标设置的关键成果。

O 分为“大 O”和“小 o”，OKR 考核的方式是将整体目标化整为零，制定若干个可执行的小目标，如前文提到的将新增用户增长 10% 这一整体目标划分为可执行的工作目标等，如图 4.2 所示。

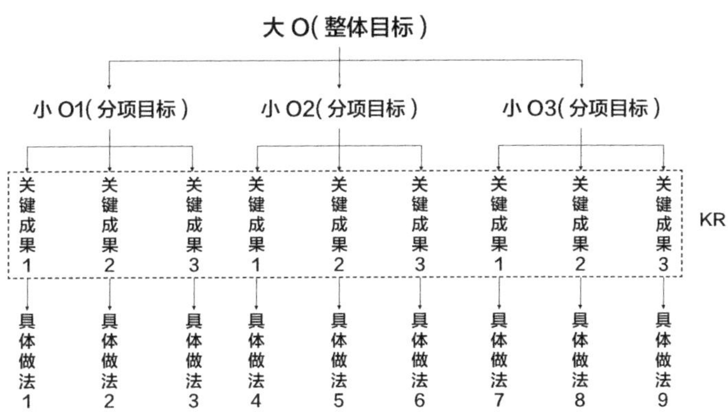

图 4.2 项目目标

我们要做的就是将“大 O”拆分后的“小 o”作为项目目标。这一过程一般由运营领导者自己或者与上层领导共同制定完成，制定后与运营团队成员分享说明。

（2）将项目目标分解为关键成果

关键成果可以有 1 个，也可以有多个。在确定项目目标后，需要与项目成员共同将目标分解成关键成果。比如，以“通过活动带来 500 名新增用户”为项目目标，将活动策划文案、推广等相关人员拉到一起成立项目组，讨论要推出什么活动。

以拉新活动为目标的项目的关键成果包括活动创意、活动方式、宣传渠道、用户维护等方面。

（3）按照关键成果制定考核内容

考核这个词可以不在项目中提及，避免让员工有“自己挖坑自己跳”的感觉，考核内容实际上是每位项目成员需要负责的事，也就是 OKR 模型中的做法层。

这里需要强调一点，具体做法层一定是具体可执行的工作，比如写活动宣传软文，软文风格、创意、主要内容、排版样式都需要在项目讨论会中确定，由专人负责撰写，而不是让文案自己琢磨。

（4）确定项目时间进度

项目确定后，首先需要确定项目整体完成时间，以完成时间为节点，划分各项关键成果的完成时间，再根据关键成果完成时间确定执行工作的完成时间。

项目时间的设置需要找出并行工作事务和前置工作事务，比如制作活动宣传图，文案是设计的前置工作，但是设计可以先行设置版面风格，避免出现“人等人”的情况。

（5）设置项目任务看板

在确定时间进度和具体工作后，在办公区域内设置任务看板，将项目内容公开。

任务看板以人为主线，将每个人负责的工作内容及完成时间写在看板上，每完成一项由个人进行打钩。

公开项目内容及进度是让每个人直观了解自己所负责的工作，并且可以了解到其他人的工作内容，彼此之间更好地进行沟通和配合。

3. 团队文化

策划、文案、设计等运营类工作大多是没有优劣衡量标准的，对于有能力的员工来说，“情绪”对能力发挥的影响很大。工作态度不端正的情况很多人都有，这时候要怎么做？答案就是“文化驱动”，运营团队的领导者需要培养团队的协同力、学习力和成就感。

（1）提升协同力

协同力是指每个人在个人工作及团队协作工作（如会议讨论）中的贡献度，想要提升协同力，就不能瞎指挥。很多领导喜欢用个人成就、团队荣誉、企业使命这些空话来跟员工讲大道理，效果却不好，而作为运营团队的领导者，最好不要居高临下，要跟每一个人讨论具体工作的想法、做法，甚至请教员工。还是那句话，运营没有绝对的对与错，尊重才是提升团队协同力的基础。

① 尊重每一个人的想法，才能让大家真正参与。

② 尊重每一个人的技能，才能让大家认真工作。

③ 尊重每一个人的特长，才能让大家尽情发挥。

（2）提升学习力

很多运营团队很少进行培训，即便培训也是领导讲，员工听。但是团队学习并不只是管理者一个人的舞台，让员工来分享，他们才会认真理解。

每个人的技能技巧都是有限的，管理者经验再丰富，也不可能什么都懂。现在自我学习的平台和渠道有很多，看到好的文章大家会分享到团队群里，但如换个方法，让员工将分享的文章讲出来的效果会更好。

每一位分享者登台之前，都会认真地准备分享内容，相比一开始粗略地浏览一遍会对内容有更多的理解。并且，让员工作为主角进行分享，也让员工觉得与管理者之间是平等的，即便分享得不好，只要多做练习和沟通，也能得到能力的提升。

（3）提升成就感

很多老板喜欢给员工分享别家的文章，看别家一篇文章带来多少用户，一次活动带来多少流量。看见这种文章你会怎么想？也许开始还奉为“圣旨”，没过多久就会视而不见了吧？

运营人员很难得到成就感，也许辛辛苦苦准备了很久的活动上线后，结果却非常惨淡。没有成就感哪来的积极性呢？何况很多领导者盲目打压，员工便不可能会好好工作了。

成就感可能来自于一句认可和夸赞，可能来自于一次开会分享，也可能来自于一次创意被采纳，对员工来说，并不是关键运营指标的突破才算得到成就感，这些是管理者的事，员工只希望得到肯定。

> 4.1.2 认识对手

众所周知，互联网行业的发展变化很快，同种品类的产品竞争非常激烈。为了能让自己的产品脱颖而出，产品经理在日常工作里一定要做到谋而后定，即培养自己持续关注用户和市场的习惯，包括研究用户需求、分析行业发展趋势和关注竞争对手的动态等。只有对用户和市场有了全面理解，才有可能做出靠谱的产品。

一、时刻关注、定期总结

想要做好竞品分析这项工作，需要记牢 8 个关键字：时刻关注，定期总结。而具体的工作步骤分为收集情报、整理资料、信息总结、团队分享 4 步，接下来进行详细介绍。

1. 收集情报

行业研究和竞品分析工作不是突击和临时性工作。不能说领导想起来员工就做一次，想不起来的话一年半载也不管。正确的做法是要持续做下去，时刻对相关情报保持敏感，每天看见了就要记下来。

情报来源一般有如下渠道。

① 行业网站、咨询公司的行业报告、行业大咖微博或博客、知乎里的相关问题。

② 公司内部的知识分享、团队的即时通信群。比如，团队里经常有人在即时通信群里发布各类行业和竞品信息，遇到这类信息要及时记录下来，以免忘记。

③ 与客户进行沟通，包括面对面交流、微博或论坛互动等。

④ 使用竞争对手的产品，关注对方员工的微博、对方的官方论坛及招聘信息。长期使用竞争对手的产品，会让你逐步了解到对方的产品策略，同时可以吸取对方产品优秀的细节；关注对方员工的微博，从只言片语里能够分析出很多有价值的情报；定期去竞争对手官方论坛潜水，看看用户的抱怨，积累一段时间的信息后，就大致知道竞争者的产品问题集中点，而这些问题往往就是竞争者下一步的产品改进或发展的方向；而通过分析竞争对手关键岗位的招聘信息，可以看出其业务发展方向。

⑤ 专业书籍。

2. 整理资料

日常收集到的情报资料需要进行系统的整理，可以用一些方便的软件如 OneNote 来完成这项工作。遇到有价值的信息可以及时将其复制到 OneNote 里对应的类别内，OneNote 界面如图 4.3 所示。

图 4.3 OneNote 界面

3. 信息总结

整理资料并不是工作的终点，接下来要做的事情是定期总结。如果这项工作可以持之以恒，你对本行业的动态和竞争对手的情况一定会了如指掌，如图 4.4 所示。

【积分行业市场竞报】2011.9.pdf	2011/9/29 20:16	Adobe Acrobat ...	910 KB
【积分行业市场竞报】2011.10.pdf	2011/11/5 11:17	Adobe Acrobat ...	1,314 KB
【积分行业市场竞报】2011.11.pdf	2011/12/10 19:54	Adobe Acrobat ...	1,583 KB
【积分行业市场竞报】2011.12.pdf	2012/1/14 18:51	Adobe Acrobat ...	1,752 KB
【积分行业市场竞报】2012.1.pdf	2012/2/25 17:43	Adobe Acrobat ...	1,947 KB
【积分行业市场竞报】2012.2.pdf	2012/3/12 18:25	Adobe Acrobat ...	1,482 KB
【积分行业市场竞报】2012.3.pdf	2012/4/1 11:33	Adobe Acrobat ...	2,068 KB
【积分行业市场竞报】2012.4.pdf	2012/5/3 15:06	Adobe Acrobat ...	1,414 KB
【积分行业市场竞报】2012.5.pdf	2012/6/9 17:59	Adobe Acrobat ...	2,923 KB

图 4.4 信息总结

除了例行的每月市场竞报以外，当然还需要不定期地对竞争对手进行专项的竞品分析。

4. 团队分享

在输出各类分析报告之后，还要通过邮件、开会等方式与团队成员进行沟通分享。这个工作环节的价值有以下 3 点。

① 将知识分享给团队里的其他成员，帮助团队成员提高业务知识能力。

② 在团队内部建立个人影响力，便于日常产品管理工作的顺利开展。

③ 在分享过程中经常会碰撞出新的灵感和思路，对产品创新大有益处。

通过上述持续性和系统化的研究分析工作，让我们对自身产品所处的行业发展趋势及竞争对手的产品发展有了更清晰的认识和理解，同时也避免了临时抱佛脚的情况发生。

二、竞品分析四步走

下面我们以企鹅 FM 为例进行分析，竞争对手选择喜马拉雅 FM。以企鹅 FM 的后续发展方向提供辅助决策为目的，来说明如何做竞品分析。具体如图 4.5 所示。

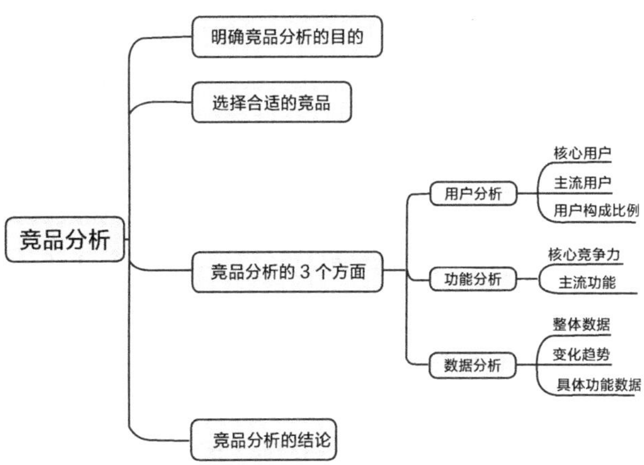

图 4.5 竞品分析示意

1. 明确竞品分析的目的

很多人在做竞品分析的时候，都是直接把竞品列上去，然后就开始分析了。但我们首先要明白为什么而做，然后才是要怎样去做。

本次竞品分析的目的是为企鹅 FM 的后续发展方向提供辅助决策。

2. 选择合适的竞品

（1）搜索

搜索渠道有百度、知乎、易观智库、艾瑞网、微博、各大 PM 社区、36 氪等。如果有 App，在 App Store、各大安卓应用市场搜关键词，对应推荐的一系列 App 都有可能是你的竞品，选择最符合自己定位的竞品。

（2）善问

问同事、朋友、该领域的专业人士或去问答平台提问等，找出合适的竞品。

我们以企鹅 FM 为例，选择“喜马拉雅 FM”为竞争对手，原因在于目前市面上的移动电台按功能定位，主要分为 5 类，如图 4.6 所示。

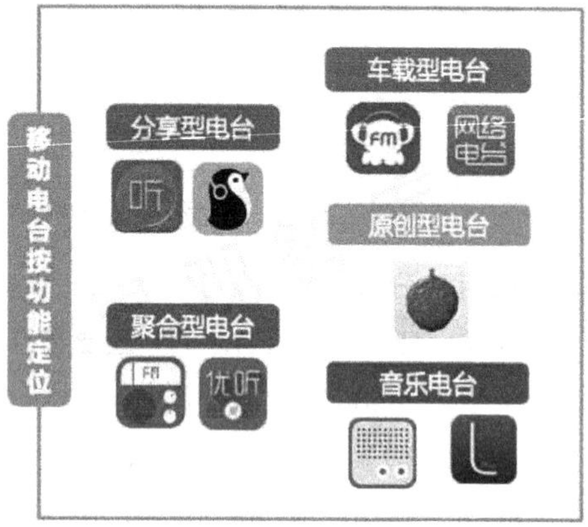

图 4.6 移动电台功能定位（图片来源于易观智库）

企鹅 FM 和喜马拉雅 FM 均是侧重于做音频分享型电台（见图 4.7）。所以优先选择喜马拉雅 FM 为企鹅 FM 竞争对手来做详细的竞品分析，找出其做得好的、可以借鉴的地方。

3. 竞品分析的 3 个方面

竞品分析主要包括 3 个方面：用户分析、功能分析和数据分析，三者需同步进行。

图 4.7 两款 App 的 iOS 版首页总览

（1）用户分析

用户分析包含核心用户、主流用户和用户构成比例 3 个部分。

① 核心用户，即最忠诚、黏性最高的用户。寻找核心用户的两个方法：一是先粗略了解下竞品，找出比较高深、只有核心用户才会使用的功能；二是对核心用户的特点要有个认知，通过做用户调研快速建立用户模型，符合这个用户模型的人即为核心用户。

由于两者的产品定位均为音频分享型电台，在核心用户上并没有太大的区别。企鹅 FM 起步较晚，功能不太完善，用户忠诚度稍有欠缺，不过随着企鹅FM在分享、互动和社交等方面的功能日益完善，核心用户的黏性会越来越高，具体如图4.8所示。

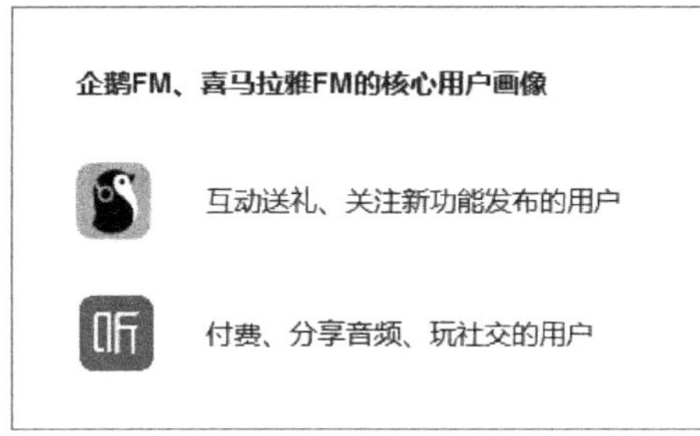

图 4.8 两款产品核心用户画像

② 主流用户，寻找主流用户的方法同上。

腾讯内部有 QQ 空间、QQ 音乐、QQ 浏览器等十多个渠道为企鹅 FM 导流，拥有海量用户资源，大部分用户因为这些渠道的推广得知企鹅 FM。喜马拉雅 FM 的大部分用户是因为这里有海量的以及独家的内容，具体如图 4.9 所示。

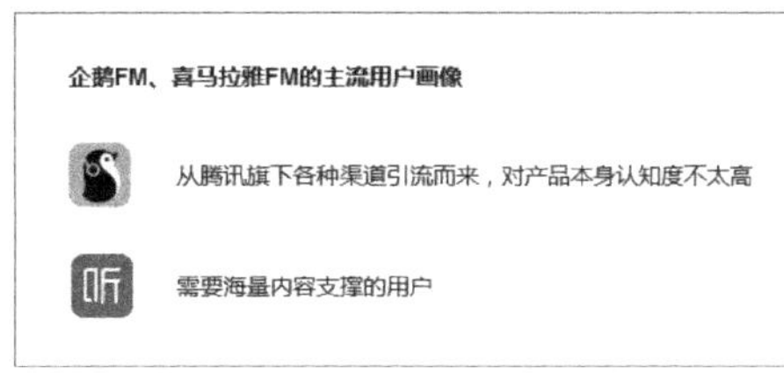

图 4.9 两款产品主流用户画像

③ 用户构成比例。

了解竞品的核心用户和主流用户后，划分用户构成，可以更全面地了解竞品的用户群，对竞品的整体概念有比较清晰的认识。至于具体的比例，并没有多少真实数据来支撑，更多的是需要根据自己的经验和对竞品的认知程度来判断。

普通用户流动性较大，即常说的散户，可能对于电台的需求可有可无，所以这部分用户不太容易留住。主流用户已经对网络移动电台形成了一定的认知，需求也比较旺盛，要撬动喜马拉雅 FM 的主流用户，需要丰富内容的支撑，因此，企鹅 FM 需要不断扩充自己的音频库，具体如图 4.10 所示。

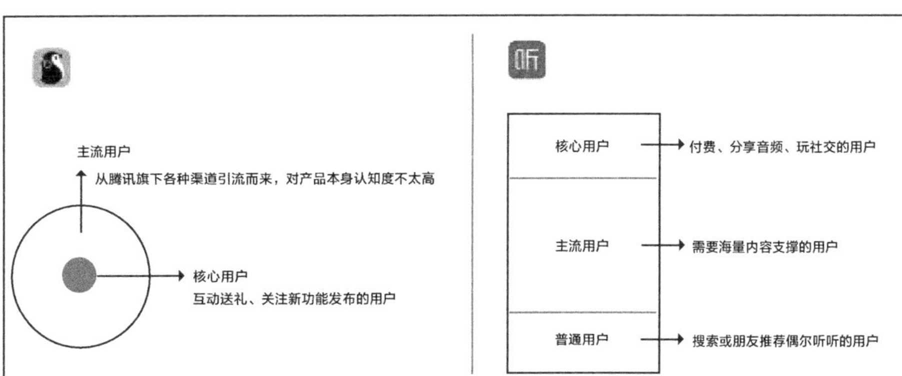

图 4.10 用户构成比例

（2）功能分析

功能分析包含核心竞争力和主要功能两个方面。

① 核心竞争力。目前企鹅 FM 的核心竞争力在于其丰富的推广渠道和海量用户资源；喜马拉雅 FM 的核心竞争力在于其丰富的内容。在企鹅 FM 未来的发展方向上，有两条路可以选：要么在内容上盖过对手，要么另辟蹊径。具体如图 4.11 所示。

图 4.11 企鹅 FM 和喜马拉雅 FM 的核心竞争力

② 主要功能。竞品主要功能的分析方法有两种。一种是直接在产品内部看，根据用户的行为表现和反馈评价等，判断功能好坏；另一种是在用户发表意见的一些地方去搜索，如微博、百度、知乎、App Store 评价等地方查看用户对某些功能的评价，判断功能的好坏。

主要功能的选择：一般是对自己没有或不太好，而对手又做得比较出色的功能进行研究。

常规的一些精选、分类、互动等功能，目前企鹅 FM 已有，就不展开了，这里具体看一下喜马拉雅 FM 的录音及主播管理功能（见图 4.12）。

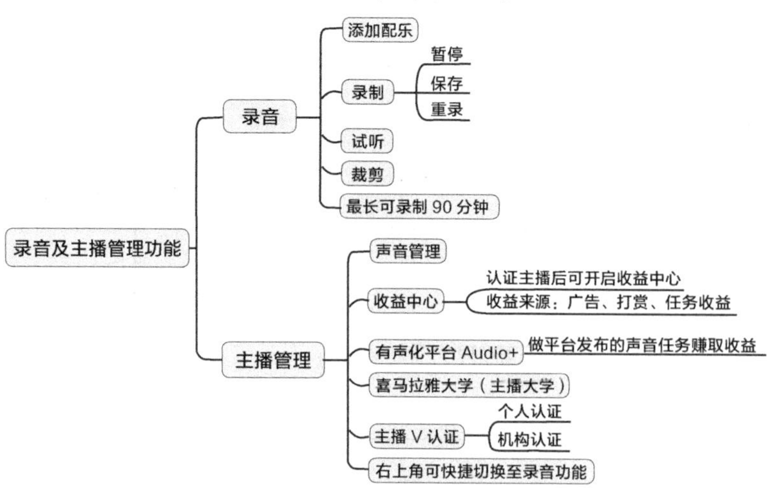

图 4.12 录音及主播管理功能

录音及主播管理是喜马拉雅 FM 比较有特色的一个功能，尤其是里面的有声化平台 Audio+ 和喜马拉雅大学（主播大学）。

目前企鹅 FM 在 PC 端有我要当主播这个功能，对于上传的节目可以进行管理，尤其可以置顶并写主播寄语。主播寄语，可以提出一个让大家有共鸣的话题进行讨论、交流，增加互动和黏性，让粉丝欲罢不能。但对于一个在移动端使用频次如此高且定位于音频分享的平台，只可以在 PC 端进行管理就显得不尽如人意。因此，在 App 中开通“我要当主播”的功能显得尤为重要。

移动电台领域的争夺，未来势必会变成内容争夺战。谁的内容多，谁的内容更优质、更稀有，谁将会稳坐“头把交椅”。目前企鹅 FM 的内容是以向版权商或主播购买、资源置换为主，或者由主播自己入驻来储存内容，要与已经发展壮大的喜马拉雅 FM 竞争，还需在原有基础上，增加自身功能，开通移动端的录音、管理功能，利用渠道优势，给现有主播更高的曝光量，开设企鹅主播大学，给更多想当主播的用户提供更好的学习平台，增加自身内容和主播资源，提高用户忠诚度，形成更强的核心竞争力。

（3）数据分析

数据分析包含整体数据、变化趋势、具体功能数据。

常用的数据分析工具有移动 App，iOS 版可在 App Store、App Annie 上查看排名等信息；安卓版可在爱盈利应用排名分析平台得到其在安卓市场、豌豆荚、360 手机助手等应用市场的数据。PC 端，可用 Alexa 查询网站流量、变化趋势等。

先看看移动电台领域整体的用户规模，了解了整体市场，就知道自己将来能大概做到一个什么样的规模（见图 4.13）。

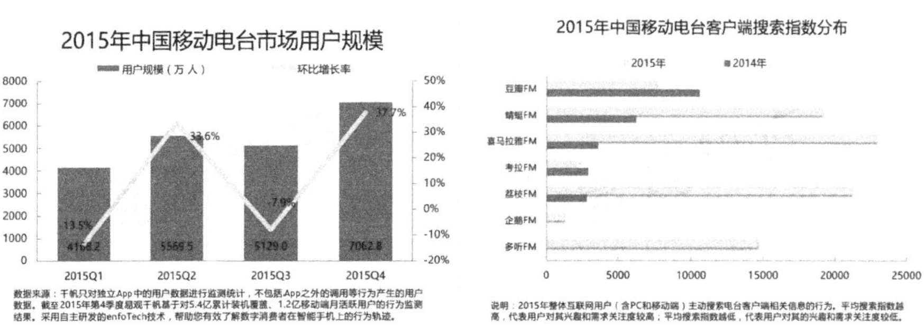

图 4.13 数据分析（数据来源于易观智库）

总体数据显示，由于资本助力，移动电台市场用户规模呈现强势增长态势。企鹅 FM 在移动电台强势增长的情况下进入市场，获得多个优质音频节目的独家版权，依靠腾讯的自有资源，抢夺了大量用户。

①整体数据。企鹅 FM 排名暂时落后于喜马拉雅 FM，可能由于起步较晚，用户量少，也有可能败给喜马拉雅 FM 强大的 ASO 技术，这个问题后续都可以赶超；其中差评比例比喜马拉雅 FM 高出了 13.3%（见图 4.14）。通过翻阅具体评论内容总结得知，主要差评原因有这几类：闪退、下载不了、已下载但不能离线播放、内容太少等。多数属于漏洞范畴，修复后也无大碍。主要原因还在于内容量上。

对象	所有类别_最高下载排名	所有类别_近7日平均下载排名	总评价数	差评比例
企鹅FM	61 （2015年6月14日）	528 （统计于2016年5月3日）	806	16.4%
喜马拉雅FM	51 （2015年8月25日）	121 （统计于2016年5月3日）	24 963	3.1%

图 4.14 下载与评价情况（数据来源于 App Annie）

② 变化趋势。整体变化趋势上，企鹅 FM 的稳定性比喜马拉雅 FM 略显逊色，两个产品，未来短期内都将有走低趋势。如果企鹅 FM 修复闪退等漏洞，开通移动端音频分享功能，也很有可能迎来一小段爆发式的增长。具体如图 4.15 和图 4.16 所示。

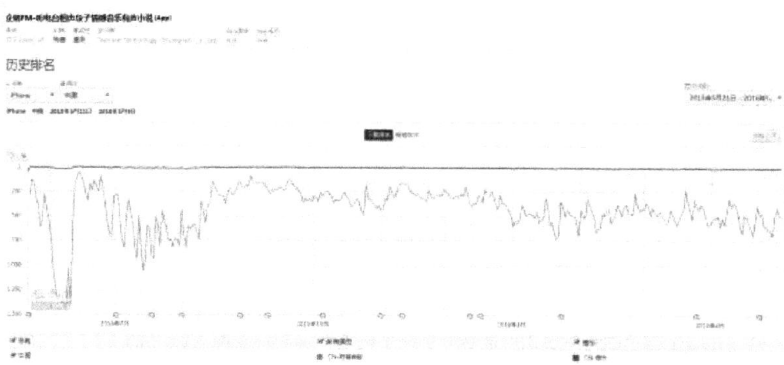

图 4.15 企鹅 FM 排名情况（数据来源于 App Annie）

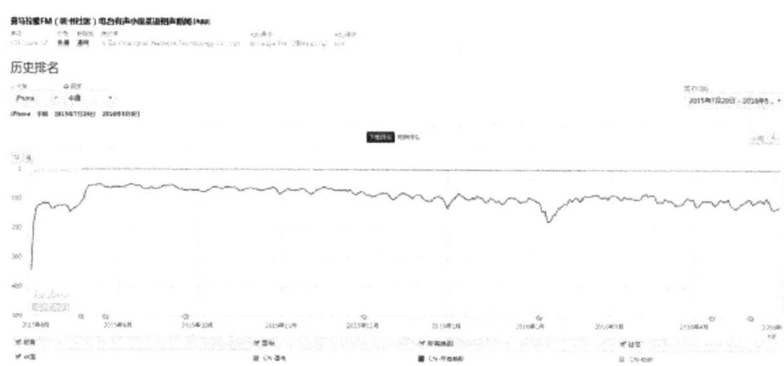

图 4.16 喜马拉雅排名情况（数据来源于 App Annie）

③ 具体功能数据。前文具体功能研究的是录音及主播管理功能，下面主要统计了喜马拉雅大学（主播大学）和有声化平台 Audio+ 的相关数据，如图 4.17 所示。

对象	关注人数	音频数量	总播放量	最高播放量	平均播放量
喜马拉雅大学（主播大学）	130.9 万人	40 个	100.2 万次（两个课程专辑）	10.3 万次	2.5 万次

对象	任务数	最近 7 日更新	平均每任务试音数量	试音中	选拔中	演播中
有声化平台 Audio+	1 060 个	25 个任务	100 个左右	114 个	89 个	435 个

图 4.17 喜马拉雅大学（主播大学）和有声化平台 Audio+

喜马拉雅大学（主播大学）总关注人数 130.9 万，说明想做主播的用户量还是很大的。有微信公众号和 QQ 群互动来增加用户黏性，但因其授课形式比较单一，课程频次相对不高，很容易造成用户流失。

有声化平台 Audio+ 就表面数据来看，任务更新频率、数量、用户参与度都相对较好，为喜马拉雅 FM 源源不断地输送新鲜音频和优质主播；同时也为主播创造新的收益方式，扩大主播影响力。

这些数据，也进一步验证了企鹅 FM 需要开通移动端音频分享功能的重要性。而且企鹅 FM 一直在声音的审核上把控比较严格，更多的主播带来更多的内容，而更多的内容，利用腾讯的内部资源吸引更多的用户，就更有希望依赖音频的丰富和优质来留住用户，实现完美逆袭。

4. 竞品分析的结论

目前主流移动电台的商业模式主要有广告主收费、版权分销、订阅服务、粉丝经济和硬件增值等。企鹅 FM 背靠腾讯这座大山，资金实力雄厚，短期内暂可不考虑赢利模式，首要任务在于跑马圈地，夺取用户，在其他电台企业的行业壁垒还未完全建立起来时占山为王。

而音频的竞争壁垒在于内容和渠道。因为很多优质内容都来自民间，对于企鹅 FM 来说，就要增加其核心用户的忠诚度。

① 购买更多的独立版权，置换更多音频资源，吸引更多的专业生产内容（Professional Generated Content，PGC）团队，PGC 和 UGC 的区别在于专业度。

② 在使用频率最高的移动端开通音频分享功能，培养草根主播，依靠自身强大的平台资源和品牌背景，主播们在这里更容易被捧红，也会产出更多的内容，完善音频生态系统，实现双赢局面。

4.2 第二步：数据基础

大家都在说互联网流量红利逐步褪去，野蛮生长的时代接近尾声，也就是说通过“免费”推广手段也能轻松获取丰富流量的阶段似乎已经过去。显然，在付费时代，我们需要更精确的增长策略来减少浪费。

这首先需要我们拥有明确的目标，其次是利用数据找到薄弱环节，实现精准突破。

> 4.2.1 数据指标，数据逻辑对接好

不仅仅是制定增长策略，在做任何事之前，都需要一个指标来确定方向，否则即便有了不错的效果，也只能得出“我们正在得到舆论好评”或者是“事情看上去进展还不错”之类模棱两可的结论。所以确定参照指标是第一步。

一、唯一指标

北极星指标又叫作 OMTM，即唯一重要的指标。之所以叫北极星指标，是因为这个指标一旦确立，就像北极星一样，高高闪耀在天空中，指引团队向着同一个方向迈进。

1. 为什么北极星指标那么重要

先来看 3 个例子，这样就会知道北极星指标有多重要了，如图 4.18 所示。

諸葛 ZHUGEIO.COM 数据智能决策平台

案例	商业模式	核心价值	北极星指标
淘宝	电商	便捷的网上购物	总销售额
微信	社交	轻松的沟通方式	使用时长
今日头条	资讯	丰富的内容资讯	日活人数

图 4.18 北极星指标案例

北极星指标，顾名思义，就是一个产品或者一家公司的方向，是做增长要确定的第一步，也是至关重要的一步。可以总结为以下 3 点。

（1）重点抓取

做增长涉及公司运营的方方面面，没有一个明确的数据指标指引，很容易眉毛胡子一把抓，而无法有效地集中精力抓住重点。

（2）明确优先级

当公司到达一定规模，一个共同的目标可以把团队调整到同一个方向上，并且明确任务的优先级。

（3）提高行动力

设定一个数据指标，能够大幅提高行动力。如同 YC 联合创始人 Paul Graham 所说的：一旦你选定了目标，只有一件事可以做，努力达到那个目标。通过这一个目标，你可以知道公司的状况，有针对性地上线各种项目和试验，然后观察有无成效。

2. 衡量北极星指标的 6 个标准

那么，如何找到一个合适的北极星指标呢？

首先声明，这个过程并不是一蹴而就的事情，可能需要多次的尝试和改版。开始之前，把想到的指标写下来，问自己下面问题，可能会帮助你找到大概的方向。

① 你的产品的核心价值是什么？这个指标可以让你知道你的用户体验到了这种价值吗？

比如，某公司做的是投资产品，那么用户的核心价值就是投资，所以这个北极星指标应该和投资有关。

② 这个指标能够反映用户的活跃程度吗？

比如，对于 Uber 来说，如果只是把注册司机数作为北极星指标，显然就忽略了乘客这一方面。因此，Uber 的北极星指标应该能够反映司机和乘客的供需平衡，所以“总乘车数”就是更为合适的一个指标。

③ 如果这个指标变好了，是不是能说明整个公司在向好的方向发展？

④ 这个指标是不是很容易被你的整个团队理解和交流呢？

一般来说，建议选一个绝对数作为北极星指标，而不是比例或百分比。比如，“总订单数”就比“订单额超过 100 元的订单比例”好理解。

⑤ 这个指标是一个先导指标，还是一个滞后指标？

比如，软件即服务（Software as a Service，SaaS）公司喜欢使用收入作为北极星指标，这不是一个坏指标，但是它确是一个滞后指标。有的用户很可能已经停止使用几个月了，却还在付月费。在这种情况下，“月活跃用户数”可能是一个更好的先导指标。

⑥ 这个指标是不是一个可操作的指标？

3. 在业务实践中不断优化

最后，不要苛求完美，不要试图一步到位，寻找北极星指标也不是一道只有唯一解的数学题，很多指标之间都有相关性，选哪个并没有本质区别。

借助数据分析工具来持续监控北极星指标（见图 4.19），在业务实践中不断优化、积累经验。你的目标是为团队找到一个最适合现阶段的聚焦点，让大家在日常工作中能够齐心协力地向着一个方向前进。

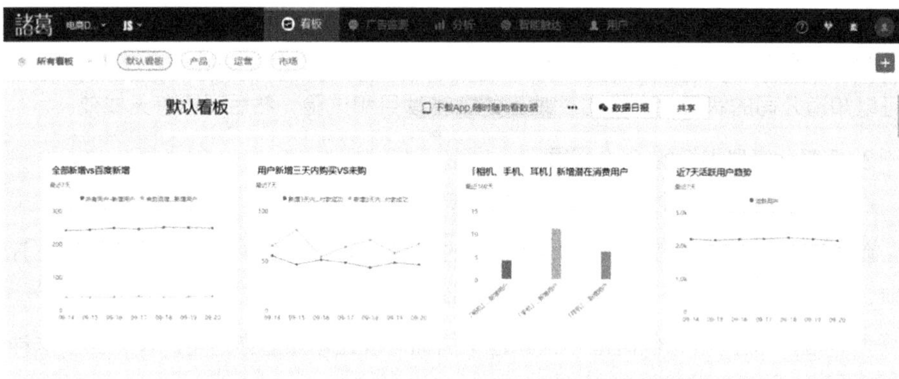

图 4.19 通过数据分析工具持续监控北极星指标

毕竟，任何方法论都是为了帮助你更好地达成目标。不管是北极星，还是南极星，只要能引导我们走到终点，都是“好星星”。

二、量化指标

大家都喜欢谈产品的市场定位，但这个词究竟是什么意思呢？如果你去问企业家或者风投家，他们可能会告诉你，一旦他们实现了产品市场定位，他们的公司就会开始疯狂增长。因为这证明他们的产品或服务和用户产生了共鸣，这些用户会向亲朋好友大力推荐公司产品，成为他们的免费推销员。

但我们总是很难确定是否达到了这种神话般的定位，尤其是在最开始的时候，因为早期数据可能非常杂乱，用户数量也很少，我们能够参考的东西不多。所以，一般根据经验判断最有意义的可量化指标是什么。

1. 用户准备向亲朋好友推荐你的产品

虽然每个行业不一样，但是作为一个经验法则，如果你的净推荐值（Net

Promoter Score，NPS）超过了 50，就说明你做得非常好。

注意：这里对净推荐值做一个全面的定义。根据你向朋友或者同事推荐我们的公司 / 产品 / 服务的可能性，按照 10 分制划分问题答案。得到 9 ~ 10 分的是促进者，7 ~ 8 分的是被动者，0 ~ 6 分的是批评者。用促进者的百分比减去批评者的百分比，就是净推荐值。

2. 用户愿意花钱

用户喜欢你的产品，喜欢到愿意花钱购买的地步了吗？尤其在企业世界里，我们看到许多公司一开始向企业用户提供的服务都是免费的。他们与之合作完善产品，增加功能，了解对方会怎样使用产品。通常来说，这一步走得还算有用，但我们很难看出到最后这些用户会不会愿意付费使用产品。

很显然，一些产品是有意免费提供的，但如果这样，能达到预期效果吗？你确定走的是一条赢利之路吗？

3. 用户反复使用你的产品

获取新用户的代价是昂贵的，因此一旦获得，就希望他们能留存下来，反复使用你的产品。用户互动是留住客户的法宝，互动方式取决于业务类型，但是只要你的互动深刻而持久，那么结果自然就会很理想。

分析用户行为的一个典型方式就是分析类似群体（Cohort）。类似群体就是根据某个定义分类得出的群体，比如，可以根据用户年龄或地理位置划分群体。企业通常会根据用户注册时间来看用户行为。在一个非季节性的业务当中，你会想要看见后面群体的行为好过前面群体。例如，所有 5 月注册加入的用户比 3 月注册加入的用户参与度要高。如果能和用户建立有意义的互动，群体行为也会随着时间发生改善，那么奇迹就会发生。

4. 用户流失率相对低

在理想状态下，每个月都会获得新用户，并且这些用户会一直留存下来。但这在现实中几乎不可能，用户流失率（流失用户数量 / 总用户数量）对业务有着巨大的影响。

如果每月新用户增长率为 10%，但老用户流失率同样达到了 10%，那么用户增长曲线就会平直。如果获取新用户所要花费的时间和金钱远远超过维持老用户所需的时间和金钱，并且越是老用户越愿意花更多钱在你的平台上，那么只要每月用户流失率减少，就意味着年用户增长率会上升。一些呈指数增长的业务还可以承受得住高流失率，保持增长。但是普遍来说，想要增长，就得把维护老用户和追求新用户看得一样重。

5. 市场足够大

再伟大的产品，如果面对的是小众市场，那么做得再优秀，也只是一个小众业务。

风投家所青睐的，是拥有数以亿万计的消费者市场，或者可以影响到数以十亿计的企业价值的业务。所以，如果你在这样一个庞大的市场，为这样庞大的用户群体，建立了一个伟大的产品，就会有机会获得高额回报。

这就是说，在一个小众市场，产品市场定位非常关键。因为市场采用率低，且增长缓慢，乍看上去我们很难洞察产品是否适应市场。因此，要仔细观察群体数据，然后可以确定什么可以做，可以从哪方面做，市场够不够大，有没有开发意义。

> 4.2.2 数据模型与分析工具

数据是对现实行为的真实记录，只要方法得当，数据就能告诉我们想知道的一切。但数据只是客观记录，无法自己开口说话，而数据模型，是使用数据的方法，是让数据开口说话的“传声器”。

模型是指对于某个实际问题或客观事物、规律进行抽象后的一种表达方式。任何模型都由 3 个部分组成：目标、变量和关系。明确变量，改变变量，即可直接呈现结果、实现目标。在日常的数据分析中，常用的有八大模型：用户模型、事件模型、漏斗分析模型、热图分析模型、自定义留存分析模型、黏性分析模型、全行为路径分析模型、用户分群模型。

一、用户模型

1. 什么是用户模型

先用 3 句话来说明为什么用户模型是基础的分析模型：如果你不知道自己的用户是谁，就不知道该提供什么服务；不清楚用户与你“交往”到哪个阶段了，就不可能知道优先提供什么样的服务；营销战略无法聚焦，服务没有系统性和持续性，因此，先从定义开始，科普下什么是用户模型以及用传统方式如何构建用户模型。

用户模型（Persona）是艾伦 · 库伯（Alan Cooper）在《About Face 4：交互设计精髓》一书中提到的研究用户的系统化方法。它是产品经理、交互设计师了解用户目标和需求、与开发团队及相关人交流、避免设计陷阱的重要工具。

Alan Cooper 提出了两种构建用户模型的方法：用户模型，基于对用户的访谈和观察等研究结果建立，严谨、可靠但费时；临时用户模型，基于行业专家或市场调查数据对用户的理解建立，快速但容易有偏颇。

（1）基于访谈和观察来构建用户模型

在 Alan Cooper 的方法中，对用户的访谈和观察是构建用户模型的重要基础。完整步骤如图 4.20 所示。

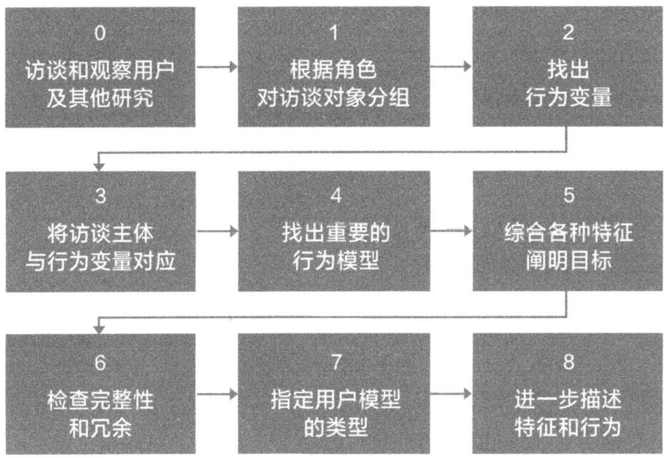

图 4.20　构建用户模型的过程

（2）构建临时用户模型

在缺乏时间，且资源不能做对用户的访谈和观察时，可以基于行业专家对用户的理解或从市场研究中获得的人口统计数据建立临时用户模型。

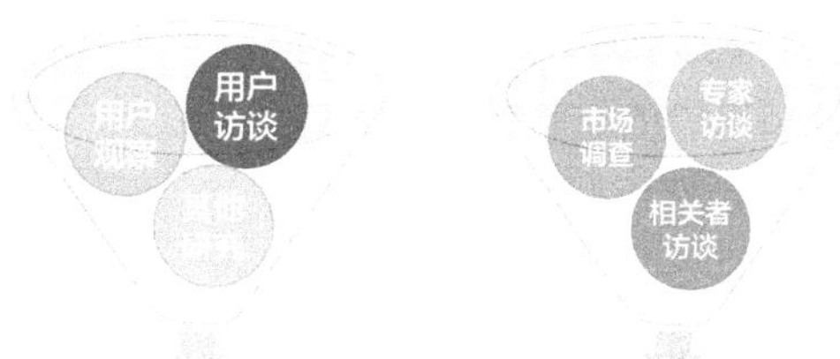

（a）用户模型　（b）临时用户模型

图 4.21　用户模型和临时用户模型

临时用户模型的构建过程与用户模型的构建过程很像，只是用户模型的数据基础来自对真实用户的访谈和观察，临时用户模型则来自对用户的理解。二者的准确度和精度都有差别。具体如图 4.21 所示。

2. 基于行为数据构建用户模型

距离 Alan Cooper 首次提出用户模型（Persona）的概念已过去近 20 年，在这期间，软件产品开发的过程方法以及公司的运作方式都发生了很大改变：以快速、迭代为特点的敏捷开发方法取代了传统的瀑布模型，以“开发→测量→认知”反馈循环为核心的精益创业方法在逐步影响和改变公司的运作方式。

而传统的用户模型构建方法，从诞生之日起并未发生特别大的变化。对于已经习惯了敏捷、快速的产品经理和交互设计师来说，如果花很长时间去研究用户，构建用户模型需要下相当大的决心，更需要用很大精力才能争取到所需的时间和资源，而且互联网产品冷启动耗费的时间越来越短，为了降低成本和风险，产品团队在启动期往往会选择尽快将产品推向用户，尽快获得反馈以“快速试错”，现实和压力迫使大多数新产品不敢投入大量时间、精力深入地进行用户研究。

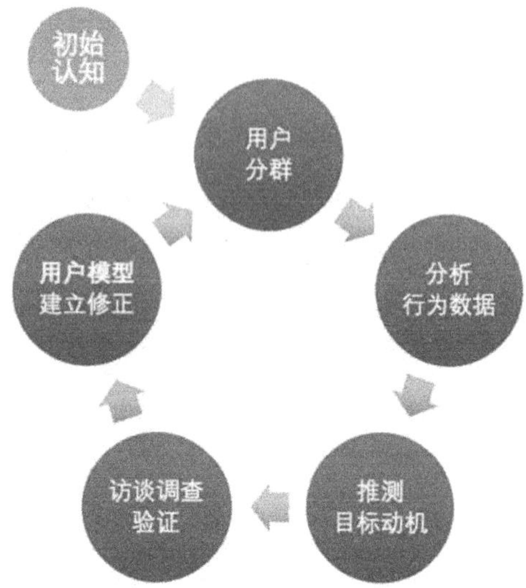

图 4.22 快速、迭代构建用户模型的轻量方法

这就很容易理解，为什么大家都觉得用户模型很好，却鲜有人在工作中真正运用它。为了解决时间紧迫与精力不足的问题，我们提出了一种基于用户行为数据的快速、迭代构建用户模型的轻量方法，如图 4.22 所示。

首先，整理和收集已经获得的任何可认知用户的经验和数据（见图 4.23），包括所在团队对用户的理解，产品的业务数据库中记录的用户相关信息（如用户的性别、年龄、等级等属性），用户（在产品内外）填写的任何表单或留下来的信息（如用户填写的调查问卷、留下的微信账号等）。

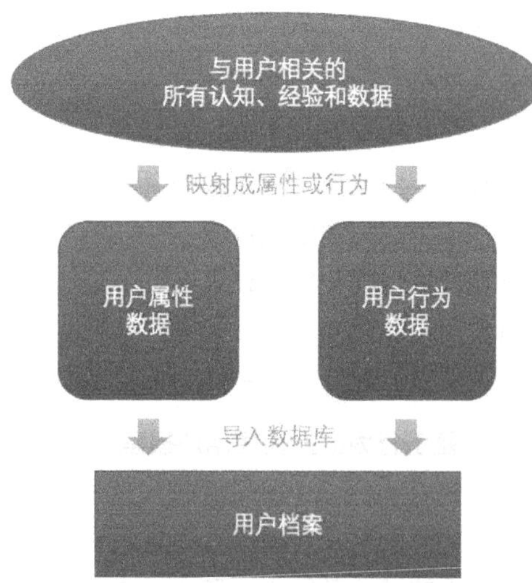

图 4.23 整理有用的经验和数据

我们将这些信息映射成用户的描述信息（属性）或用户的行为信息，并存储起来形成用户档案。

从用户档案中我们可以清楚地了解到用户的属性信息、行为数据和环境数据。

3. 基于行为数据构建用户模型的优势

（1）高效实时，洞察先机

在数据世界里，准确性就是一切，速度更是至关重要，分析系统处理和解释这些信息的速度越快，就能越快且清晰地掌握业务状况，帮助企业更早地做出决策，比如，某共享单车正是因为发现了实时数据指标中的异常波动——次日留存用户数出现了“断崖式”下跌，经紧急调查发现是竞争对手在低价拉新，因此，运营团队第一时间积极应对，从而保住了该城市的市场占有率。同样，市场变幻风起云涌，运营人员、决策者都需要实时关注自身数据的波动，因为失败往往都来自一个微小的疏忽。

（2）记录历史而不只是结果

行为即标签，过去我们常常通过给用户打标签的方式进行用户洞察。事实上，行为数据本身已变得越来越有价值，基于用户行为数据的用户模型，记录了每个用户的每一次行为，客观、真实地还原了用户与产品的交互过程，与单纯地标记“用户标签”相比，记录下来的用户行为数据更具有多维交叉分析的价值，构建出来的单个用户画像更完整、科学。

（3）360° 覆盖用户全生命周期的用户档案

基于用户行为数据的用户模型是实时动态变化的，随着用户在产品中的成长，从访客到陌生人最后成为高价值用户，用户的每一步成长都通过行为记录下来，基于用户所在生命周期的不同阶段，针对新用户、流失用户、活跃用户、沉默用户分别采取有针对性的拉新、转化、留存等运营策略。

为延长用户的生命周期价值（Life Time Value，LTV），必须采集用户全生命周期的数据，如图 4.24 所示，打通客户关系管理（Customer Relationship Management，CRM）数据、历史数据、业务数据、第三方数据，将用户的属性信息（性别、年龄、国家等）与用户的行为数据关联到一起；打通外部推广平台的数据，解决用户从哪里来的问题；打通不同产品平台的数据，将用户在 App/ 小程序 / 微站 / 官网上的行为实时同步，如此方可实现真正的以用户为中心的统计和分析。

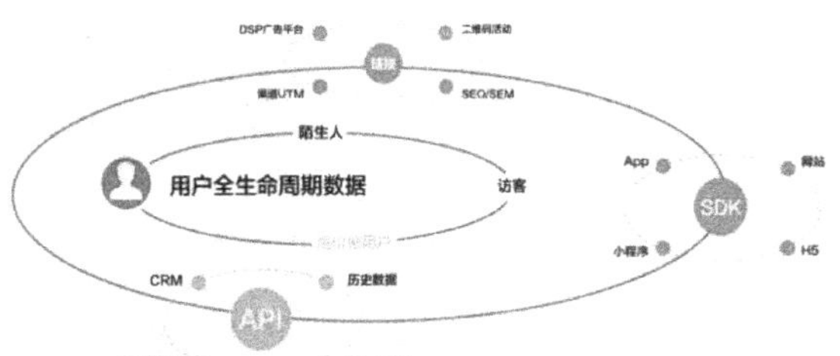

图 4.24 诸葛 io 新零售 DEMO 之用户生命周期用户档案（虚拟数据）

基于行为数据构建用户模型更适合今天的互联网团队的工作方式和节奏，基于用户行为数据的用户模型，一方面对传统方式进行了简化，降低了数据分析的门槛；另一方面，行为数据的补充也让模型更丰富，数据分析更高效。

二、事件模型

事件模型对于很多业务人员来说相对比较陌生，但它却是用户行为数据分析的第一步，也是分析的核心和基础。事件模型背后的数据结构、采集时机以及对事件的管理是事件模型的三大要素，对这一模型有了深刻的认识和理解，用户行为数据分析的核心也就基本掌握了。

1. 事件

在日常工作中，不同岗位、不同角色所关注的事件各不相同，比如，市场人员可能关注单击进入落地页的人数以及进入落地页后用户是否单击核心按钮，如“立即注册 / 立即购买”按钮等；运营人员可能更关注某次邀请好友活动中老用户是否单击该活动页面，是否将邀请海报分享到朋友圈；公共关系人员可能更关心新功能上线后用户是否单击打开。在洞察诸如此类的指标过程中，事件模型就起到至关重要的作用。

那么，什么叫做“事件”呢？简单来讲，就是用户在产品上的行为，它是用户行为的一个专业描述，用户在产品上的所有获得的程序反馈都可以抽象为事件，由开发人员通过埋点进行采集，通俗来讲就是将一段代码放入对应的页面 / 按钮，用户进入页面 / 单击按钮的本质是在加载背后的代码，同时再加载事件采集代码，这样就被记录下来。

2. 事件的采集

事件模型有六要素：时间、地点、人物、起因、经过、结果。相应地，数据分析就像是通过数据 / 指标来讲述用户与产品之间的故事，下面举例说明。

如图 4.25 所示，当用户进入 Apple iPhone 7 Plus 手机的商品详情页时，可能发起的行为有：选择颜色为黑色，选择版本为 128G，选择购买方式为联通优惠购，选择优惠类型为买手机省话费。这一系列行为都需要分别采集下来，如果该电商经营的数码产品品类达上千 SKU（库存量单位），相应就有上千个商品详情页，那么，如果每一页都按照埋点采集方式来操作，那无疑是一项庞大的工作，该如何让事件采集更高效、更有可操作性呢？

图 4.25 商品详情页

为了最大化还原用户使用场景，引入 3 个概念：事件、属性、值。

事件：用户在产品上的行为。

属性：描述事件的维度。

值：属性的内容。

之所以引入这一组概念，是因为灵活运用事件、属性、值的结构，将极大地节省事件量，提高工作效率，使后续的数据洞察和交叉分析更精准。

继续以某电商产品（见图 4.26）为例，事件记录了用户的行为，可以知道用户 A 在几时几分进入商品详情页，但很多分析场景下更需要知道用户进入的是哪个商品页以及商品具有哪些其他业务属性，通过属性可以采集当前页面的商品名称、商品 ID、商品类型等。

序号	事件	属性	值	采集时机
1	进入商品详情页	商品名称	【联通赠费版】Apple iPhone 7 Plus 128 黑色 移动联通电信 4G 手机	商品详情页面加载成功
		商品价格	6 588 元	
		商品一级分类	手机	
		商品品牌	Apple	

图 4.26 诸葛 io 埋点需求文档范例

将数据采集需求交由开发人员进行埋点，将下面这段代码放入对应的页面。

```
zhuge.track('进入商品详情页', {
'商品名称': '【联通赠费版】Apple iPhone 7 Plus 128G 黑色 移动联通电信 4G 手机',
'商品价格': 6588.00,
'商品一级分类': 手机,
'商品品牌': 'Apple'});
```

注意：属性名称不能超过 255 个字符，属性值不能超过 200 个字符。

接下来讲解采集时机，通常有 3 个采集时机，包括用户单击（click）、网页加载完成、服务器判断返回。在设计埋点需求文档时，采集时机的说明尤为重要，它也是保证数据准确性的核心。

举个例子，在采集过程中如果没有明确时机，当用户单击了注册按钮，由于用户输入了错误的注册信息实际没有注册成功，可能仍然会进行记录，这样在统计注册成功事件的时候就是不准确的。而正确的采集时机描述应该是“服务器返回注册成功的判断”。

当然，同一用户行为或动机，可以基于采集需求进行多次标记，如注册按钮，既采集用户的单击行为（用户单击注册就表明有注册动机），也可以采集注册结果，事件设计为“用户单击立即注册”“注册成功”，采集时机对应“单击”和“服务器返回注册成功的判断”。

3. 事件的分析

当我们对事件代码采集后，它只是一个基于时间序列的记录（用户 A，几时几分，在什么样的网络环境设备下发生了什么行为），想要指导业务增长，需要构建一些分析模型。对事件的分析通常有事件触发人数、次数、人均次数、活跃比 4 个维度的计算。

人数：某一事件（行为）有多少人触发了。

次数：某一事件（行为）触发了多少次。

人均次数：某一事件（行为）平均触发多少次。

活跃比：在一个时间区间内，触发某一事件的人数占当前时间段内所有活跃人数的比。

事件以及“事件、属性、值”的结构，让我们在日常的业务分析中，可以更直接、快速地掌握数据波动的趋势。

① 人数。

如图 4.27 所示，最近 7 天，“查看课程详情”“搜索课程”“在线试听”的人数分别为 1 764 人、1 049 人、609 人。

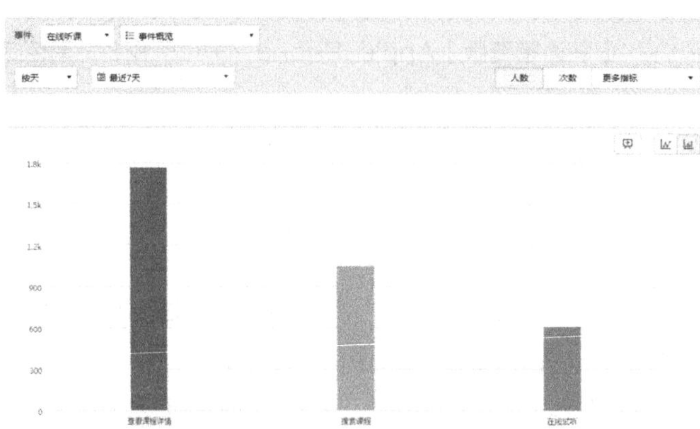

图 4.27 诸葛 io 教育培训 DEMO：人数（虚拟数据）

② 次数。

通过对用户群、事件属性的筛选和对比，我们发现，与来自搜狗的用户相比，来自百度的用户更喜欢使用微信支付，如图 4.28 和图 4.29 所示。

图 4.28 分析用户群

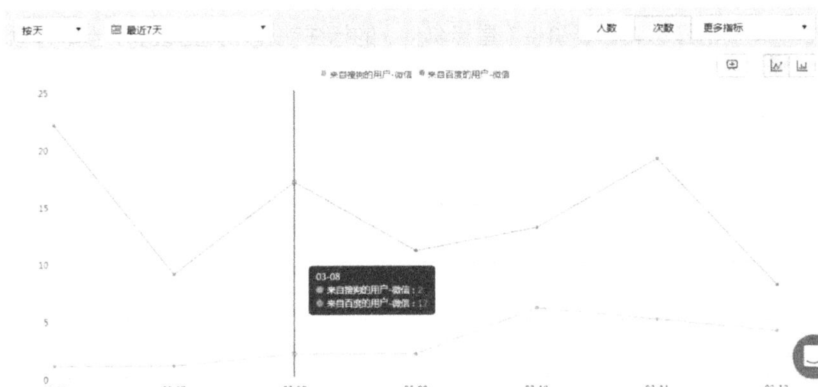

图 4.29 诸葛 io 新零售 DEMO：次数（虚拟数据）

③ 人均次数。

人均次数是比值指标，可以更科学地描述事件，如图 4.30 所示。

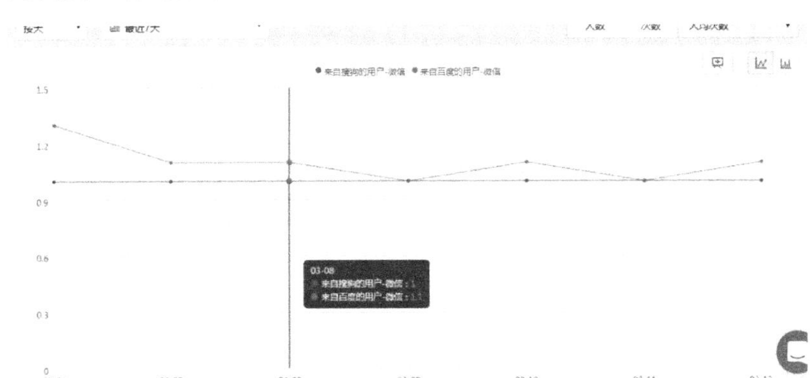

图 4.30 诸葛 io 新零售 DEMO：人均次数（虚拟数据）

④ 活跃比。

在用户行为数据分析的过程中，活跃比是常用指标，活跃比 = 触发事件的人数 / 活跃人数，即触发某一事件的人数占当时活跃人数的比率。

举个例子，某电商产品在近 7 天的活跃人数为 1 000 人，触发过“查看商品详情”的有 300 人，那么在最近 7 天内，“查看商品详情”事件的活跃比是 30%。

4. 事件的管理

企业无论是自建用户行为数据分析平台还是采购第三方，对事件的管理都是产品、运营等业务人员工作流中非常重要的一环。当采集和分析数量非常多（可能会多达几百上千）的用户行为事件时，事件查找和组织就变得不够方便。

因此，事件的分组和重要事件（星标事件）的标注就显得尤为重要，当事件很多时，可以对事件进行分门别类的管理，如图 4.31 所示。同时，可以从产品业务角度将重要的用户行为标注出来，以便可以在分析时方便、快捷地查找常用、重要的事件。

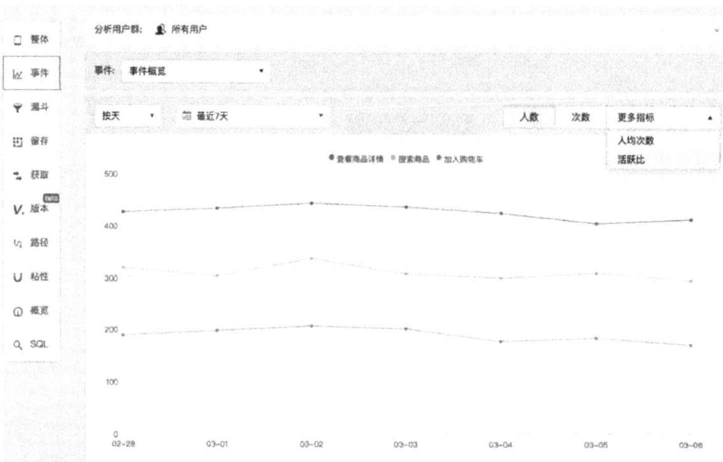

图 4.31 诸葛 io 教育培训 DEMO：事件管理（虚拟数据）

数据驱动增长，从科学地构建事件模型开始，以“事件、属性、值”为逻辑的事件模型，极大地提高采集效率，更真实且全面地还原用户与产品的交互过程，通过研究与事件发生关联的所有因素来挖掘用户行为事件背后的原因，快速定位影响转化的关键点，提高运营效率。此外，事件模型也是漏斗分析模型、自定义留存分析模型、全行为路径分析模型的基础。

三、漏斗分析模型

刚刚接触数据运营的用户可能都会产生这样的困惑：数据运营难不难？数学不好怎么办？是不是还需要学习数学建模？面对业务指标，经常有人会有以下疑问。

① 漏斗分析统计的是人数，还是次数？

② 如何构建漏斗分析模型？要将“浏览→完成交易”中的每步都列出来吗？

③ 有哪些分析场景？

下面就来看看常见的数据分析方法——漏斗分析模型，同时逐一回答上述问题。

1. 什么是漏斗分析模型

简单来讲，漏斗分析模型就是抽象产品中的某一流程，观察流程中每一步的转化与流失，如图 4.32 所示。

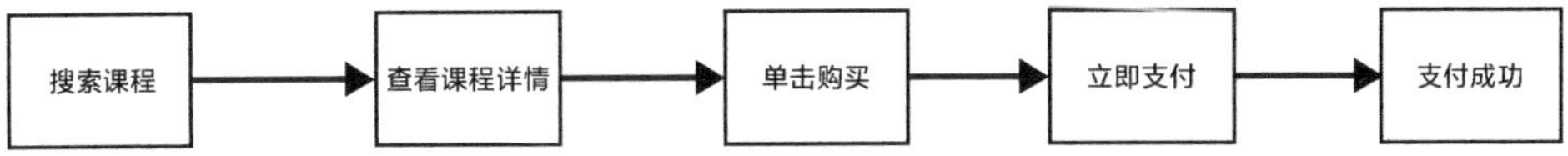

图 4.32 用户购买课程的一般行为路径

例如，教育培训类产品的用户，从首页进入到最终完成支付的行为，大多需要经过搜索课程、查看课程详情、单击购买、立即支付、支付成功的流程，我们需要将按照流程操作的用户进行各个转化层级上的监控，寻找每个层级的可优化点；对没有按照流程操作的用户绘制其转化路径，找到可提升的用户体验和缩短转化路径的空间。

通常来讲，漏斗分析都以人数来统计，为什么不按照次数来统计呢？来看一个例子。

假设某漏斗分析模型是 A → B → C → D，如果用户从 A → B → B → B（假设 A 是用户进入课程详情页的次数，B 是单击购买的次数，也就是这个人重复添加到支付页面），那漏斗分析的第二步统计的次数可能会大于第一步统计的次数，这也违背了漏斗分析模型的意义。

以人数来统计，就是次数去重以后基于时间序列的统计。一个用户只要做过从 A 到 B，无论做了多少次，都是一个 A 到 B 的转化，当然，这里边有个非常关键的限定，就是转化周期限定，转化用了 1 天，2 天，或是 1 个会话，2 个会话……也就是用户从 A → B 发生的时间周期，只要他在一个时间周期内完成了从 A → B，就记为一次转化。如图 4.33 所示。

那么，有没有使用次数作为统计的呢？这种统计主要在特定场景下进行，比如，一个新课程上线，你可能会统计有多少人看了，又有多少人单击购买，又有多少人购买了。你可能也会统计这个课程一共被看了多少次，平均一个人看了几次，然后再评估你的漏斗转化率；你可能还会统计支付成功的那些人一共看了多少次，平均一个人看多少次。

图 4.33 漏斗分析模型的转化

综上，漏斗以人数为统计口径，并包含了 3 种转化时间（同一天内 / 同一个会话内 / 自定义天数内）的限定，次数用于特定场景的分析。

2. 漏斗分析模型中的新特性

直到现在，依然有很多的产品经理、运营人员、市场人员通过 Excel 来计算自己业务流中的漏斗转化率，比如，“浏览→客服咨询→预约试听→支付课程”和“搜索课程→单击支付→完成交易”需要在不同的漏斗分析表格中统计（见图 4.34），不仅过程繁琐，而且由于只是单纯的数据统计，只能从表格中了解哪一环节用户流失严重，而对于业务指标的提升——提高转化率，却于事无补。

图 4.34 诸葛 io 在线教育 DEMO 数据：创建漏斗

在追求精细化运营的道路上，企业对转化流失分析提出了更高需求，理想的漏斗分析模型需要具备如下新特性。

（1）操作简便：可视化操作

传统漏斗分析模型需要辅助 Excel，人工输入每个转化路径的每一步可能的事件，同时需要日常维护和实时同步更新，一方面，效率低下，数据统计和表格的使用都有一定的门槛；另一方面，在竞争激励的市场环境下，很可能因为统计数据的滞后，导致业务上的损失。

新型漏斗分析模型可以打破技术门槛，让业务人员可以通过可视化的方式完成漏斗操作，快速、直观地查看转化情况。

（2）不只是统计，而是数字背后的人

统计不是目的，指导业务增长才是最重要的，运营的核心任务之一就是提高转化率，因行业不同，这个转化率可能是注册转化率、绑卡转化率、预约试听转化率、首次投资转化率、付费转化率等，而提高转化率的手段，除了让转化路径最短和优化每个节点的用户体验外，更多的是需要运营人员对每一环节流失掉的用户及时采取召回策略。下面举例来看如何通过漏斗分析模型提升转化率。要提高注册转化率时，可根据图 4.35 所示的漏斗分析模型进行。

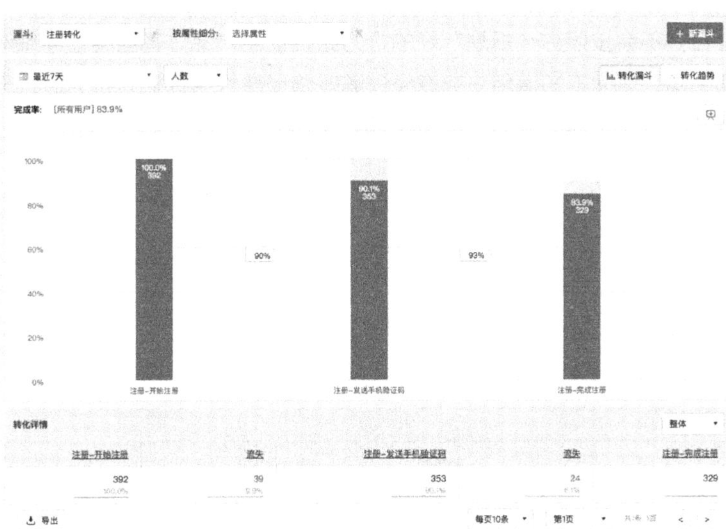

图 4.35　诸葛 io 在线教育 DEMO 数据：漏斗

我们发现，从“发送手机验证码→完成注册”这一步有 24 人流失，而这一部分流失是完全可以避免的，我们只需找到是何原因导致用户完成发送验证码后却仍然没有完成注册，即可极大概率地召回这些用户。通过单击转化详情，即可查看每一个流失用户的用户档案。

根据用户档案，一方面可以针对不同用户各自的流失原因进行直接触达，比如发个短信或者打个电话直接沟通；另一方面还可以快速锁定原因，比如图 4.36 所示的“服务器忙”，可以将原因反馈给相关技术部门进行处理，修复故障。

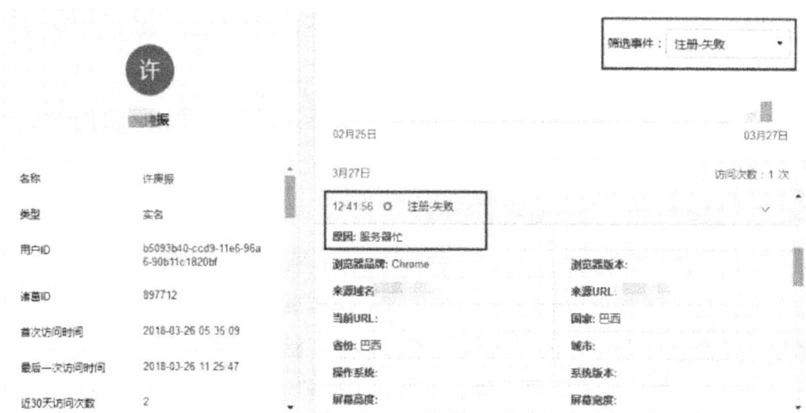

图 4.36 诸葛 io 在线教育 DEMO 数据：用户档案

（3）如何构建漏斗分析模型

用户往往并不会按照你“规划”好的行为路径使用产品，甚至会让你感叹他们正在做布朗运动，那么当你不知道用户究竟经过哪些路径最终到达核心行为时，当你正在被构建漏斗分析模型困扰时，还有一个全局视角来构建漏斗分析模型的工具——太阳图，如图 4.37 所示。

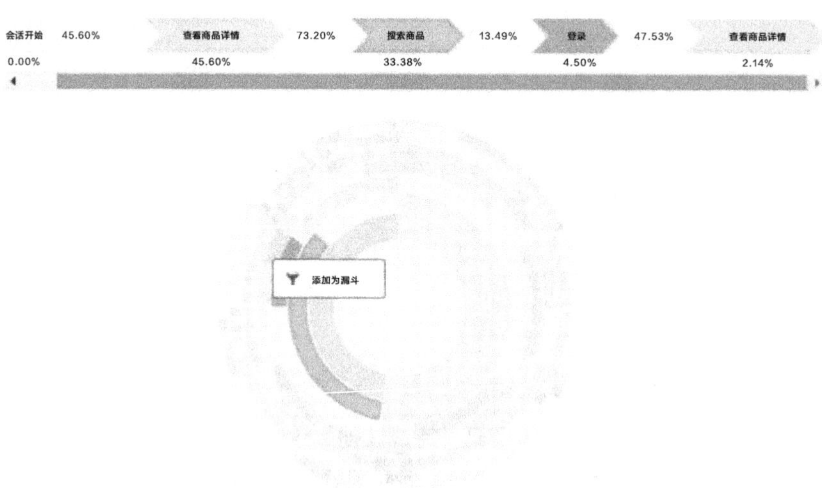

图 4.37 用户行为路径之太阳图

为了让你对“用户如何使用产品”有更全面的了解，太阳图将全部用户的所有行为路径在一张图中直观且清晰地呈现出来：圆弧层数越多，说明用户的行为轨迹越长；圆弧弧度越大，说明用户触发该行为越多。

此外，通过太阳图，你有可能发现那些被你忽略的用户行为路径，因为并不是所有用户都会按照期待的核心路径使用产品，那些“误入歧途”的用户行为在太阳图中将一览无遗，此时，需要快速建立漏斗分析模型分析原因，找到运营策略。

通过产品每一个设计步骤的数据反馈得出产品的运行情况，然后通过各阶段的具体分析改善产品的设计，提升产品的用户体验，这就是漏斗分析模型的核心价值。漏斗分析模型，仅仅是帮助我们分析问题的工具，重要的是要培养数据分析的思想：通过精细化的拆分，从宏观的视角，将复杂的事件分析拆分为独立的归因分析。

四、热图分析模型

什么是热图分析模型呢？就像广场草坪，如果设计得不合理，没有铺设石子步道，很多人会抄近道横穿草坪直达对面的建筑物，时间长了，即使没有路也会走出路来，如果从高处俯瞰的话，很容易判断出哪个建筑物、哪个位置的店铺是客流最集中的“旺铺”。同样，我们也希望了解用户在网页上的关注点在哪里，尤其对于官网首页来说，信息密度极高，用户究竟是如何浏览的?

按计算维度划分，热图可以分为单击热图和浏览热图。单击热图追踪的是鼠标指针的单击情况，进行人数、次数统计并基于百分比进行热力分布，浏览热图（也称注意力热图）记录的是用户在不同页面或同一页面不同位置停留时间的百分比。前者基于单击，后者基于停留时长。具体如图 4.38 所示。

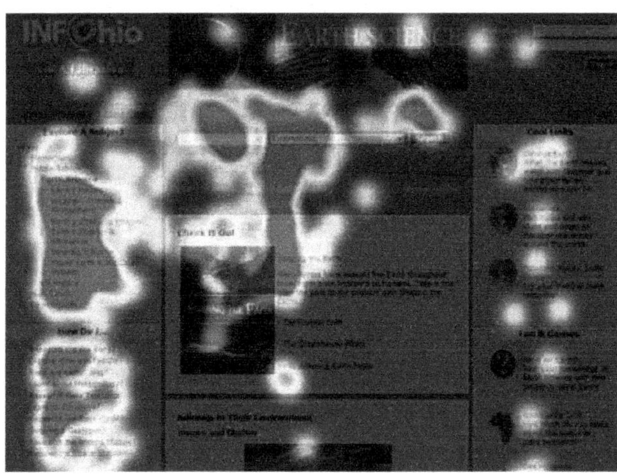

图 4.38 网页热图示意

单击热图又分为两种，一种是鼠标的所有单击，另一种是页面可单击元素的单击。前者可以追踪页面上所有可单击和不可单击位置的被单击情况，后者只追踪页面上可单击元素的被单击情况。两者各有不同的应用场景，但当用户行为数据的采集和分析被重视起来后，热图与热图之间的差别逐渐变得更模糊。因为对于同一个分析目标和需求，有时候我们能找到更优的分析模型和方案。

诸葛 io 的热图分析模型，又增加了一些更重要的特性。

1. 热图分析模型中的新特性

（1）面向特定人群的分析与人群对比

过去对人群的划分基于环境属性，如 IP、设备、网络环境，基于用户生命周期的划分仅停留在新老用户的区分。缺少对用户更深维度的划分，比如，理财产品要为投资用户和未投资用户提供两个落地页，在诸葛 io 分析平台，可以快速进行用户分群，并交叉热图分析模型进行对比，如图 4.39 所示。

图 4.39 某理财产品的脱敏数据

通过单击分析，可以看到不同用户登录后在首页的整体流量走向：已投资用户对“我的账户”更感兴趣。其实也很容易猜想到原因：同样在登录状态下，已投资用户更关注收益情况和资金安全情况，而未投资用户更关注理财产品特点、收益和安全资质，同时由于并没有充钱所以并不关注账户。因此，我们可以根据不同用户的需求提供更具个性化的首页。

（2）聚焦分析

热图在视觉上给我们更直观的对比，对于关键的分析，依然需要进行量化，诸葛 io 的热图分析模型加入了聚焦分析，每一个热度背后的单击统计和百分比都有清晰的计算，特别是对于特定人群和人群对比的数据。具体如图 4.40 所示。

详情 ×

	单击次数	单击人数	单击率	聚焦度
未投资用户›	44200	32100	35.9%	23.2%
已投资用户›	146400	12200	48.1%	76.8%

细分 来源URL

用户群	来源	单击次数	单击人数	聚焦度
未投资用户	baidu.com	4652	1890	6.5%
已投资用户	baidu.com	67400	5640	93.5%
未投资用户	360.com	5406	680	44.3%
已投资用户	360.com	6803	462	55.7%

图 4.40 某理财产品分析的脱敏数据

提示：

单击率 = 单击次数 / 当前页面的浏览次数

聚焦率 = 单击次数 / 当前页面的单击总次数

2. 应用场景

单击分析让产品设计人员、运营人员更加直观地对比和分析用户在页面的聚焦度，页面浏览次数，页面内各个可单击元素的单击人数等数据指标。

（1）落地页效果分析

落地页是用户与产品交互的第一“触点”，落地页的设计与体验将直接影响用户的转化，通过单击分析即可快速衡量落地页的转化率。

以麦子学院为例（见图 4.41），设计师会通过页面单击情况分析用户进入落地页后的流量走向，用户更聚焦哪些功能？哪些功能流量大但却比较隐蔽？对于大流量的入口是否还有其他信息可以一同展示从而增加曝光？对比新老用户、不同渠道来源、购买与未购买等不同用户群的行为差异，针对不同客群特点采取针对性的活动策略。

图 4.41　麦子学院官网首页的脱敏数据

（2）首页流量追踪

首页在官网中的重要性是非常高的，首页设计的合理性关系着用户是否能够找到信息和完成任务（见图 4.42）。

图 4.42　某理财产品官网首页的脱敏数据

（3）关键页体验衡量

以诸葛 io 官网为例（见图 4.43），由旧版官网首页单击分析的界面，可以看到“注册试用”在官网上有两个位置，一个位于右上角，一个位于“体验 DEMO”的左侧，但是单击人数都不高（见图 4.44），从业务角度讲，引导用户尽快完成注册和体验 DEMO 是首页中的核心诉求，通过单击分析数据可以为页面改版找到一些方向。比如，在合适的位置将“注册试用”改为“免费试用”，调整话术减少用户的抵触心理。

图 4.43 诸葛 io 旧版官网首页的脱敏数据

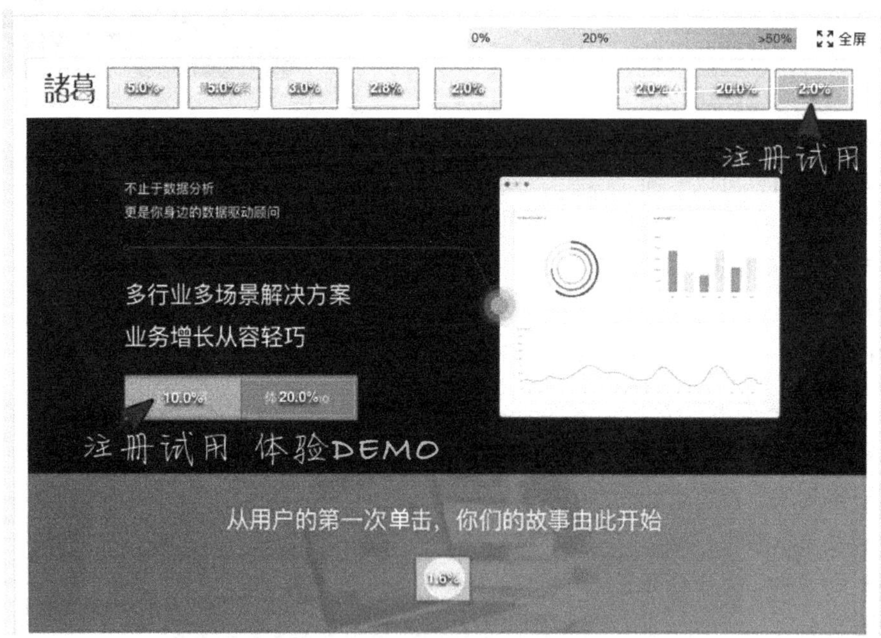

图 4.44 诸葛热图分析

作为信息时代兼具客观性和易用性的数据分析模型——热图分析，可视化的数据呈现，帮助你快速发现数据背后的问题，为网站的优化提供有力的数据支撑，关注单击行为的同时更关注不同特点用户的浏览习惯，为用户呈现个性化的产品价值。

五、自定义留存分析模型

在流量越来越贵的背景下，留住老用户显得愈发重要，对于用户而言，留存率越高，说明产品对用户的核心需求把握得越好，用户对产品产生强烈的依赖。对于产品而言，留存率越高，说明产品的活跃用户越多，转化为忠实用户的比例会越大，越有利于产品变现能力的提升。因此，留存率是判断产品价值的重要标准。

1. 留存定义和公式

定义：满足某个条件的用户，在某个时间点有没有进行回访行为。

公式：若满足某个条件的用户数为 n，在某个时间点进行回访行为的用户数为 m，那么该时间点的留存率就是 m/n。

以常用的指标举例。“新增用户日留存”就是某天新来的用户，第 2 天打开 App 或网站的比例，第 3 天打开 App 或网站的比例，第 4 天打开 App 或网站的比例……第 N 天打开 App 或网站的比例，如图 4.45 所示。

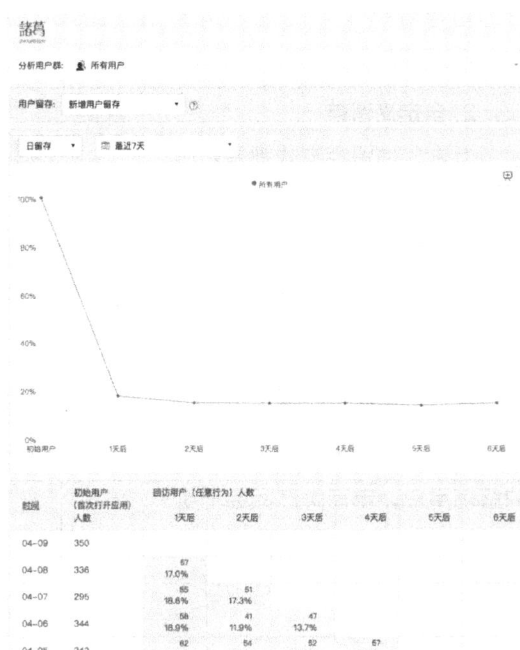

图 4.45 新增用户日留存

这一指标就是 N-day 留存，即第几日留存，这里的“日”也可以换成“周”，也可以换成“月”，现在普遍认识的用户留存，一般都是“N-day”留存了。

除了 N-day 留存，业内常见的留存分析方式还有“Unbounded 留存”“Bracket 留存”，这 3 类留存的区别就在于时间条件的差异，具体关注哪种留存，需要根据业务来定。

（1）Unbounded 留存（N 天内留存）

Unbounded 留存就是我们常说的第 N 日内留存，N-day 留存是只计算第 N 天完成回访行为的用户，Unbounded 留存会累计计算 N 天内所有完成过回访行为的用户。

（2）Bracket 留存 （自定义观察期留存）

N-day 留存和 Unbounded 留存都是按照独立的天 / 周 / 月为观察单位计算，但有时候我们不希望受限于这种固定时间度量，我们希望划分为几个观察期，比如大多数情况下，一个观察期是一天、一周或者一个月，但有时候，可能会这样划分。

第一个观察期：次日。

第二个观察期：第 3 ~ 7 日。

第三个观察期：第 8 ~ 14 日。

第四个观察期：第 15 ~ 30 日。

以电商类产品为例，4 月 9 日新增用户的第 3 天留存就是 4 月 12 日进入产品的用户比例，即 *N*-day 留存；4 月 10 日、4 月 11 日和 4 月 12 日 3 天中任意一天进入产品的去重用户比例，即 Unbounded 留存；如果自定义一个观察期，比如第 3 ~ 7 日的留存就是 4 月 12 日 ~ 4 月 16 日的中任意一天进入产品的去重用户比例，即 Bracket 留存。

2. 自定义留存

上述 3 种留存方式都是对时间的限定，对留存的定义都是用户打开了产品或进入了网站。而越来越多的产品经理开始关注自定义留存，因为他们更想知道基于自己业务场景下用户的留存情况。比如，阅读类产品会把看过至少一篇文章的用户定义为真正的留存用户，电商类产品会把至少查看过一次商品详情页定义为有效留存。所以，对留存的行为有了自定义。

① 初始行为。初始与回访是相对的概念。

② 回访行为。与初始行为的设定是并且关系。用户的初始行为可以理解为上一次行为，回访行为即理解为下一次行为（见图 4.46）。

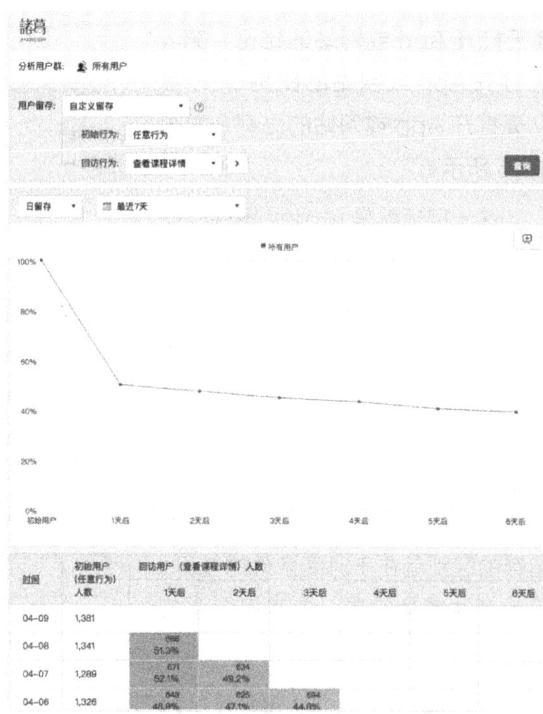

图 4.46 回访行为是查看课程详情的 7 日留存数据

对初始行为和回访行为的设定本质上是在进一步筛选用户群。滴滴打车的一次增长分享会曾提到过“抢了红包的用户后来打了车的日留存”，即初始行为是抢了红包，回访行为是打车。“抢了红包的用户打了车的 3 日留存”即初始行为是抢了红包，回访行为是打车，看这部分人的第 3 天留存。

3. 场景举例

签到是一个非常古老的功能，以前在一些社区平台也比较常见，现在越来越多的产品又开始有了这个功能，甚至一些金融产品也有了这个功能。签到的核心是通过培养用户的登录习惯，延长用户的生命周期（当然，签到功能也会和积分等其他可兑换的奖励所绑定），而签到功能本身，就是一个纯粹的为了提升用户回访的功能，这一功能到底有没有吸引用户回访，用自定义留存分析功能再合适不过了。

假设这一功能是面向所有用户，当然，也可以去看目标用户群的留存情况，如图 4.47 所示。

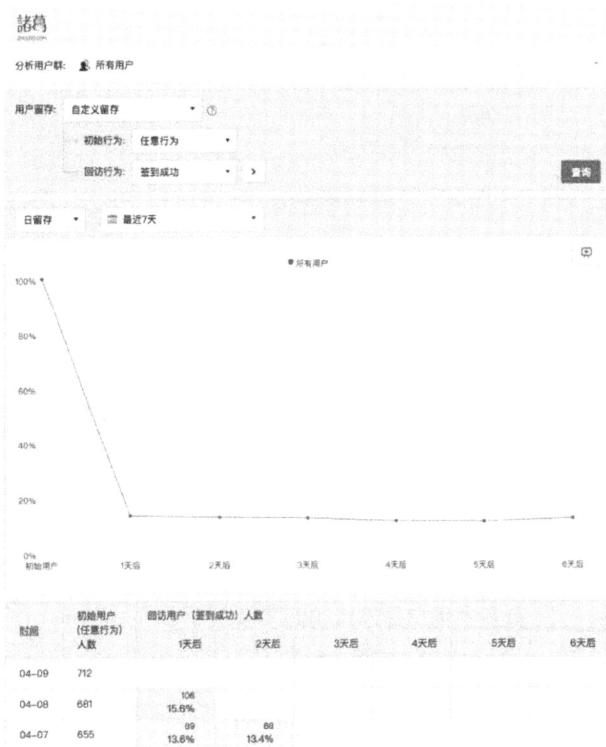

图 4.47　回访行为是签到成功的 7 日留存数据

初始行为：任意行为。

回访行为：签到成功。

从图 4.47 可以看出，签到功能带来了很好的用户黏性。很多用户回访都会触发签到功能，功能价值得以衡量和体现。

随着用户规模的饱和，获客成本大幅提高，用户可能因为一点不开心就会卸载你的应用，此时提高留存就显得尤为重要，因为不管是花费在金钱还是资源上的成本都会更低，留存已成为检验产品的重要指标，自定义留存分析模型，通过更灵活的行为和时间条件的设置，让留存指标更精细化，让运营策略更聚焦、更有效。

六、黏性分析模型

留存，被认为是衡量产品健康度的一大高级指标，除了“留存”，还经常谈起的就是“黏性”，但如何量化它呢？这里分享一个分析模型——黏性分析模型，让大家对产品的黏性衡量从感性认知上升到理性认知，进行深刻理解并能应用于业务场景。

1. 深刻理解留存

对大多数产品而言，我们会用留存来整体评估产品的健康度，你也可以理解为，留存是在“某一天有多少人使用”的维度下进行的计算，它统计了来自同一群人，放在时间的跨度下，计算每一天回访用户占这群人的百分比。以新增留存为例，某一天或一段时间新增的用户，第 2 天还有多少人使用（次日留存），隔 2 天还有多少人使用（2 天后留存），隔 7 天还有多少人使用（周留存），通常会以此来判断产品留存用户的能力，以及用户的价值，如图 4.48 所示。

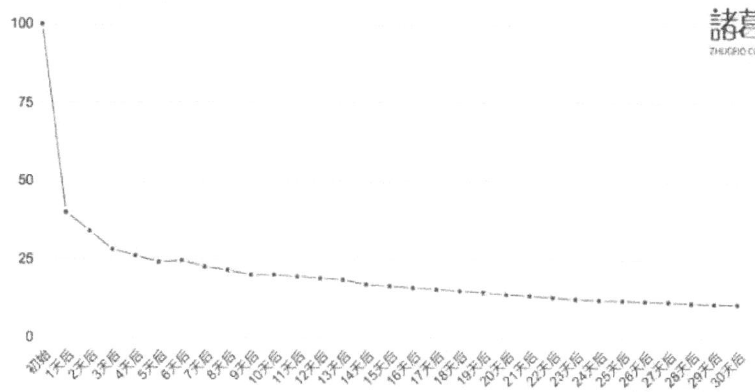

图 4.48 产品留存

2. 黏性：以用户视角，科学评估产品留存能力

从精细化运营的角度来看，可能会有以下疑问。

① 隔 7 天访问的用户有多少?

② 有多少用户是中间 6 天都没访问?

③ 有多少用户是连续访问了 7 天?

④ 第 30 天访问的用户中，有多少中间 29 天没有访问过?

⑤ 有多少用户是有连续访问的?

⑥ 有多少用户是每周都有 2 ~ 3 天访问的?

⑦ 他们分别占比多少?

如果要整体评估产品健康度，可能还需要知道“一个人使用了几天”，即很多产品一直无法衡量的维度：黏性。因为由黏性可以知道：一款产品，用户一个月使用几天，使用大于 1 天的有多少，使用大于 7 天的有多少，你也可以再扩展到周的维度，一周使用大于 2 天的有多少，一周使用大于 5 天的有多少。以此来综合评估产品的健康度。

当将这一模型进行可视化，如图 4.49 所示，选择“任意行为”，按周查看，即为用户平均每周使用产品的天数分布。

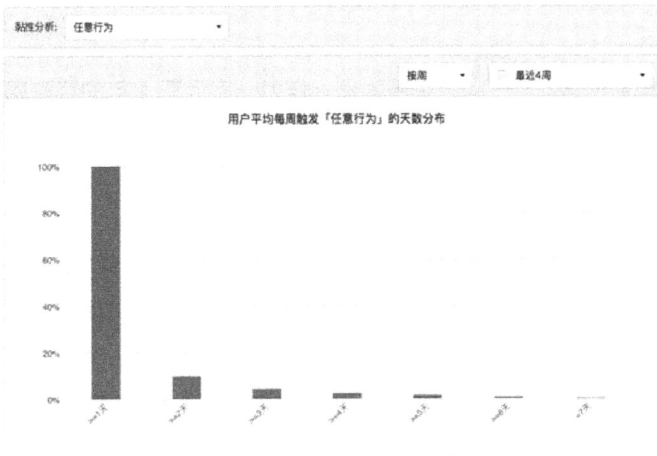

图 4.49 任意行为的黏性分析

如图 4.49 所示，可以看到近 4 周所有使用产品的用户中，平均每周使用 2 天、3 天及以上的用户占比。

当然，也可以评估某一功能的黏性，比如选择“开始签到”来分析新上线的社区功能的黏性，如图 4.50 所示。

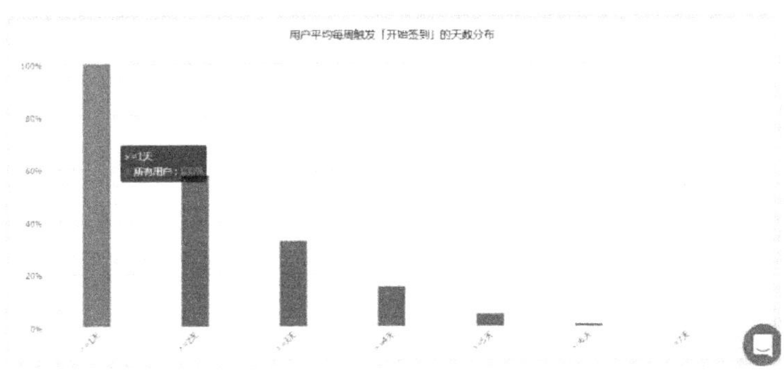

图 4.50 “开始签到”模块的黏性分析

说明：在计算各个天数的人数占比情况时，会以在所选时间段内触发过该事件的人为基数（第一天为 100%）。比如，近 4 周的活跃人数是 200，触发过“开始签到”

的人数是100，其中一周内触发过“开始签到”2天以上的是20人，那么在黏性分析中，“开始签到”2天以上的人数占比是 20 / 100×100% = 20%。而不会以活跃人数为基数，若要看在整个活跃用户中使用过某个功能的人数占比，可通过“事件”中的“活跃比”功能实现。

3. 场景举例

以诸葛 io 服务的客户——向上金服为例，作为一家运营 4 年的互联网金融服务平台，同所有互联网金融产品运营思路一样，一方面，需要不断强化用户对产品的信任感；另一方面，通过完善积分体系 / 搭建商城等手段，不断开拓更多用户与产品交互的场景，从而提高用户留存和黏性。

此外，可能还会需要对比两个不同用户群的黏性情况，比如想了解一下“已投资用户”相较于“未投资用户”，对“查看股票市场”的依赖程度有何不同，如图 4.51 所示。

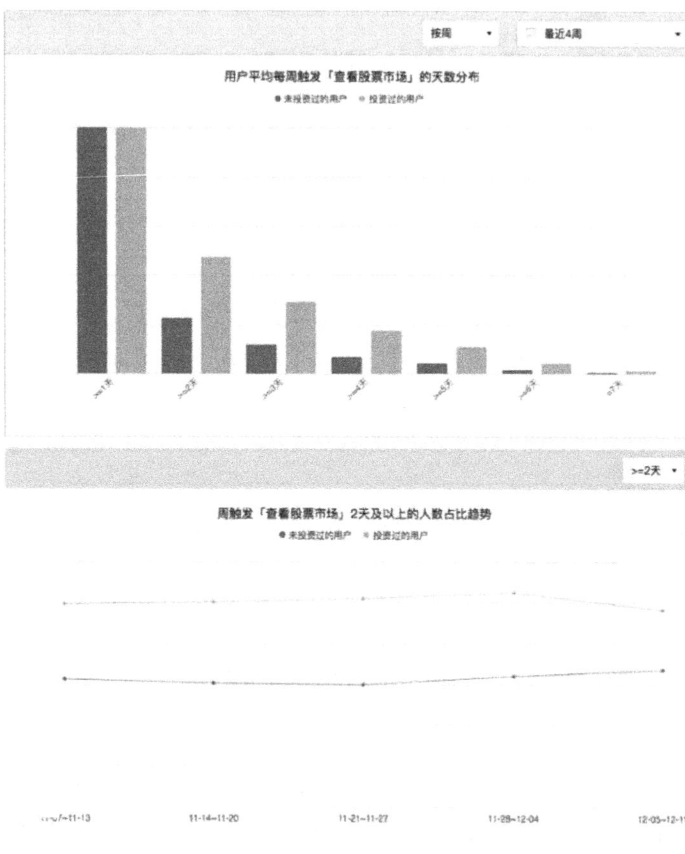

图 4.51 不同用户群对于“查看股票市场”的黏性对比的脱敏数据

如图 4.51 所示，与未投资用户相比，有过投资行为的用户更关注股票市场的动态，对股票市场这一功能模块的黏性更大。

通过黏性分析，让你了解产品或某个功能黏住用户的能力如何，除了常用的留存指标外，黏性从更多维度让你了解到用户是如何使用产品的，哪个功能是被用户所喜欢的，不同用户对同一功能在使用上有哪些差异，帮你更科学地评估产品和功能，更有效地制定留存策略。

七、全行为路径分析模型

用户在产品中的行为其实是个黑盒子，全行为路径分析模型是用全局视野看用户的行为轨迹，很多时候会有意想不到的收获，在可视化的过程中有两个模型，一个是树状图，另一个是太阳图，下面将继续解读八大数据分析模型之一——全行为路径分析模型，让你快速、直观地看到用户如何在使用你的产品。

1. 行为路径分析

单体洞察、用户分群、行为路径分析是用户行为数据分析的三大利器。单体洞察满足了我们对单个用户的特征洞察，用户分群满足了我们对全量用户或某一特征人群的洞察，而行为路径分析是对用户产生的行为数据的可视化分析模型，某一人群交叉行为路径分析模型，可以快速洞察到这一群体的行为特征。常用的行为路径分析模型有漏斗分析模型和全行为路径分析模型。

在分析既定的行为路径转化时，会采用漏斗分析模型，可以看到用户在我们设定的路径中的每一步转化，比如从查看商品详情页到最终支付成功每一步的转化率，从而对既定路径不断调优，如图 4.52 所示。

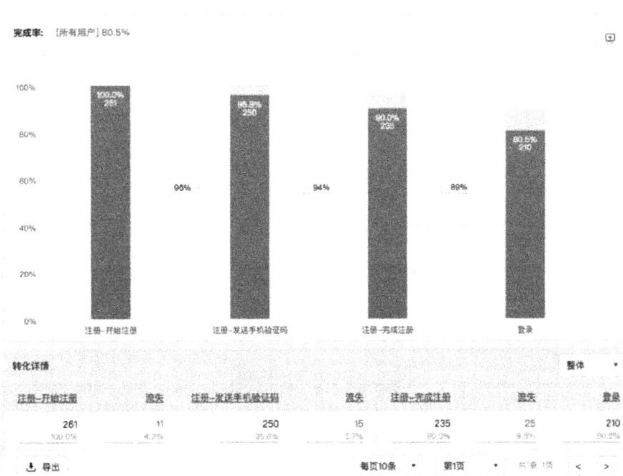

图 4.52 注册转化漏斗

但是，用户在产品内的行为路径可以说是个黑盒子，界面内的每一个按钮、信息都会影响用户的下一行为。为此，需要拥有一个更高的视野去俯视用户的行为，打开这个黑盒子，而这一分析模型就是全行为路径分析模型。

2. 常用的全行为路径分析模型

全行为路径分析模型是互联网产品特有的一类数据分析模型，它主要根据每位用户在产品或网站中的行为事件，分析用户在产品或网站中各个模块的流转规律与特点，挖掘用户的访问或浏览模式，进而实现一些特定的业务提升用途，如对优化产品核心模块的到达率、提取特定用户群体的主流路径与浏览特征刻画，优化产品设计等。

常用的全行为路径分析模型有如下两种。

（1）树状图

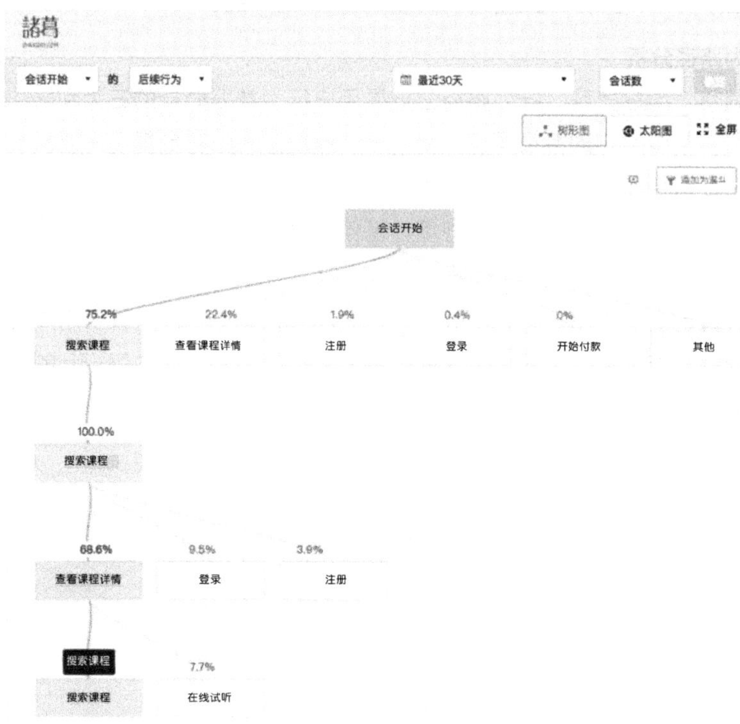

图 4.53 树状图

如图 4.53 所示，从会话开始，每一行代表用户的一步。树形图最多展示五步。第一步是会话开始，第二步，用户通常会进行搜索课程、查看课程详情、注册、登录、开始付款等。在用户的使用中，绝大部分的用户打开产品后会进行课程搜索。你可能会问横向相加为什么不等于 100%。

转化率计算的是用户的每一次会话，同一个用户，可能上午进入产品后进行了搜索，下午可能进入产品后直接在首页进行了查看课程详情，同一个人在不同会话可能会有不同的行为。分母是所有使用的用户，那计算每一步的时候分子会出现同一个人，所以百分比相加大于 1。

（2）太阳图

树状图通过用户行为的步骤纵向进行了展示，并基于每一步的比例进行了从高到低的排序，相较于树状图，太阳图的全局视野更清晰，可以用一个平面的视角看用户的使用情况。

如图 4.54 所示，每一环代表用户的一步，不同的颜色代表不同的行为，同一环颜色占比越大代表在当前步骤中用户行为越统一，环越长说明用户的行为路径越长。

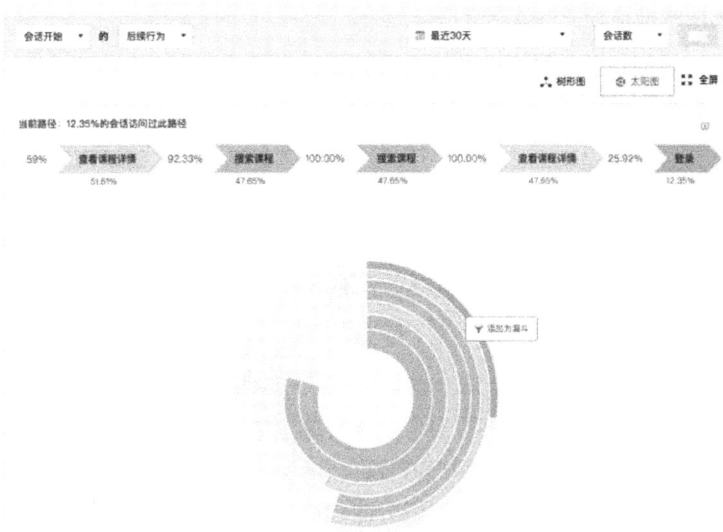

图 4.54 太阳图

可以把路径设计过程中忽略的步骤添加到漏斗分析进行监控，并对用户的这一路径做用户动机分析，不断进行优化。

3. 场景举例

以图 4.53 所示的树状图为例，这是一个教育培训类产品，其中 75.2% 的用户都是从“搜索课程”这一行为开始的，说明“搜索”是这一产品的重要功能之一，搜索优化得越好，购买下单的可能性就越大，同时有助于了解用户的真实需求。

但是还发现，从第二步之后的数据来看，一次的搜索行为显然没有帮用户找到他所需要的课程，因为他并没有直接进入“查看课程详情”。

对于用户来说最理想的体验是，在输入关键词后，快速找到其所需要的商品 / 课程 / 服务，对于产品来说，就是在用户还没有失去耐心前完成搜索转化，那么针对图 4.53 所示的场景，该如何提升一次搜索转化率呢？

除了识别不利于转化的关键词，通过放置搜索结果顶端或者底部来升级或降级产品外，还可以通过洞察用户行为数据来优化。比如，凡搜索“数据分析”“数据驱动”“数据思维”等关键词的用户最终都点开查看了 A 课程，那么即可根据数据相关性将搜索词“数据”与 A 课程关联到一起。

比如，将近期用户高频搜索的关键词同步到前端页面，设置成可单击元素，提高搜索效率。

再如，通过分析用户的搜索行为，为用户补充商品 / 课程 / 服务、优化搜索结果页结构、优化搜索推荐等提供数据支持。

总之，透过用户行为数据深挖用户表面行为背后真实、本质的需求，唯有通过数据看透本质需求，才能真正触达用户的“心”。

用户运营的本质是精细化运营，而精细化运营的前提是，对可真实还原用户与产品交互过程的用户行为的洞察，全行为路径分析让你更直观地看到用户使用产品的状况，了解用户的来龙去脉，找到用户最有可能完成核心转化的行为，通过产品上以及运营策略上的引导，持续挖掘更多用户的价值。

八、用户分群模型

这个世界本是相互关联的一体，而我们总想透过现象看本质，希望将“混沌复杂的”简化为“模型化的”，这样能够更方便地理解这个世界。用户分群就是一个典型的简化理解用户群体的方法。通过对用户的分群，能够更好地寻找核心用户、精细化设计产品、针对化运营。对用户进行人群细分的前提是有数据做依托，下面就来详细解读用户分群模型及其应用。

1. 分群和分层

分群是对某一特征用户的划分和归组，而分层更多的是对全量用户的一个管理手段。

当然，这一模型更接近于对用户的层级划分，它本质上是一个分层模型。分群和分层稍有差异，可以把分群理解为分层的手段，只是分层通常会基于用户生命周期或用户价值来划分，各层级用户相加等于全量用户，A 用户在第 1 层，那他一定不会同时出现在第 2 层。但如果将用户分群，那么 A 用户可能在 1 群，也可以同时出现在 2 群。

2. 基于用户行为数据的分群模型

当能获取到足够多的用户数据，特别是用户行为数据，并且是实时数据（包括分钟级、小时级）时，那对用户划分需求就提出了更丰富的要求，比如面向特定人群的营销、个性化的界面、找到流失人群以及更灵活的用户分群模型。

过去对用户群的划分都是基于标签，用户买过海外旅游产品，那可以打一个高端旅游消费的标签，当有相同业务需求的时候就会进行定向销售。行为即标签，但标签更多的是在对既定结果下定义，当回到行为数据本身，就会发现，对用户的洞察可以更精细、更溯源。

比如，用户看过海外旅游产品 3 次，即使没有购买，那也可以将其定义为待转化用户，从而在结果产生前进行有利引导，让用户分群的能力回到了用户的整个转化过程中。

我们不需要不停地给用户打成百上千个标签，用历史行为记录的方式可以更快地找到想要的人群。这里有 4 个需要知道的用户分群的维度。

（1）用户属性

人物基础属性指的是，用户客观的属性，描述用户真实人口属性的标签，如年龄、性别、城市、浏览器版本、系统版本、操作版本、渠道来源等就是用户属性。

例如，某天气类工具型产品，在北京进入雾霾季时，可针对北京地区的用户推送防霾关怀，提供防霾用品信息，一方面，避免向全量用户推送打扰到“清新”地区的用户，另一方面让“霾区”用户获得了一种“被重视了”的贴心体验。

另外，对于一个产品来讲，迭代是产品成长的必经之路，因此根据用户所使用的“系统版本”将用户进行分群，即可实现衡量改版前后的用户行为差异及改版效果。

（2）活跃于

活跃用户是用户运营的重点，对活跃用户的营销更有可能使其转化为忠实用户，因此，快速找到某一自定义时间内的活跃用户，通过洞察活跃用户的行为特征，科学、客观地衡量活动 / 功能的效果，从而更好地指导运营策略（见图 4.55）。

图 4.55 诸葛 io 在线教育 DEMO 数据之“活跃于”用户分群

说明：如图 4.55 所示，假如某电商计划在母亲节期间（5 月 8 日 ~ 5 月 15 日）上线全品类的促销活动，为了获得更高的销售转化，运营团队将活跃于 4 月 30 日 ~ 5 月 6 日的用户筛选出来，将第一波专题活动进行小范围的测试，根据活跃用户的单击及转化情况衡量专题页效果，并将运营策略调整到最优再全量上线。

（3）做过/没做过

用户行为直接反映出用户与产品交互的“亲密度”，比如，对于互联网金融类产品，完成“绑卡”的用户对平台的信任度一定高于“未绑卡”用户，因此，触发指定事件的用户可作为用户分群的重要维度。

说明：以互联网金融产品为例，将最近 30 天内成功支付起投金额为 1 000 元的理财产品大于等于 1 次，且查看理财产品详情大于等于 5 次的用户定义为高价值用户，如果最近恰好有某起投金额在 1 000 的理财产品上线，即可通过精准触达这部分用户群持续挖掘用户价值（见图 4.56）。

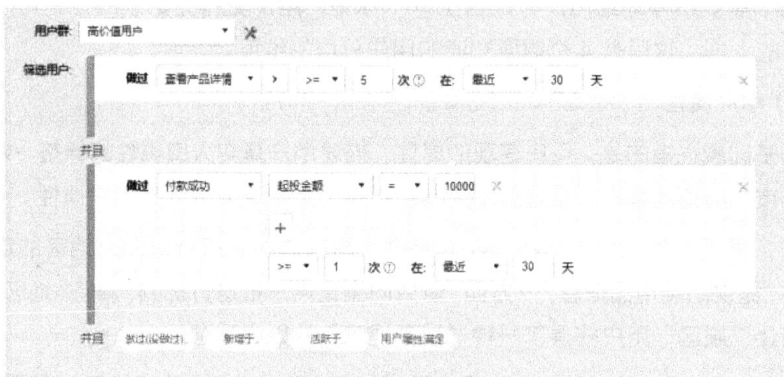

图 4.56 诸葛 io 的 DEMO 数据

（4）新增于

新增于这个维度，同样有 2 个条件可选择：最近、固定时段，以此精确筛选出新增用户的时间范围，灵活找到特定时间段内的特定用户群。以电商类产品为例，如果你在 8 月 1 日～ 8 月 15 日发起了一次大规模的市场拉新活动，那么图 4.57 的筛选即可找到活动期间新增用户群，进而评估活动效果及后续转化情况。

图 4.57 诸葛 ioDEMO 数据

3. 挖掘场景——用户视角之“新增后”

用户分群其实是比较常见的，但是如何才能把群组划分变得更便捷和高效呢？诸葛 io 进一步优化了这一模型，也足以满足很多场景下的用户分群需求，以业务中常用的场景为例，具体看看如何以用户视角挖掘价值。

“新增后”即计算用户触发某行为的时间和用户新增的时间，这个概念是以用户“路转粉”为起点的时间周期，而不是以传统的自然月 / 自然周为时间周期，因为每个用户的新增时间都不相同，在这种条件下，我们会逐个用户单独计算，确定每一个用户是否在其新增后的 *N* 天内做过某事。

这个维度的好处，就是以用户视角洞察用户行为，快速找到用户购买的决策周期：用户新增后多少天完成核心转化，用户新增多少天使用产品的频次如何？下面举例说明。

说明：首次来源的广告关键词是华为手机和网上购物，首次来源域名是百度，这是对于用户渠道来源的筛选。此外，将新增后 1 天内就完成注册且查看了“手机”类商品大于等于 3 次的用户，定义为“手机”潜在消费用户，通过新增后 1 天这一筛选条件，即可快速、精准地定位出潜在用户群，通过这样的筛选，便可实现有针对性的触达，将手机品类的专题活动发送给这些潜在用户，引发用户下单的欲望，提升购买转化率。相较于传统意义上的产品视角——以自然月维度来计算的新增来说，更科学、更具有指导意义。具体如图 4.58 所示。

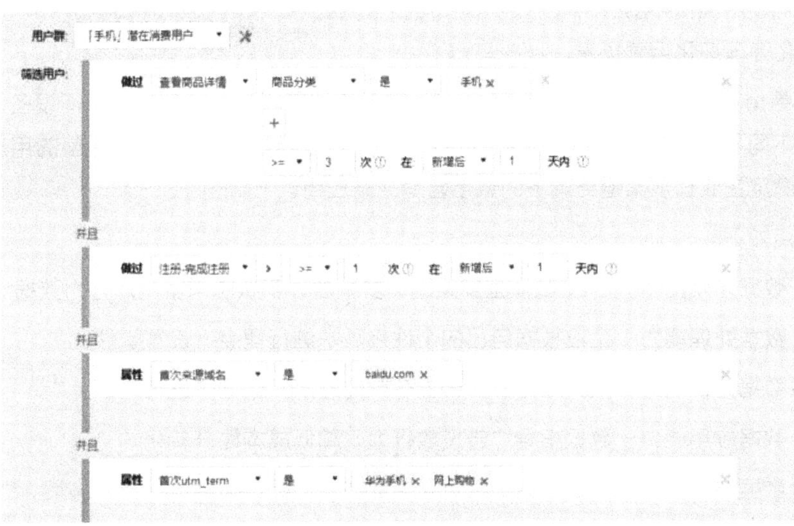

图 4.58 诸葛 io 的 DEMO 数据

在移动互联网时代，发展和维系用户是互联网企业占据市场的核心手段，挖掘用户需求、了解用户行为习惯成为产品设计和用户运营必不可少的一环。但是，单从宏观的数据和指标分析中，有时很难做到深入理解用户的需求偏好和行为特性。用户群细分分析可以帮助产品经理和运营人员更深入地理解各细分用户群的差异，以便用于差异化的产品设计或运营活动的投放，更好地满足用户需求，提高用户黏性[①]。

BI（Business Intelligence）即商业智能，越来越多的智能软件供应商推出可视化数据分析工具，以应对企业业务人员的大数据分析需求。然而如果你觉得不是数据分析专业、没有挖掘算法基础就无法使用 BI 工具，那就错了，自助式分析工具已经让数据产品链条变得大众化。为了更好地帮助大家选择分析工具，下面将介绍以下商业智能产品。

（1）诸葛 io

诸葛io（见图4.59）是深入业务场景的智能数据决策平台，包括“广告监测”“行为分析”和“智能触达”三大主要功能，满足企业降低用户转化成本、洞察用户关键行为、引导用户付费转化等精细化运营场景。

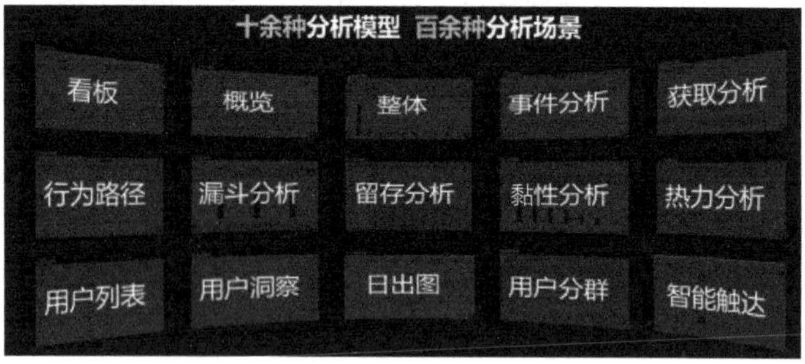

图 4.59 诸葛 io

诸葛 io 独创的 UTSE 模型通过 3 套 ID 系统准确记录同一用户在不同设备、不同状态、不同平台上的行为数据，实现用户全生命周期数据监测，实现完整的用户数据采集，满足企业在多渠道终端下的数字营销战略应用。

优点如下。

① 数据采集能力：UTSE 模型多渠道、多平台、多状态采集用户行为数据。

② 数据处理能力：企业根据自己的个性化需求进行埋点、设置事件。

③ 数据分析能力：八大数据分析模型有效处理用户数据并进行应用。

④ 数据应用能力：数据指导广告投放行为，降低成本提升转化。

⑤ 数据指导能力：通过看板及时查看关键数据指标，指导运营行为决策。

（2）数说立方

数说立方是数说故事新推出的一款面向数据分析师的在线商业智能产品。最重要的特点是配备百亿级的社交数据库，同时支持全网公开数据实时抓取，从数据源端解

① 该内容为本书合作方诸葛 io 提供。

决分析师难点；另外，数说立方搭载了分布式搜索、语义分析、数据可视化三大引擎系统的海量计算平台，实现数据处理“探索式分析”和“秒级响应”的两个核心功能。同时数说立方是数说故事三大主打产品之一，并与其他两大产品数说聚合和数说雷达实现从数据源、数据分析，到数据展示完整的数据解决方案。

优点如下。

① 即便是个人免费版，体验和功能也非常好。

② 与自家产品“数说聚合”无缝接入，支持定向抓取微信、微博等数据。

③ 功能完善，是集数据处理、特征工程、建模、文本挖掘为一体的机器学习平台。

④ 可视化视图展现、友好的客户感知页面。

⑤ 支持软件即服务（Software as a Service，SaaS），私有化部署，有权限管理。

（3）数加平台

数加平台是阿里云发布的一站式大数据平台，可以提供数据采集、结构化、加工到展示分析整套的一站式数据服务。可采集不同系统及物理存储的源头数据，在分布式计算平台上进行数据的深度整合、计算、挖掘，将计算的结果通过可视化的工具进行个性化的数据分析和展现，也可直观地展示分析现有云上业务系统的数据库数据。

优点如下。

① 有完整的产品规划，功能完善。

② 图形展示和客户感知良好。

③ 提供 SQL 查询。

（4）Tableau

Tableau 是目前市面上较为成功的 BI 工具。产品既有针对性，又有普适性。拖放式界面，操作简单。数据兼容性强，适用于多种数据文件与数据库，同时也兼容多平台，Windows、masos 均可使用。而且重要的一点是免费为用户安排现场培训或按需求进行在线培训。

优点如下。

① 处于行业领先地位，功能完善。

② 有较好的图形展现与客户感知。

③ 新产品开始支持云端展现，但是需要客户端支持。

（5）Qlik

使用 Qlik 只需轻轻单击几下，就可以对所有数据源进行合并、搜索、可视化和分析，可在不影响性能的前提下连接多个数据源；另外，其视图种类丰富，界面简洁，互动性强，总体来说是一款简单易用的 BI 工具。Qlik 用户可通过各类可视化效果，将 Qlik 扩展到应用程序中。用户也可以通过使用标准的和最新的网络应用程序编程接口（Application Programming Interface，API），将可视化效果数据嵌入网站或应用程序。

优点如下。

① 产品功能完善，图形展现和客户感知良好。

② 支持 SaaS，有权限管理功能。

（6）Spotfire

Spotfire 服务对象是一线工作人员和日常决策人员，其交互界面形象易懂，无须写脚本语言和编写程序就可以对数据进行添加、分离操作。内置搜索引擎，可以随意查找任意信息。支持 R、S+ 等统计以挖掘功能；有丰富、开源的 R 模型。标记有自身特色，提供了过滤、钻取等功能，多个标记同时还可以实现图形化的集合运算。

优点如下。

① 交互界面形象易懂，即使是普通的业务人员也能轻而易举地进行复杂的数据分析。

② 不一定要建数据仓库，还可以直接从多个异构数据源提取数据进行分析。

③ 支持 SaaS，有权限管理功能。

（7）BDP

BDP 个人版免费，只需导入数据，设定分析维度，即可实时得到图表分析结果。示例和视频教学很细致，交互页面友好。每次数据更新，对应的图表也会自动更新，可以免去一些重复制作的工作。分享环节也很贴心，报告可以一键导出为 PPT 文件，并使用邮件发送，也可直接生成链接分享。

优点如下。

① 产品支持移动端，手机同步呈现最新数据。

② 首次登录的用户可以免费使用数据。

③ 操作体验流畅，界面友好，功能全，总体来说是一款不错的产品。

④ 即便是个人免费版，体验和功能也非常好。

（8）永洪 BI

永洪 BI 是一款可在前端进行多维分析和报表展现的 BI 工具。支持拖曳操作，数据源格式多样，提供不同级别的查询支持，支持跨库跨源连接。另外，永洪 BI 提供了一款数据存储、数据处理的软件——MPP 数据集市，可与永洪 BI 打通，使得数据查询、钻取和展示的速度大幅度提高。

优点如下。

① 商业流程完善，给人以专业的感觉。

② 产品定制化的版本效果不错。

③ 支持的数据接入较多。

（9）数据观

数据观的功能设计理念是极简、无门槛，所以它最大的特点就是简单。数据观数据来自云端，如百度网盘、微盘、Salesforce 等。数据上传后，马上有推荐图表，引导明确。另外，产品的使用没有技术门槛，无需专业 IT 知识，可以快速将数据转化成直观的图表，适合一开始接触数据分析工具的非专业数据从业人员。

优点如下。

① 注册只需填写邮箱，且支持明道账号登录。

② 使用引导明确，支持 Salesforce、百度云数据导入。

③ 分析结果支持链接分享，大大降低用户的沟通成本。

（10）FineBI

FineBI 分为数据处理、可视分析和分享公用三大功能模块。支持多种数据源，图表风格清爽美观，可选择任意维度分析。

优点如下。

① 有较为详细的行业案例与技术方案。

② 产品演示和资源中心较为清晰。

（11）魔镜

魔镜支持自动拖曳建模，同时可视化效果库十分“酷炫”。用户可以邀请团队成员到自己的项目，合作进行探索分析，并且按照需求有效控制访问数据的成员权限。产品模块规划完整，有基础企业版到 hadoop 等 5 种选择，而且可以支持定制化服务。

优点如下。

① 产品模块的规划比较健全，其中包括数据源导入、数据分析、仪表盘、数据挖掘和数据工厂。

② 官网设计得不错，模板选择性大。

③ 工具使用指导清晰，使用篇和方法篇比较详细。

4.3 第三步：制定策略

经过前两步，了解了产品、竞品和市场，并通过数据分析找到了用户增长方向。下面就可以开始制定增长策略了。在这里，用抖音的例子来一窥不同时期产品的增长策略，如图 4.60 所示。

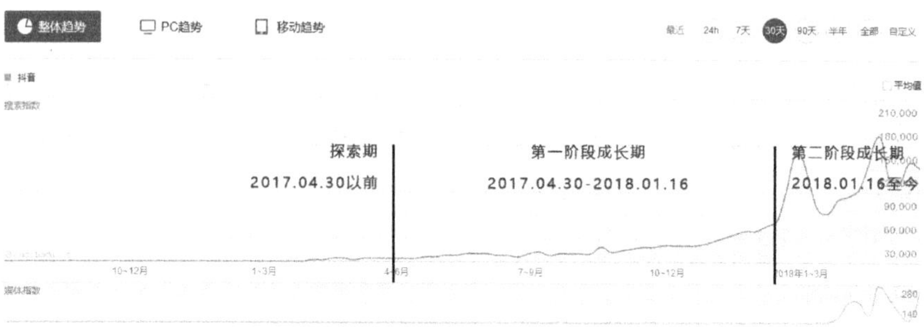

图 4.60 抖音发展阶段

图 4.60 中，把抖音的发展分为 3 个阶段：产品打磨期（2016 年 9 月 ~ 2017 年 5 月），第一波高速增长期（2017 年 5 月 ~ 2017 年 12 月），第二波高速增长期（2018 年 1 月至今）。

但也可以认为，第二波高速增长不排除是受火热的答题活动及春节假期影响而造成的用户活跃度攀升，因此，本书对抖音的用户增长仅分为两个阶段去分析，即产品打磨期和产品发展期。下面就来了解一下抖音的增长策略。

> 4.3.1 产品打磨期的增长策略

在产品打磨期，抖音更多的操作是在验证最简可行化产品的可行性。在这一阶段，抖音并没有做大规模的用户获取，也没有特意做运营（微博用户关注量极低），是通过不断调整产品发展策略来验证用户激活的有效手段，以保证用户来了后有留下的欲望。

下面来具体分析一下抖音在打磨期的用户激活情况。

用户激活的主要目的是使新用户认识产品的价值，产生重复使用产品的动力。这一阶段，抖音面临的两个问题是如何获取第一批冷启动用户，如何确定完善的用户激活模式。

一、启动方式

作为一个定位做娱乐、受众多为年轻人的产品，抖音的用户冷启动策略是邀请网红 IP 并培养其成为 KOL，以带动运营的发展；增强社交属性，完善自传播机制。

虽说抖音一直宣扬“去中心化”的 UGC 思想，但在发展初期的运营策略却无一不围绕着“中心化”的 PGC：联络直播平台家族公会、从美拍批量导入 KOL 和承接头条的明星资源，做以 KOL 为核心的粉丝传播吧。初期抖音专门开辟了一个页面用于添加好友，可从通讯录、QQ、微信、微博添加好友（见图 4.61）。

图 4.61 抖音添加好友页面

二、激活手段

用户激活是让用户认可产品价值并完成产品的关键业务行为，并以此促进新用户留存，所以其手段就离不开功能设计及数据监测。一般来说，就是围绕目标设计激活手段，监控激活表现，不断迭代激活手段。

1.Hook 上瘾模型

在设计激活手段方面，可以利用心理学上的 Hook 上瘾模型（见图 4.62），设计出一套促进用户主动使用产品的闭环。在这里要想清楚以下几个问题。

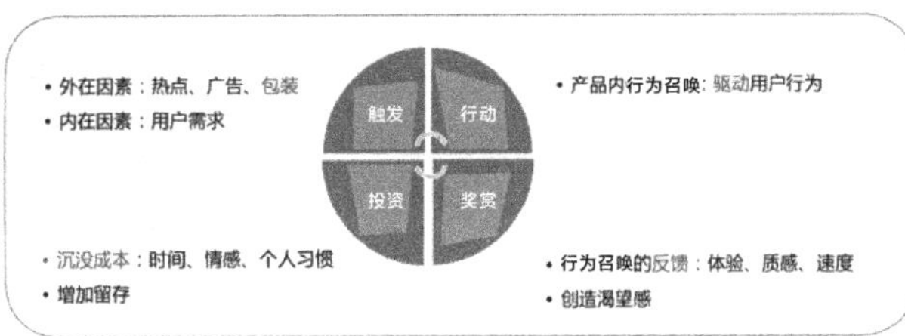

图 4.62 Hook 上瘾模型

① 产品的核心功能是什么？这是一个大前提，只有产品功能明确了，Hook 上瘾模型的第一步“触发”部分才有根基去打造引爆点。

② 用户的什么行为促使其留下来？这里对应着 Hook 上瘾模型的第二步“驱动用户行为”，产品必须找到促进新用户留存的价值点，满足用户心理预期，才有可能进一步转化用户。

③ 促使用户留存的功能中，哪些功能能够快速、低成本地体现产品价值？这里对应着 Hook 上瘾模型的后两部分，包括用户体验提升、增加沉没成本等。

在监测激活表现上，则需要注意的数据为激活用户数、激活用户比例；在迭代激活手段方面，需要围绕激活转化漏斗中流失较高的部分，通过“产品 + 运营”的手段进行行为召唤的优化，并辅以过程激励策略，提高整体的激活转化率，直至建立最优的激活策略。

2. 抖音激活策略

作为激活的第一步确定核心功能，抖音把重心放在了音乐短视频的定位上，并最大限度地展示该核心功能：在内部建立话题视频挑战，刺激视频库的增长；雇佣专业的舞蹈或音乐达人拍摄视频，发布到各主流视频平台上进行宣传引流。

引流的 H5 页面也设计得很棒，这里优化的点是在用户访问路径上：当新用户打开朋友分享的抖音短视频后发生点赞 / 评论等操作行为时，就会跳转至 App Store 下载产品，且该 H5 分享页会有多个同类型视频推荐，单击抑可跳转下载。

作为一款短视频产品，能促进新用户留存的操作行为有多种，比如“刷”几条视频、点赞、评论、分享、自己拍摄视频等。抖音的视频展示页面比较简单，滑动即可切换视频，右侧罗列着点赞、评论、分享几个核心功能按钮；抖音小助手也专门开了课，教用户怎么玩转抖音，拍摄高质量视频（见图 4.63）。

而在对用户的反馈上面，抖音做的大多是隐形工作，比如优化算法逻辑、提升加载速度等。

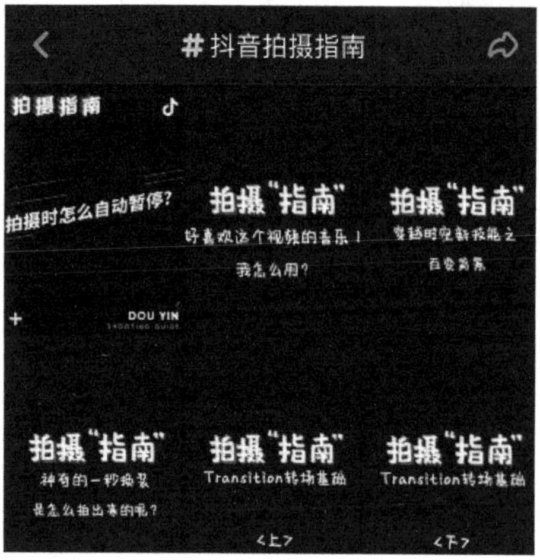

图 4.63 抖音拍摄指南

> 4.3.2 产品发展期的增长策略

这一阶段抖音开始了大规模的拉新，具体手段主要为赞助综艺节目实现品牌的大规模曝光。由于前期已经验证了产品发展模式及部分用户激活手段，可以有效避免用户大规模来又大规模走的情况，因此，这一阶段抖音的功能模块已基本无大变动，主要目标在留存上。通过一系列运营手段，提高用户黏性，抢占市场。

整体来说，抖音的发展模式同互联网产品以往“唯快不破”的法则是有些许冲突的，它先潜下心打磨产品，探索发展方向，一旦打造出产品市场匹配，才会大规模推广拉新，并辅助多方运营策略，抢占市场。这也和当下用户心理状态息息相关：过去的用户是渴望的，因为想要；而现在的用户则是冷淡的，因为选择恐惧。

下面来具体分析一下抖音在产品发展期的拉新和留存状况。

这一阶段，抖音已确定了完善用户激活机制，因此可以大规模地推广以获取流量。短短半年内，用户量增加了 10 倍以上！这一阶段主要的增长引擎是运营端，有许多获取用户的方法。

一、拉新模式

拉新时抖音采用的惯用“套路”为渠道投放，包括预装、厂商、第三方商店的资源推广等。不止抖音，其他成长型产品比如快手、拼多多等，都是通过花钱上热门的节目等，实现品牌的快速曝光。

而这里需要考虑的问题是怎样提高投放效率，对于投放素材来说就是优化素材提高单击通过率（Click Through Rate，CTR），对于投放策略来说就是精细化投放提高投资回报率（Return On Investment，ROI），可以通过算法做到个性化运营，根据用户的注册时长、活跃程度等进行精细化投放。

对于抖音来说，发展期的目标用户就是年青人，因此它赞助了《中国有嘻哈》《快乐大本营》和《天天向上》等这些受众相似的综艺，快速收揽一大批追求独立、个性的年青人。

这是截至目前抖音非常重要的一个发展阶段，这一阶段让抖音完完全全地暴露在大众视野，实现品牌和产品双扩散，奠定了音乐短视频类产品的领先者地位。同时，在 2018 年年初，通过引入“直播问答”，抖音迎来了第二波产品高速增长，继续凯歌前行。

用户获取的另一个常用手段是通过任务体系，以“利”为诱饵，让用户做裂变，比如最近朋友圈“刷屏”的新世相、日活跃用户数（Daily Active User，DAU）飙升的趣头条、商品交易总额（Gross Merchandise Volume，GMV）剧增的拼多多等。但是抖音没有在这个方向上发力，因为它不存在让用户直接获益的点。

二、留存方案

一般来讲，如果产品核心价值解决了用户需求，打造出体验良好的使用闭环，留存就不会低。但只有不断提高留存，才能不被竞品埋没，吞噬更多市场份额，以此稳固产品的地位。

1. 产品常见留存方法

① 建设用户激励体系。用户激励体系可以延长用户的整体生命周期长度，提高用户黏性、忠诚度和对品牌的认知。

② 做好用户触达。简单来说，就是做好推送。可以从推送的内容、渠道、发送策略等方面不断优化，观察每一条推送的效果，以便更精细化地推送，提高 CTR。

③ 组织活动。活动最显著的效果就是提高老用户的活跃频度，提高使用时长，其次也可以起到拉新的作用。

2. 抖音留存方法

在用户激励上，抖音并没有做表面的激励体系（如签到、勋章、等级等），而是围绕用户需求不断优化解决方案。用户的核心需求有两点，一是能一直刷到自己喜欢的视频，二是能轻易拍摄出高质量的视频。

因此抖音不断完善推荐算法，抓住用户喜好；完善音乐库、新增尬舞机，收购 Faceu 以获取更多贴纸滤镜效果，增加拍摄趣味性；借助黑科技，更智能地实现视频分发，提高视频发布者与潜在受众的接触频次，以提高关注量；主动支持在个人主页展示微博，以便提高视频达人的黏性，激励更多优质内容的产出：视频达人将流量导流到微博中，借助微博的生态来变现。

在用户触达上，作为一款强运营产品，抖音一天会向用户发多条推送，内容生动接地气。

在线上活动上，抖音的常规做法是不断发起挑战，并在搜索的主页展示这些挑战，如热搜、banner 图、细分类别等，以此保证参与用户获得更多曝光机会，说不定哪天就收获上万个赞了。

此外，不断发起大型比赛，如爱抖练习生周赛、街舞争霸赛（见图 4.64）等，获奖者可获得专属资源位、抖音周边等奖励；推出抖音原创音乐计划，联手 8 位评委和百位知名音乐人，寻找自由、独立的原创音乐人。一方面给原创音乐人提供出口，另一方面扩充抖音自身社区的音乐库，利人又利己，可谓一举两得。

用户增长是一套成体系的方法论，对工作方向会起到指导作用，具体动作需要根据项目的实际情况，在实践中去落实。

用户增长需要团队协同合作。目前很多公司都设立了用户增长（User Growth，UG）团队，而 UG 团队的任务，就是基于产品自身的业务发展，极力寻求每一种可能推动增长的渠道，并尽最大努力去落实，这里的核心是数据分析和跨团队沟通。

图 4.64 抖音街舞争霸赛

4.4 本章小结

最后，用户增长的最终目标，就是找到每一个可能的增长点，梳理出产品的增长公式，并根据增长需求对增长指标进行合理调配，找到恰当的增长节奏。甚至可以不惜通过挖掘新的增长点，重写产品的增长公式来实现用户增长。

4.5 章节练习——诸葛 io

你如何用诸葛 io 的工具来做数据分析？请结合实例列举会用的功能，分析的维度，找出问题，提出优化方法，并对工具提出优化建议。

第 5 章
用户增长实战技巧

春秋时期，老子根据事物的发展规律提出慎终如始的理论，主张处理问题要在它未发生之前开始，正如参天大树从细小的幼苗长成，九层高台由一筐一筐泥土砌成一样，想要完成用户增长的终极目标，更需要在了解基本理论和“玩法”之后，秉承“千里之行，始于足下”的思维方式，一步一个脚印，做好实践过程中的每一个细节。

这个道理简单而易懂，那么如何将思想转化为行之有效的行动力呢？让我们带着以下问题开始本章的学习。

1. 你的产品更适合哪些推广方式？
2. 如何选取有效渠道完成推广？
3. 什么样的工具可以让推广效果更好？
4. 如何规避推广方案执行过程中遇到的问题？

GA（Google Analytics）数据显示，基于用户碎片化的阅读习惯，一个用户往往不会长时间停留在某处，平均停留时长在 15 ~ 20s，因此，一次推广能否在 20s 内达到和用户的有效沟通，便显得格外重要，那么如何在这短短的 20s 内成功完成对用户的触达并实现转化呢？只有清晰地了解推广方式，选择正确的推广方案，并不断优化推广模型，才能为产品和用户搭建一座有效的桥梁，从而实现用户增长。

5.1 产品本身的推广方式

一款产品从策划到开发再到最终问世并展开推广，往往需要解决以下 3 个问题。

① 用户：分别有哪几类用户会对你的产品感兴趣？

② 场景：你的用户分别活跃在什么场景里？有什么行为特征？

③ 需求：产品可以满足该类型用户哪些需求？和现有的解决方案对比怎么样？

基于这 3 个问题，不难发现，绘制清晰的用户画像、定位精准的用户场景、明确真实的用户需求无疑是对产品实现用户增长强有力的支撑，从产品本身出发制定的推广方案更加客观、宏观，从而可以更加高效地完成用户增长的结果导向，基于产品推广本身强大的分支体系，可以通过以下 3 个纬度做思考。

> 5.1.1 内容推广——最走心

简单地讲，内容推广本质上是指导如何做推广的一种思维方式，也是一种战略指导思想，以通过制作有价值的内容载体产品或服务进行传播，从而吸引目标用户群体主动关注并形成转化，也是一种把用户作为核心主体，主打情感转化的推广方式。

一、把握内容推广基调

在做内容推广时，正因为不同类型的用户对推广方式的喜好也同样存在差异化，如果产品本身的用户群体没定位好，你不清楚他们需求的时候，在策划推广方案的过程中对目标用户的共振感就会变得非常被动，也会对推广效果大打折扣，只有通过分析用户画像，深度思考用户群体并找到他们，从而准确地把握推广方案的调性，制订一个符合其要求并刚好也契合产品定位的推广方案，才能增加用户的参与度。下面，以一款家装行业产品的活动推广为例进行讲解。

先对产品本身的用户画像进行绘制，如图 5.1 所示，不难看出，前面两类元素是用户基础信息，可以通过已转化用户信息统计、活动现场一对一访谈资料等方式进行整理。用户行为特征分析一般选择以用户使用产品时的流程图和热力图进行分析，观察在不同渠道来源和不同浏览环境下，用户更关注哪些板块，反复验证用户行为特征，而兴趣特征主要是根据前面 3 类数据交叉分析后，模拟出用户画像假设原型。

图 5.1 用户画像元素

基于以上参数，尝试搭建用户画像，如图 5.2 所示，可以把目标用户分为以下 3 个类别。

在这个用户画像中，品质型的用户，一般事业比较稳定，对住房要求豪华，以彰显自己的身份、地位，在材料品质上也会比较苛刻。那么对该类用户而言，内容推广的基调可以从偏人性化设计的居室、方便饮食起居格局型的居室等类型侧重推送；而面对整体偏年轻化的刚需型用户，家居智能化、信价比高的内容类型则更能引起他们的喜爱和关注……通过了解不同受众人群进行用户分类，再由大数据为精准人群推送有着内容相关特性的产品，才能做到精细化投放从而引导用户决策。

图 5.2 用户画像绘制图

二、读懂内容推广三要素

内容推广的目的在于激发用户分享，因为没有分享就没有浏览量，也就没有推广效果，所以内容推广的核心要围绕激发用户分享这个基本点来开展，关于产品内容的输出方式，主要有 3 种形式：文章、视频、问答。

1. 文章，完成“小白”逆袭

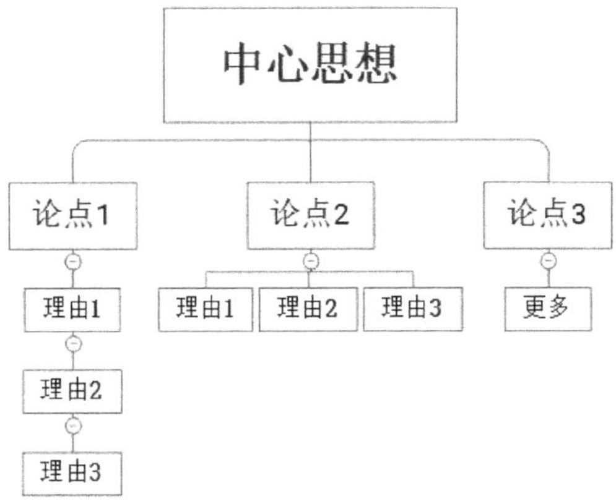

图 5.3 文案标准化模板

内容也可以标准化。无论我们运营一个公众号还是做一款产品的内容运营，内容的本质都是由一个个写作单元组成的，如图 5.3 所示，写作单元经典的写作公式是“论点 + 论据（理由）+ 总结”，如一篇 1000 字文案由 3 个写作单元构成，每个写作单元平均 300 多字，通过“论点 + 论据（理由）+ 总结”进行撰写，这个贯穿整体的逻辑公式，不但能够让读者阅读更具有收获，也能让制作者生产内容变得更加高效。

2. 视频，定制重点营销

目前短视频营销需求不断高涨，同时，广告投放的复杂性也日益增加，那么如何在成千上百万的平台和 KOL 中选择与产品高度适配的合作对象成为决定营销成功与否的关键，如图 5.4 所示。因此借助大数据和技术力量，进行智慧投放是视频类内容推广的根基，如深受年轻消费者喜爱的百草味在搭建视频及直播团队时，在众多影视剧中选择如《三生三世十里桃花》《我的前半生》这样同样深受年轻消费者群体热爱的影视作品中进行植入，因为用户的受众群体维度相匹配，用户感知品牌传递的内核会更真切，从而完成转化。

图 5.4 短视频类用户画像

3. 问答，主动内容交互

当用户产生问题需求时，这个时候一个可以解决实际问题的答案所获得的好感度会倍增，也是用户交互性内容的重点运营策略之一，简单、直接的问答方式，配上走心的文案，很容易触动用户，引发共鸣，当用户与你发生共鸣时，就产生了强大的信任度，从而引发一系列分享、下载、使用、付费等行为，因此，问答形式的推广方式在电商类产品被广泛使用，如在各大平台上的用户相关问题下做回答，并将商品信息以软性方式融入其中，通过不断增加商品曝光率产生直观的获客量。

三、制定全链路推广策略

树概念、定客户、立场景、讲故事、强体验才能让内容推广效果合一，其中，树概念是让用户知道我们是谁，定用户是我们知道目标用户是谁，立场景为在什么场景下让目标用户找到我们的产品，然后通过讲故事的方式与用户产生共振，再把体验门槛降低完成用户转化，因此，制定具有持续性用户增长的内容推广策略不仅仅是更新产品内容、运营社交媒体、制作热点事件这么简单，如何打通多个渠道进行推广实现你所需要的结果导向才是我们值得深思的问题，如图 5.5 所示。

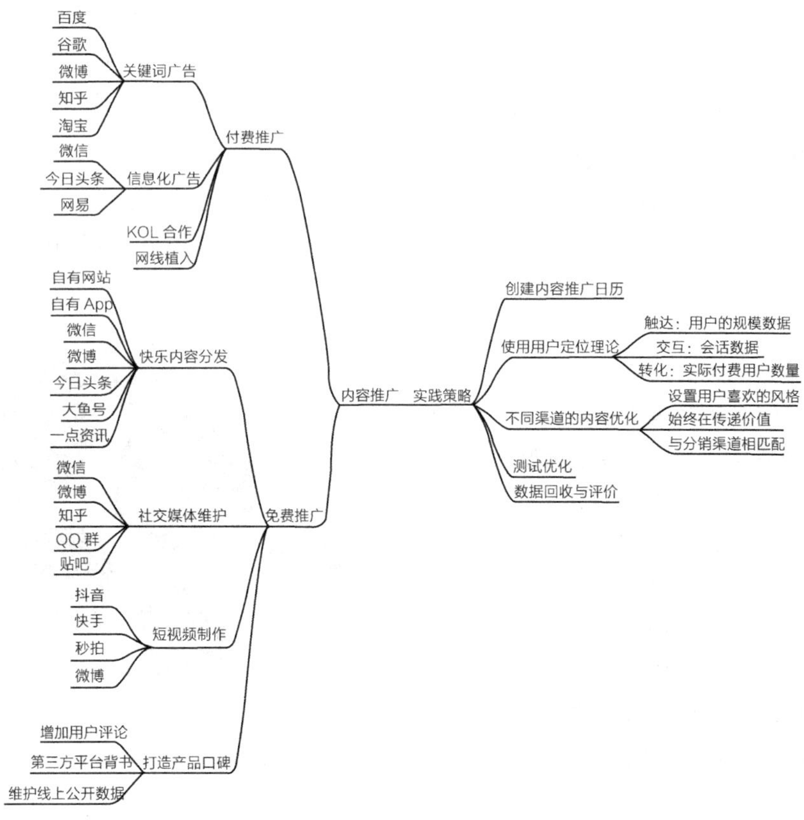

图 5.5 推广策略思维导图

值得注意的是，无论是通过免费推广提升品牌影响力，还是付费推广触达精准人群，只有不断地丰富产品的内容承载形式，多平台、多渠道推广，才能增加内容触达，吸引新用户的同时，增加用户转化的概率。

四、案例分析

某平台是以长租公寓和短租民宿两个模块为运营重点的互联网租房平台，由于初期推广预算有限，尝试过信息流、应用商店优化（App Store Opimization，ASO）、渠道合作，转化成本始终在 10 元左右，最终收益甚至无法覆盖市场营销费用，因此，放弃了付费推广模式，下面就以这家互联网租房平台为例，解析在推广过程中，如何通过低成本的内容推广方式将产品获客的利益最大化。

1. 用户分析

通过分析竞品的用户画像，再经过种子用户调查的结果后发现：有 60% 以上的用户选择入住民宿是因为要去某个地方旅游，而其中很大一部分用户是学生。他们在选择出行时入住民宿，更多的是因为民宿价格相对便宜、装修风格比酒店更有特色、能有自由行的体验，所以基于用户的需求，进行了倒推，从而确定了测试内容和渠道。

2. 内容和渠道推广

在明确目标用户的诉求之后，尝试对用户在订房之前可能发生的行为进行猜想。

首先，一般用户在旅游之前会选择参团或者自由行。

对于参团的用户而言，住宿、餐饮和游玩都是由旅行社解决的，而且住宿都是统一安排在酒店，所以这类用户基本可以不作为目标用户考虑。

对于自由行的用户而言，一般去一个陌生的城市旅游之前都会做一件事情，那就是查攻略或者看别人的游记自己做攻略。

基于这一点需求，又进行进一步的细分。

首先是列出查攻略的渠道：百度、知乎、旅游博主、马蜂窝、携程、去哪儿、小红书等内容社区。

其次是查攻略的类型：吃玩攻略、景点攻略（大众与小众）、路线攻略、游记攻略、住宿攻略等。

而对于优质攻略里面推荐的民宿或者产品，用户一般来说是不会抵触的，所以有了第一轮的测试想法：制作目的地城市旅游攻略，植入产品信息，然后通过以上渠道进行分发。

该平台刚开始开通的城市是重庆，因此专门制作了 2 ~ 3 个版本的重庆旅游攻略分发到了知乎、马蜂窝、今日头条 3 个渠道，同时在住宿推荐方面植入产品的民宿信息，引导用户通过该产品去预订民宿。

在第一轮测试中，用户增长从日均增加 200 名用户增长到了日均增加 400 名左右，效果非常明显。在这个阶段，因为在知乎平台分发了旅游攻略自传播获取了可观的流量，该行业垂直领域的微博和知乎 KOL 进行转载，同时获得了数千次的转发，给产品带来了不少的用户增长和品牌曝光。

3. 测试结果及思考

在这一轮内容推广测试过后，总结得知，在知乎和微博平台进行内容推广，从用户来源渠道来看，知乎和微博的用户是比较多的；在旅游方面，好的内容是稀缺的，还有很多机会可以通过借助平台获得曝光和转化；而且很多微博机构号自身内容生产能力较弱，他们对优质内容的需求量非常大，在这一轮测试中，通过与“大 V”建立联系，整理内容推广思路，如表 5.1 所示。

表 5.1 内容推广思路

内容推广类型	特点	可拓展思路
盘点型的内容	一般自带传播属性 （如国内 9 个旅游圣地 / 适合情侣入住的网红民宿 / 国内 40 家民宿盘点等）	1. 重庆性价比较高的民宿合集 / 民宿合集 / 网红民宿合集（20 套左右） 2. 国内性价比高 / 民宿合集
攻略型的内容	图文并茂，内容能够真正帮助到用户	1. 当地详尽完善的旅游攻略、路线攻略、吃玩攻略、游记攻略等 2. 打造“爆款”民宿攻略的目的在于提升品牌知名度，在配合 KOL 的情况下，能够迅速引起事件传播效应

4. 转化路径和转化率

在分析转化路径时，为了让大家更清楚地了解转化路径的定义，先举一个现实生活中的小例子，试想一下，一个用户去超市买东西，他需要出门乘坐 A 路公交车到达超市，进入超市并且找到自己想要的商品，然后去收银台结账……那么，通过他的一系列动作行为，不难看出在去超市买东西的场景中，他的转化路径是“出门→上车→下车→到超市→进入超市→选购商品→结账”。对于互联网产品而言，有哪些区别呢？首先需要对互联网产品的用户需求点进行分类，可以分为表 5.2 所示的几种。

表 5.2　用户需求分类

类型	用户需求	用户行为	运营思路	用户转化特点
A	明确自己近期需要去旅游的需求	通过公众号、旅游博主、马蜂窝旅游、百度旅游、知乎等途径进行搜索，寻找当地的游玩方式	1. 在用户搜索旅游攻略的路径上去做拦截，让用户了产品特点并且下载预订 2. 用户下载后不久就会选择预订	转化难度比较低，转化周期较短
B	需求不明确，但恰好看到某平台的传播内容	用户一般不会主动搜索旅游攻略，但是会选择性看一些旅游相关的其他内容	1. 在用户搜索旅行相关内容中，如重庆的 XX 景点 / 西安为什么这么火……推荐下载产品信息，进行引流 2. 在未来某一天，选择打开 App，进行订房行为	转化周期比较长，转化难度比较大
C	想要出去旅游，但是没有好的选择	这类用户可能会查很多例如“重庆怎么样”“厦门怎么样”“厦门好玩吗”之类的问题	明确有一定想要去的意愿，下载 App 之后，如果有进一步的规划，可能会选择订房	用户需求很不明确，转化难度比较大，转化周期比较长

因此，在内容营销的路径上，转化路径一般是“曝光→单击（阅读）→产生兴趣并下载 App →安装→打开→搜索（浏览）→预订→成交→入住→推荐（口碑传播）”。

其中，在曝光和单击环节，内容本身的质量起到了非常大的作用（因为平台的算法原因，优质内容是可以通过算法实现持续曝光的），而一篇优质的内容往往是由选题、标题和配图决定的，所以需要研究平台的规则，从而利用规则去优化内容。

用户对产品产生兴趣并且下载这个环节也是新媒体至关重要的一个环节，用户可能会被自动分成如下几个类型。

① 知道该平台，但没有用过。

② 知道该平台，也知道其他竞品。

③ 不知道该平台，也不知道竞品。

④ 不知道该平台，但是知道竞品。

⑤ 知道该平台，并且用过。

对于不同类型的用户而言，其关注的卖点是不同的。例如，对于不知道该平台、也没用过竞品的用户来说，他关注的是酒店和民宿的对比，民宿的优势在哪里，选择民宿预订为什么要选该平台？这类用户是需要引导的。

对于知道竞品并有过民宿体验的用户来说，对该平台的产品是有初级认知的，那么这个时候，他的关注点可能不再是民宿和酒店相比如何，而是关注如下两点。

第一，这个房源本身如何。

第二，该平台相比竞品有什么优势？为什么会选该平台？

而做内容营销面对的用户，以这两种类型居多。所以，在做植入的时候，应该告知用户：民宿和酒店相比，有哪些优势。例如，民宿装修更有特色，可以和房东互动，房东会为你规划旅游路线；民宿的价格比同类型的酒店便宜，民宿可以洗衣服、做饭（适合家庭出游和长住）；民宿感觉更自由，民宿非常适合拍照（晒照、发朋友圈）等。然后进一步告知用户：自己订房都是选择在该平台，原因如下。

① 和竞品对比，虽然房源数量少一些，但是都是精品，不用自己费心、费力去筛选。

② 该平台不收中介费，相对来说价格更便宜。

③ 该平台可以用芝麻信用免押金或少交押金。

④ 该平台给新用户 200 元优惠券补贴，更便宜。

总之，用户本身是趋利的，通过利益去诱导用户也比较容易。等用户进入后，再进行进一步的转化。但是，核心的卖点永远是该平台有最优秀的房东，有最优质的房源，用户体验很不错，而且不收中介费。

所以只有在这两点结合的情况下，用户的转化才能进一步提升，从而用户对该平台天然的信任度都会高一些（这就是用户质量高的原因），同一篇内容，20% 的转化率和 2% 的转化率，差距非常大。

5. 内容的选题、渠道和文案

（1）好的选题是成功的一半

选题的方法如下。

① 选题相关内容热度是否足够高（如百度指数、新媒体管家、微信指数、人工推测等）。

② 选题是否切中用户的“痛点”（例如，夏天重庆的旅游热点是什么？为什么重庆没有海底捞？等）。

③ 选题是否覆盖了目标用户，这个用户群体是否足够大（如民宿的目标用户是中年人还是青年人）。

（2）渠道

用户经常使用的渠道，需要花精力研究。任何事物，在开始接触之前，都不能轻易否定，渠道也是。在选择渠道时，分析发现该产品的用户对于知乎、微博、小红书、抖音等非常感兴趣，需要进一步找到用户关注的内容，这些内容与渠道内容有关联性，从而形成转化。

（3）文案

文案不用刻意文艺，主要做到以下 3 点即可。

① 语言流畅无病句，句子短，阅读障碍少。在发送之前，文案起码要检查并修改两遍以上。

② 具有场景感，能够让用户不停地想象。

③ 攻略型的内容要时不时植入一些彩蛋引导用户的情绪，让用户可以持续地看下去。

6. 执行力和技巧

任何伟大的事物都来自于简单的积累，运营更是如此，短期的爆发不如长期稳定的输出。

① 在执行过程中，遵循优质内容多维度测试（例如，内容形式不变，测试渠道；渠道不变，测试内容形式等）。

② 分析数据的结果（某个内容为什么好，能够给我们什么经验；某个内容为什么不好，应该怎样改进）。

③ 调整（通过数据反馈的结果，调整选题、策略、时间、发送长度等，从而提升转化率）。

④ 通过某种福利吸引用户（例如，下载该平台 App 可以领 200 元优惠券，或者下载该平台 App，可以看更多旅游攻略等）。

⑤ 描绘场景（告诉用户在该平台订的房子是什么样子的，好在哪里，让用户采取行动）[①]。

> 5.1.2 产品推广——最广泛

当一款产品获得成功时，总有人会把功劳全部归于产品本身，当然产品的质量和体验固然重要，正所谓工欲善其事，必先利其器，但如果一款产品设计精美、功能强大却无法解决用户需求或无人知晓，最终仍可能无法实现转化变现。因此，往往需要

① 该内容作者李强，本书合作方。

在分析用户需求的基础上，通过打造用户需要的产品满足用户需求，让用户想用这些产品，从而达到获客的目的，故需要选用广泛的产品推广方式让产品赢在起跑线。

一、激励用户口碑推荐

投放电视广告的推广方式可以广泛触达人群，快速打出名气，只有不断地触达用户进行传播才能达到产品推广的效果。但是电视广告的费用很高，尤其是请名人代言，这对大多数创业初期的团队而言，显然不适用，需要另辟蹊径，例如，通过锁定目标用户增加他们的参与感，从而将他们从用户转化为传播者，这是更加实用的推广方式，其主要分为 3 个步骤。

1. 从熟人入手发展种子用户

熟人就是指同事、朋友和家人，当你推出一款优秀成熟的产品后，可以先发动熟人推广，从而达到一定规模的传播力度。

2. 锁定目标用户所在场景

在产品开发之前锁定目标用户的聚集地，才能方便后期有目的性地获取种子用户。例如，现在做一款移动产品，就应该弄清楚用户喜欢的网站有哪些，后期就可以直接去这些网站积累用户。此外，还可以到各个微信群、QQ 群、论坛推广产品，只是这种方法转换率不高，需要后期通过不断地分析用户画像，明确他们的需求从而完成转化。

3. 让用户成为“忠实粉丝”

让用户成为产品忠实粉丝的关键词就是“产品好用”，不仅仅让用户的产品体验好，还让用户享受到超值的服务，从而使之愿意义务宣传产品。

如及时回复用户的问题会让他们觉得自己深受重视，这样他们才会认真地使用产品并提供反馈意见，当你不断与用户建立起信任机制时，此时产品的角色对于用户而言会更富有亲和力，用户自然更乐于帮助你共同完善产品，共同完成产品推广。

二、优化产品功能占领市场

市场的本质是竞争，任何产品获取用户和利润的过程其实就是竞争的过程，正所谓商场如战场，完成互联网时代下的产品推广更需要我们清楚，在整个市场推广中，我们的对手是谁，即在用户心中影响你产品被其接受的“阻力”，可以拆分为两个层面。

1. 看不见的对手

传统行业的市场定位的实质是使本企业和其他企业严格区分开来，从而在用户心目中留下特殊的印象，而看不见的对手源于用户的旧观念、旧习惯和选择成本，是用户心智中的阻力，那么这个时候“严格区分”则需要转换为“积极解决”，从而达到把用户拉入你有优势的心智战场的目的。

如你想要开发一款类似“小猿搜题”的小工具，直观上来看这款工具需要满足学生的搜题需求，但你的“对手”可能是“家长们因为担心搜题方式没有学习效果，从而不乐意让学生使用”，那么你的定位不妨是“打造一款可以帮助学生理解知识点的学习工具”从而做到帮助目标用户（学生）打消心智中的阻力（源自家长的顾虑）。

2. 看得见的对手

看得见的对手比较好理解，就是市场现存竞争产品，但值得注意的是，无论是对于一个新兴行业完成从无到有的市场占领，还是从已有行业寻求突破口，都需要从以上两个层面进行思考。

举个例子，如开发一款社交类产品，其中一个重点当然是着手于深度分析市场上现存的社交类产品缺点，并进行优化，但实践过程中，你会发现，由于站在社交类产品的固定体系里面，导致产品很难得到创新，无法达到预期效果，而当你跳到看不见的对手概念里，便可以从用户、行业的角度拥有更宽广的格局。

三、建立多款产品多点触达

无论是传统行业的实体店铺、工厂，还是互联网行业的网站、产品、各大平台的公众账号、小程序，抑或是尚未诞生的未知产品，不难发现产品的形态在不断变化，从用户的价值需求点出发，快速反应，推陈出新打造多款产品形态并形成产品矩阵，无疑能大大增加产品的市场竞争力和曝光力度，从而增加用户快速增长概率。

无论承载产品的形式怎么切换，互联网行业产品本身的属性不会发生改变，基本上分为 3 个类型， 即内容型产品、服务型产品和工具型产品。下面就详细剖析这 3 个类型产品的不同特点。

1. 内容型产品

一款内容型产品，从内容的产出，包括 UGC、PGC 和自制内容，到推荐内容给用户，即通过人工或者运用算法推送，将生产的内容展现出来，再到通过分发内容获取流量从而实现用户增长，都要从用户在内容消费层面的需求出发，如图 5.6 所示。

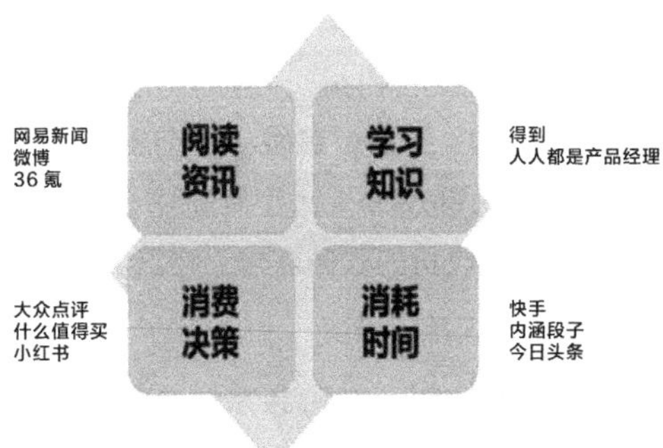

图 5.6 内容型产品用户需求分类

① 阅读资讯，主要是指各种传统领域的新闻资讯，也包括移动互联网、O2O 等细分垂直领域，可以通过不断细分用户的兴趣点的方式进行覆盖，从而达到扩展产品边界。

② 学习知识，相比阅读资讯目的性更强，对内容质量的要求也更高，正因为学习这件事属于广义的教育，所以制作内容的成本很高，往往从课程大纲到课件再到最后的呈现形态，需要做多次的调整、修正。

③ 消耗时间，正如今日头条这类整合内容型的产品，除了整合所有内容维度，还通过覆盖不同的内容形态，如集合图文、短视频、问答、社交等多种形态让用户愿意在这款产品中长时间停留。

④ 消费决策，内容型电商是当下主流的完成用户消费决策的内容型产品，通过在购买之前增加内容消费场景，如通过策划用户可能感兴趣的内容，为用户下单提供足够的购买理由，从而提升产品黏性、复购率或转化率。目前有很多产品都在尝试这种模式，除了什么值得买、小红书这样典型的垂直类产品，美团、猫眼电影这样以优惠为策略的平台也在尝试做内容型产品转型。

2. 服务型产品

同一类产品，因为服务品质的不同，会促使用户在选择的时候，选择服务好的产品。下面以京东商城为例，看它是如何通过服务在巨头林立的 B2C 电商领域从一家小公司发展壮大的。

（1）只卖正品

京东商城对假货采取零容忍态度，通过对产品进行抽检、收集用户反馈、与卖家签订处罚条例、鼓励用户举报等措施进一步提高商品的品质，在当时鱼龙混杂的 C2C 市场中让人眼前一亮，在京东的优质服务以及宣传下，买正品到京东商城的观念逐步深入人心。

（2）快速的物流

京东物流确实是京东商城的一个十分抢眼的创新点和成功的商业模式。今天京东商城已经在全国有 515 个大型物流中心，能够完成大部分商品 24 小时送到。满足了一部分人，着急收货的服务需求。物流，现在是京东的卖点之一，属于核心优势。

（3）快递人员服务好

爬楼梯、送至偏远地区，京东快递都没有问题；让他们改个地址，送上门，帮忙搬货，拆包检查之类的，快递员态度都很好，甚至他们还帮忙带走门口的垃圾，京东物流的快递员的以上行为都是很暖心的。

京东商城通过建立优质的服务可以触达用户的内心，在用户心理留下良好的印象，形成良好的口碑，成为一种宝贵的隐形品牌资产。

3. 工具型产品

随着生活节奏越来越快，如今用户的时间变得更加宝贵，目的性也更加明确，正因为生活中充斥着大量的产品，因此，用户更清楚能从产品中得到什么，眼光会更挑剔，对产品的要求也会更高。当用户使用一款工具型产品时，往往更希望这款产品是智能的，可以帮助自己高效率地完成选择或者解决问题。高效获取用户的工具型产品往往需要满足以下 4 个条件。

① 用户会用。如某手机杀毒的 App 整个界面就一个按钮，点一下就可以完成杀毒过程，深得用户欢迎。不难看出，定位清晰、功能简单、让用户快速上手是工具型产品非常棒的体验过程，但有些产品如办公软件因为天生功能复杂，这个时候则需要通过业内专业人士制作使用教程、分享使用心得教用户如何使用，通过专业人士的解析还能让用户感受到产品带来的独特价值点，达到事半功倍的效果。

② 使用场景化运营思维。做工具型产品一定要时刻追问用户在什么样的场景下会想到使用你的产品，如百度地图，人脑有限，记不住所有地理方位和路线，所以使用地图工具是为了省去记忆的过程，那么找地点、查路线，就是地图工具常用的使用场景，不断地通过模拟具体场景下用户所遇到的问题并提前找出解决方案，才能让产品更加智能、高效地为用户服务。

③ 制造反馈机制，提高产品黏性。不同于其他两类产品，通过用户自身行为就可以与产品提供的服务和信息建立起反馈通道，工具型产品，需要把用户的所有行为记录下来，并进行相应的赋值，给予用户多样的反馈，包括勋章、荣誉、积分、虚拟币等形式，这样才能更容易建立起用户自身的行为量化，加强对该工具需求的深层认知。

④ 给用户占有感和安全感。占有感无处不在，因为我们总是想要去得到、确认、强化“这是我的”这个概念，打开微博，心理认知是“登录我的微博账号”；打开淘宝网，则是“打开我的购物车”；打开微信，是“我要跟我的朋友们联系了”，而工具型产品面临的尴尬和窘境则是用户使用产品，大多用完就走，因此除了需要做到快速帮用户完成选择，还要尝试让产品与用户产生情感记忆，逐步强化用户的自我印记，做到充分满足用户的占有感和安全感。

4. 实践案例

了解了不同类型的产品定位之后，因为用户的需求往往是多元化的、个性化的，正所谓众口难调，很难满足共性需求，在建立多款产品多点触达用户的实践过程中，需要做不同类型的产品来满足不同用户的需求，通过建立多款产品多点触达用户，那么在具体实践过程中，需要建立多点触达用户的产品体系，分为以下几个步骤。

（1）需求细分

通过用户画像分析，在打造教程类产品的运营团队案例中，目标用户群体基本上满足以下需求。

① 用户对精选的内容有需求。

② 用户有对接推广资源和客户的需求。

③ 用户有学习的需求。

④ 用户有社交的需求。

（2）设计产品

通过细分用户需求，然后根据不同类型产品的内在特征，尝试打造不同维度和功能点的产品，对目标用户进行触达，下面以姑婆为例。

① 内容型产品基于用户对精选的内容有需求，姑婆制作了电子书，把电子书放到姑婆的网站和微信公众号两个渠道进行推广。当用户想要获取电子书，需要参与姑婆设计的分享任务，通过基于裂变思维的推广方式让用户在自有圈子进行推广，从而帮姑婆带来新的种子用户，并将这一裂变分享任务持续延续下去，累计更多新用户。

② 基于用户有对接推广资源和客户的需求，姑婆做了一个功能型产品（资源对接的页面），产品广告主可以提交推广需求，产品流量主可以提交自己的资源，通过这种方式，可以把用户对接起来。产品满足了用户的需求，也可以同时获得用户。

③ 基于用户有学习、社交的需求，姑婆打造了社群、课程、线下活动等多款服务型产品。在这些产品中，通过用户在社群、活动里进行交流、学习等，完成用户的沉淀过程，不断与用户建立紧密联系从而为日后产品变现奠定基础。

> 5.1.3 活动推广——最亲民

与前两者基于产品本身的推广形式相比，活动推广无疑是传播最快速、用户参与度最高、转化最直接的推广形式之一，然而面对越来越多的活动，用户往往会像处理每天手机通知栏中各种推送信息一样，习惯性地将手放在手机屏幕顶端，下拉，在几秒内从上看到下，看到感兴趣的点开，不感兴趣的全部删除。用一句话来描述就是“无求不动，有求则应”，因此，在制定一次活动推广方案时，需要解决好以下 3 个问题——明确目标、构建用户模型、实践执行，让用户对活动有求而应，从而完成预期的用户增长效果。

一、明确目标

一场活动推广的目标，基本上是围绕着拉新、促活、唤回、转付费、提升品牌等几个核心展开的，只有做到明确活动推广的目标才能做到更加清晰地规划活动细节，选取更加合理的人员配比和预算成本完成推广，将其细分，可拆分为活动目的、奖品设置、活动效果 3 个维度。

1. 活动目的

正所谓当局者迷，很多人虽然深知活动推广的重要性却往往会忘记自己做活动的初衷，逐渐变成了为了适应当今推广趋势盲目地做活动，这个时候，往往需要决策者从迷局中跳出来，深挖自身产品的属性以及建立每次推广的目标，并进行细化，针对每个分支选择不同的活动形式，才能更好地把控全局。

2. 奖品设置

奖品的质量会直接影响活动的质量，也是大多数用户在活动推广过程中非常看重的因素。而奖品的质量并不等同于奖品本身的价格体现，对于用户而言，现实生活中不太可能得到、不会轻易得到的东西均具有诱惑性，都可以转化为他们参与其中的行动力。

在没有充足预算的情况下，通过与品牌方合作的方式得到奖品支持，可以做到更好地节约成本，也可以通过创造“虚拟”的奖品实现节约成本，如左右脑测试、情感秘密大调查等方式通过调动用户的情感需求给予相应奖励，这或者以回报用户产品本身的等比价值奖励，这都是不错的角度。

关于获奖规则方面，建议设定的门槛不要过高，当用户一看就觉得自己很难获取，可能就不会参与了，所以有些活动经常会设定部分参与奖，以弥补用户得不到大奖而造成的心灵上的缺憾。

3. 活动效果

对于活动效果的准确预判基于大数据时代背景，是更加高效的活动复盘方式之一，即在活动推广之前模拟好用户参与活动入口、路径、行为并设置数据监测参数，在活动推广结束后，通过数据分析，得知用户对哪些活动环节更感兴趣、在哪些流程环节流失严重，从而做到对下次展开活动推广的数据参考和经验指导。

二、构建用户模型

无论一场活动推广最终基于什么形式实现，在明确推广目标之后，往往需要找到用户的兴趣点，并在活动中激发他们的兴趣点，让用户愿意主动参与并进行传播，只有从用户需求出发，结合产品进行分析，建立好用户的兴趣模型才能达到预期的推广效果。

1. 搜集用户行为信息

用户在一个网站或 App 上的任意操作统称为用户行为，是反映兴趣的基本参数，常见的用户行为搜集方式主要有两种，显式搜集，即公开类型的用户参数，如很多产品的新用户注册页面收集的用户信息；隐式搜集，通过技术手段在后台全程记录用户使用产品时的所有操作行为。基于这两种方式，可以从中提取出用户行为，作为建立用户兴趣信息模型的基础数据。

2. 整理用户兴趣信息

用户在访问某个页面，进行某种操作的背后在很大程度上能反映出他们的兴趣爱好，如图 5.7 所示，可以发现，微博、微信、陌陌同样是社交软件，但每个用户使用它们的目的都是不一样的，有的是为了获取新闻热点事件，有的是为了发展潜在用户或机会，有的单纯是为了加强和用户的联系等，产生这些结果的原因，是因为每个用户的兴趣点不同，可以尝试从用户访问内容、用户浏览行为两个方面对基础数据进行提取，从而整理出用户的兴趣信息。

图 5.7 用户行为分析

3. 建立用户兴趣模型

尝试让用户兴趣信息标签化，根据前面的用户兴趣信息提取、整理、分析和挖掘，结合用户实际需求，并以用户数据实体为中心规约数据维度类型，将得到的用户兴趣用结构化的形式为用户建立一个兴趣模型，对活动推广的目标用户做到清晰地定位。

三、实践执行

任何事物的发展，都是一个缓慢的过程，需要经过积累和思考，当然更离不开实践，有了明确的目标和用户，在活动推广的执行层面，主要包括策划活动形式、规划传播渠道、把握活动节奏 3 个部分。

1. 策划活动形式

策划一场针对老用户和主要目标用户的活动推广，首先需要在符合社会主流文化思想、区别于竞品并具有亮点和创意的基础上，确定活动主题，以时下热点、重点节日作为契机，通过营造某种稀缺感或打造情感带入强烈的认同感，如选择征集、评比、竞赛、游戏、试用、团购等不同维度，让用户愿意参与进来。

当用户花了 3 分钟都看不懂这个活动是在做什么，无疑会让参加度大打折扣，因此，对于活动内容的设定除了需要包含活动简介、活动配图素材、活动流程、奖项说明和奖品介绍、注意事项等常规内容，尽量要做到精简凝练，优化参与路径规避多次点击，并在能够引发用户兴趣点或想要用户重点了解的地方做重点突出，从而提高用户的参与度。

2. 规划传播渠道

无论是策划一场线上推广活动，还是准备一次线下推广活动，根据不同的活动目标同时结合不同的渠道特点，才能做到优化推广效果的结果导向，因此规划传播渠道变得至关重要，一般会采用“站内 + 站外”的联合渠道推广方式。

站内资源主要指产品本身的广告位、推荐位等，关于站内的活动推广，需要清楚自己的产品矩阵中哪些资源可以有效利用，平时多归纳总结，做到不断扩大有效资源池为推广带来更广泛的渠道。

在选择站外资源时，平台的不同、推广渠道的不同、地域属性的不同从而决定了所触达的用户人群的差异化，在选择站外资源做推广时，需要从产品本身出发定位目标人群，找到适合自身产品的渠道不断地进行实践推广、活动复盘，从而完成渠道优化体系，让每一次活动推广都能行之有效，对于不同渠道的特点部分，会在第 5.2 节展开分析。

3. 把握活动节奏

从发起活动到用户参与，再到活动结束后奖品公布与发放，不难发现，随着时间不断向前推动，只有不断矫正活动的细节及用户的参与状态，才能达到预期的推广效果。

（1）活动预热阶段

可以尝试给予老用户某种尊崇感或被重视感，从而刺激老用户的主动参与传播，或者从团部内部推广做起，发起内部的自传播力量，甚至还可以集结团队客户资源的加盟参与，为活动预热营造更好的传播氛围。

（2）用户参与部分

通过及时更新用户的作品展示保证用户体验，设计激发用户竞争意识环节刺激用户参与，或者在必要时制造爆点事件增加活动传播力度等方式，达到扩大传播力度的效果。

（3）活动结束之后

首先需要确保奖品公布的相对公平和发放的及时性，当然也可以向部分参与积极的用户给予特别奖品，或者向没有获奖的用户表示感谢，这都能给用户带来更加温馨的参与感受，从而与产品本身建立良好的信任基础。

通过举办活动吸引用户参与，从而产生传播，产生影响，进而获得新的用户，无疑是活动推广的核心目的，下面是姑婆做过的效果较好的活动案例——积分墙，看一下在实践过程中这些方法是如何被践行的。

① 明确目标。

本次活动的目的是通过举办活动吸引用户参与，在用户获取奖品过程中，需要完成姑婆设计的分析任务，通过这次活动中用户的自传播获得新增用户，拉动增长。

在活动奖品设置环节，姑婆与合作方共同策划了一场积分墙免费送货的活动，积分墙由合作方提供，整个活动的推广环节由姑婆完成设计，对于双方的用户而言，这个奖品对他们均具有一定的吸引程度，因此更乐于参与其中，完成预设的推广效果。

通过在姑婆产品的自有平台和合作方自有平台一起宣传，达到传播的效果，被积分墙奖品吸引的用户完成分享活动页面、关注微信官方公众号、加入用户社群等多个任务，成功与姑婆建立联系。

② 构建用户模型。

正因为姑婆的用户基本上都是运营圈的，通过推广产品获得新增用户是他们的关键绩效指标（Key Performance Indicator，KPI），每一个产品推广人在获取新用户时往往需要用到积分墙，尤其是 iOS 推广人用好积分墙对他们完成 KPI 非常有帮助，因此，对于姑婆的用户而言，积分墙是他们感兴趣的产品。

通过姑婆的调研、交流发现，姑婆的用户在做积分墙推广的时候，一般都会进行免费的测试或者小量的付费测试，积累效果数据，为后续付费推广做决策依据，这意味着，姑婆的奖品本身是可以吸引到用户参与的，因此，活动也帮姑婆成功搭建了用户兴趣模型。

③ 实践执行。

策划活动形式免费是很好的获取用户的形式，所以姑婆针对用户提供免费的积分墙奖品，虽说获取奖品是免费的，但是可以设置获取门槛，比如用户做任务（提交信息，信息里包括转发活动到朋友圈的截图等），奖品预算是有限的，不可能人人都获得免费的积分墙产品。因此，姑婆会把这里面质量好的产品选出来，对姑婆进行奖励，也是一种激励扶持。

在规划传播渠道部分，姑婆选择了两种常见的渠道完成了本次活动推广，一种是姑婆自有的资源，另一种是姑婆合作方的渠道，包括合作方自有的资源。通过在网站、微信公众号、社群、朋友圈最终完成活动传播。

在推广过程中，姑婆先尝试少量用户测试，并通过边测试边推广边优化的原则进行传播。目的是可以逐步调整效果，待稳定后进行常规传播。预热后先发给核心用户体验，请他们给建议，并根据反馈的建议调整优化。然后尝试在朋友圈、公司的客服号进行推广，提高推广节奏，提升推广规模。等待正常活动逐渐成熟，开始尝试在多渠道进行推广。

5.2 借助渠道的推广方式

在推广过程中，想要精准触达目标用户，完成预期的推广效果，往往还需考虑选择什么样的渠道可以获取更多的目标用户。不难发现，随着抖音崛起、小程序布局、增长黑客和流量池的概念被不断提及，以往熟悉的推广方式，已经不再是适用新时期的经验方法，正因渠道本身在不停变化，导致用户属性和喜好也会随之改变，通过对符合产品推广渠道的精准分析，做到快速破解不同渠道的用户特点，制作符合渠道调性的推广内容，才能达到提升推广方案的传播力度。

> 5.2.1 线上推广

线上推广的形式有很多，如搜索引擎推广、互推、网络广告、社会化媒体营销、手机客户端推广等，模式千变万化，但是万变不离其宗，其推广效果均与产品切入时间、产品匹配程度、产品对于推广方式的优化方式息息相关，实现提升用户增长率，转化用户，为产品打造更加稳健的发展基础。

一、搜索引擎

搜索引擎营销（Seach Engine Marketing,SEM）指围绕着搜索引擎开展的一切营销活动。而单击付费广告(Pay Per Click，PPC)和搜索引擎优化(Search Engine Optimization，SEO)都是围绕着搜索引擎展开的营销活动，它们都属于SEM，下面就来了解一下SEM和SEO（见表5.3）。

表 5.3 SEO 与 SEM

项目	SEO	SEM
定义	SEO，是指在了解搜索引擎自然排名机制的基础上，对网站进行内部及外部的调整优化，改进网站在搜索引擎中的关键词自然排名，获得更多流量	SEM，是指在搜索引擎上推广网站，提高网站可见度，从而带来流量的网络营销活动（注：SEM的方法包括SEO、付费排名、精准广告以及付费收录，但在这里只谈其付费项目）
优点	1. 价格低廉。网站优化维持一年排名的费用或许只是做SEM1～2个月的费用，相比竞价要便宜得多 2. 展示面广。网站优化最大的好处就是没有搜索引擎的各自独立性，只要求针对百度进行优化，但结果在谷歌、雅虎还是其他的搜索引擎，排名都会相应提高，会在无形中带来更多的潜在客户	1. 实时流量。投放SEM广告，效果很快，10分钟之内就有流量，落地页引导好，很快就会有询问 2. 能量化测试。SEM有测试页面的效果，也就是测试产品的效果，这直接关系到产品的招新、转化以及变现

续表

项目	SEO	SEM
优点	3. 稳定性强。用正规网站优化手法做好了排名的网站，只要维护得当，排名的稳定性非常强，所在位置数年时间也许都不会变动 4. 客户精准度高。自然优化上去的排名排除了一大半竞争对手、广告公司等恶意关注，剩下通过关键词进入网站的访客大部分均为精准流量，属于潜在客户群体或意向客户	3. 精准 ROI 计算。PPC 有清晰的花费，展示、单击和转化，这些都可以被很好地追踪。通过数据分析对比可以清晰地计算每销售成本（Cost Per Sales，CPS）或每行动成本（Cost Per Action，CPA），通过分析这些指标可以帮助在线营销人员及时做出相应的调整策略 4. 精准投放。可以通过分析需求来精准投放市场，获取更多有效单击与流量，花最少的钱，办最大的事
劣势	1. 见效慢。通过网站优化获得排名是无法速成的，一般难度的词需要 2 ~ 3 个月的时间，如果难度更大的词则需要 4 ~ 5 个月甚至更久 2. 量化难。做 SEO 优化，量化效果比较难，需要非常深入地去研究才行，总结出一套量化考核办法，不像广告一样，后台账号效果一目了然 3. 稳定性差。SEO 是针对搜索引擎规则的迎合来达到商业目的的行为。搜索引擎为了增加其平台价值，会通过收录算法来屏蔽垃圾信息，留住客户，做 SEO 也要经常了解平台的算法，及时更新信息，保持流量的稳定性	1. 价格高昂。有的竞争激烈的关键词单次价格可以达到数元甚至上百元，一个月就要消费数千元甚至数万元，如果是长期做，那就需要长期花费如此高昂的费用 2. 持续时间短。SEM 的持续时间比较短，只要没钱，投放效果就没有了，流量就没有了 3. 恶意点击。竞价排名的恶意关注非常多，一大半广告费都是被竞争对手、广告公司或无聊的人无意间消费掉了，这些人不会带来任何收益，也无法预防

虽然严格来说 SEO 属于 SEM，不过通常把二者简单地理解为：SEM 是付费广告，SEO 是自然排名。下面按照这种思路把二者做个比较，简单说来，虽然付费的 SEM 有种种短板，但是想短时间内见到推广效果，还是值得一试的。

1.SEM

SEM 的优势在于用户基数大、活跃度高、能通过精准投放带来有效的流量，因自主性和操作性更强，可以随时调整推广策略，流量更加真实可控。针对目前适合产品推广的渠道来说，大致分为两类：关键字广告和网盟广告。关键字广告包括百度搜索、搜狗搜索、Google AdWords、360 搜索、神马搜索等；网盟广告包括百度网盟、百度 M-DSP、搜狗网盟、Google AdMob、InMobi 等。展现位置基本囊括搜索结果页、联盟网站、联盟 App 以及各搜索引擎自有流量等，广告表现形式就更加多样化，可以做文字形式、图文形式、banner 图、全屏图，甚至是视频。总而言之，各搜索引擎的流量变现产品展现样式基本相同。

2.SEO

搜索引擎也不是万能良药，随着市场竞争越来越激烈，搜索渠道的推广成本也水涨船高，成本不稳定，优化难度较高，每个投放媒体都有差别，让搜索引擎推广的门槛变高，因此，学习成本也变成了一个很大障碍。

增长黑客作为这几年来被“炒”得非常热的一个话题，其中的很多理念和真正的 SEO 技术都是非常吻合的，如数据驱动、技术驱动等，SEO 是一门科学的技术。

在做 SEO 的过程中，对于“为什么”和“怎么做”都是有根据的，通过大量的数据、实验来确定自己的 SEO 策略，而不仅仅是简单的“优化网页标题”，“让网页打开更快”等空洞而永远正确的废话。

举一个笔者在某旅游网做 SEO 的例子。

该旅游网其中一块业务是“度假”。在做 SEO 的过程中，很多旅游网站，都是针对“日本旅游”“马尔代夫旅游”“杭州旅游”等关键词，都认为这种关键词的搜索量应该很大。但是通过我们 SEO 团队，去百度上查询这类关键词的流量，发现完全不是这样的。

就以“马尔代夫旅游”为例，在所有搜索马尔代夫旅游的流量当中，这种搜索量是很小的。那哪一类流量大呢？ 通过数据分析发现用户喜欢搜索这样的词语：“马尔代夫选岛攻略”“马尔代夫安全吗”“马尔代夫双人 7 日游报价”“马尔代夫什么岛浮潜好”等。

在阅读分析了大量关键词后，把这个目的地的关键词分成了几大类，包括“价格”“酒店”“天气”“游玩”“婚礼”“注意事项”。

在明确了用户的搜索后，我们将原来单一的产品列表页，拆分成多个页面类型，满足不同的用户搜索需求。如果用户想提问，我们返回一个问答页面；如果用户想看图片，我们提供一个图集；如果用户想了解信息，我们提供一套信息页面。让绝大多数的用户需求，都能有对应的落地页。

SEO 还会存在一个马太效应，最终马尔代夫这个关键词也会获得很好的排名。网站从每日获取不到 200 个马尔代夫相关流量，增长到每日 20 000 个，订单数量也急剧增大。

但是，即使是现在，在所有做旅游线路的网站中，依然有绝大部分的人会认为“马尔代夫旅游”这个词语的搜索量很大，是一定要拿到排名的，然后在 PPC 竞价这块，大量的人竞价，把这个词语的价格推得很高。

之所以发生这样的情况，是因为太多的人做事情没有依靠数据的力量。

在以后做 SEO 的过程中，也会存在很多这样的不看数据导致的误区。这种误区直接导致了后面不管怎么做，通过 SEO 带来的收益都会不大，因为一开始方向就错了。

其实这种扩展页面来做 SEO 的例子很多，假设你是做招聘产品的，“北京招聘”这样的关键词是很多人都会想到去优化的，竞争也是最激烈的。但是很多求职者，会在网上搜索“XX 公司好不好”“XX 公司程序员薪资”等关键词，如果能设身处地地为求职者想一想，就能做出大量有价值的网页，进而获取 SEO 流量。

再举一个 SEO 的例子。对于传统搜索引擎来说，一个网页在某个关键词上有排名，不仅仅只看这个网页在讲什么，还依赖于这个网页以外的其他网页是怎么描述它的。这个描述的方法就是超链接。如网页 A，使用锚文本“电动汽车”，链接向网页 B，相当于网页 B 在电动汽车这个主题上被投了一票，一般来说，哪个网页被投票多，那这个网页的排名就会变得更好。

上面只是简单的描述，实际超链接的生效方式很复杂，并不是单纯地看数量，在经过我们 SEO 团队的研究分析之后，确定超链接需要注意以下 3 个要点。

① 相关性。指向你的网页，最好和你本身网页的内容高度相关。

② 流行性。越多的网页、网站指向你，投票效果越好。

③ 广泛性。你有越多的网页被别人链接，效果越好。

但是传统做 SEO 在建立链接的时候，一般只考虑首页，最多少数频道页面建立链接。并且链接经常不考虑相关性，去各种论坛、博客建设一大堆网页，指向自己的站点。

这种传统链接建设的方法，在以上 3 点中经常忽略①和③。只追求数量，最终的结果往往是首页排名很好，但是整体排名很差，网站流量也不会有明显的提升，并且存在着被搜索引擎惩罚的风险。

在考虑自身站点的属性和从链接的本质出发，我们团队最终制定了一个简单而又省力的链接制作策略：在充分执行的情况下，仅靠链接建设，最终站点流量在 3 个月内提升了 1 倍之多。这个策略其实非常简单，完全遵守上文提到的 3 个链接建设要点。

第一步：先收集所有自身网站相关的同类、同行业站点列表（假设你运营一个网上卖书的网站 A），并且想办法获取到站点的联系方式。

第二步：对站内所有页面增加一个小模块，称之为超链模块，这个模块是对应页面主题的，那每本书、每种书的分类都会有对应的超链模块，用于展示不同的链接。

第三步：导出自己所有页面的主题和 URL 配对。

第四步：联系同行网站，请求它们批量交换链接，简单来说，就是我链接向你，你链接向我。

最终的效果，网站 A 的《哈利波特与凤凰社》这个页面，获取到了一个同行卖书网站的《哈利波特与凤凰社》页面的链接，这个链接的相关性非常棒，因为是同类的。此外，网站 A 几乎每个页面，都能获得这样高相关性的链接，那在广泛性上就会表现得很好。

在具体策略的执行过程中，为了提升流行性，又做出了一些努力，毕竟同行业的网站数量是有限的。先假设一个关联模型，一个在搜索“儿童图书”的用户，他对儿童的其他东西也会感兴趣，如儿童培训、儿童摄影等。于是我们交换链接的站点，又从原来的卖书网站拓展到母婴服务、教育培训站点，进而又获得了大量的相关性链接。

这个策略只需要 1~2 名员工，其沟通良好，会简单的数据操作和略懂一些 HTML 代码就可以实现，这种 SEO 策略相比传统链接建设方法，要省心并且可靠得多。

二、互推

顾名思义，互推是指基于不同产品形态下的互相推荐，目前，以微信平台做依托的公众账号相互推荐是互推比较常见的推广渠道，推广思路与网站置换广告位类似，即在资源对等的情况下，进行等价置换，也是目前“涨粉”效果最直观、最安全的方式之一，下面就以微信公众账号的互推为例，剖析选择互推方式时需要重点考虑的问题。

1. 怎样找到合适的账号互推

公众号内容的生产是要建立在用户画像的基础上，只有当内容与用户标签最大化匹配时，才能引起用户的兴趣。这就像一个大框架来界定内容的性质，跳出了用户画像的这个圈子，内容做得再好，也与你的用户无关，往往需要基于对目标用户的了解，把目标微信公众号圈定下来，即确定需要什么样的微信公众号完成推广。

首先需要评估互推账号的定位，假设你的账号是美妆类，粉丝数在 50 万左右，主要为爱美的女生，这些女生群体可能还会关注情感、娱乐、穿衣打扮等类型账号，因此可以选择这种类型中粉丝数量、头条阅读数量级与自身账号相匹配的进行互推，然后尝试与对方账号建立联系，一般可以在该账号的自定义菜单栏中找到与对方合作的联系方式。

2. 怎样判断互推账号的质量

通过新媒体排行榜查看公众号一周的新媒体指数，其中周指数是按照每个公众号一周发布内容条数、阅读量以及点赞数等维度进行综合评分排名，比如，一个粉丝数量为 30 万的账号与一个粉丝数量为 50 万的账号阅读量和指数几乎相同，那么显然选择 30 万的账号进行互推性价比更高，通过数据呈现可以更加准确帮你找到适合自己的互推账号。之后就可以开始找微信公众号，找微信公众号的方式如表 5.4 所示，然后通过不断尝试进行合作，在获取一定量的推广数据分析后，通过总结，最终找到更适合自身推广的微信公众号池子。

表 5.4 找微信公众号的方式

方式	特点	目的
代理	目前市面上有不少专门微信公众号流量对接的企业，它们一方面整合了很多微信公众号，对接流量；另一方面整合了很多用户，对接预算	直接找代理来做推广更简单、省事，但可能流量不一定很精准
自己找	通过直接关键词搜索获取联系、找人推荐等方式找与自身产品匹配的微信公众号进行推广	优势是因为直接对接，沟通效率、执行效率都很高，劣势是找联系方式及谈判的过程比较繁琐

3. 互推有什么好的形式

基于微信平台的自身特点，互推主要分为文章推荐、自动回复或者自定义菜单栏推荐、朋友圈推荐 3 种形式。其中，文章推荐可以简单地理解为互发软文，可以和对方商量好，在彼此推送内容的相对等位置进行发布；自动回复或者自定义菜单栏推荐，是把双方账号的相关信息放在自动回复或者自定义菜单栏进行推送，一般新增粉丝较多的账号效果更好；朋友圈推荐，是基于双方微信好友比较多的基础上，在各自朋友圈进行带有彼此二维码入口的内容投放。

在制作带有二维码入口的内容时，需要注意，“强烈推荐 10 个公众号”这样的内容对于用户而言过于直接，会被直接忽略掉，也需要避免过于“标题党”的内容，这样的内容会让自身的粉丝对账号本身的信任度降低，结合当下热点、排版美观或者从粉丝需求出发制作的内容，即使这是一则互推内容也同样可以引起粉丝的兴趣或共鸣。

4. 了解合作形式及流程

找到优质的公众号一起互推。要保证效果，首先要每个号都不会很“水”。如果我的号平均阅读量都上万，而你的号却只有上百上千，肯定是不行的，且大号不愿意跟小号互推。所以首先要做的就是找到优质的公众号，这个优质就是双方都不会很“水”，阅读量也不会相差很大。

那这些优质的公众号上哪里找呢？如果手上已经掌握了很多相关行业的公众号，就可以直接去已关注的公众号留言，等待运营者的回复，而留言也是需要注意文案的，因为文案关系到你的留言是否会被公众号的小编回复。有人可能为了追求效率，就直接留下一句话：互推合作。这样的文案虽然简短，但是不够具体，如果回复者留言说如何互推，什么时候互推，都有哪些账号等问题，你就不得不重新回复。

所以为了节省时间精力以及最大限度吸引公众号小编的注意，可以直接编辑一个模板，里面包含互推主题、互推时间、互推公众号的范围、互推形式等，最好可以留下你的微信号，或者邀请对方留下微信，直接加其微信详聊，这样能大大提高效率。

如何做好微信公众号的互推？如果手上没有这些已关注的号，可以直接去新榜官网找。在新榜找类似的公众号，可以输入关键词。比如，如果运营的是金融类公众号，就搜索“金融”两个字，但是在新榜找号有一个缺点就是，搜索关键词排在前面的号基本上都是大号，头条阅读量经常 10 万以上。这些号也基本不存在互推的需求，所以可以直接拉到页面的最后，后面的号或许还有可能参与互推，但是每次搜索，页面也只能显示前面 50 个结果，所以比较难找到有互推需求的一些“中小号”。这时候就得多去找找其他关键词，比如跟金融公众号有类似目标群的还有投资、财经、理财、股票等号。所以就可以去找“投”“财”“富”“财”“融”“商”“券”等关键词。待找到适合的号，就可以直接将其微信号复制下来，直接在微信搜索、关注，然后留言即可。

当然，还可以去清博指数上面找，也是通过搜索关键词找号，不过清博指数有个好处就是首页可以显示前 100 条，这样的话，找一些中小号就更加方便了。

还有一些其他途径可以找到目标互推号，比如去一些大号，直接打开文章拉到文章最后面，有些号是特别喜欢转载其他号的文章的，所以就会显示来源。还有就是很多大号或者中号都是流量主，所以后面经常会看到一些其他公众号的关注广告，直接单击就可以关注留言，以上方式统称为“以号找号”。

如何确定互推形式？互推形式可以说是互推的成败关键，也是很多参与者重点关注的东西，所以确定好的形式是互推成功的一半。当然，互推形式是多种多样的，比如图文互推、自定义菜单互挂、互相转载文章显示来源等。

5. 做好微信关公众号的互推

图文互推，讲究的是文案，所以你的表现形式和文案比较好，就能容易被用户接受。比如采取图片的，因为图片可以让用户直接长按关注，而且还摒弃了之前一直都在用的一段文字和一个二维码，这种是常用的表现形式，所以并没有很好的表现感。而图片既直观又方便，还能批量操作，参与者只要把素材（公众号、ID、简介、二维码、头像等资料）打包发给主办方，然后主办方直接复制、粘贴生成图片即可。

因为互推形式很多，为了减少讨论的时间，作为互推的组织者，要预先确定好形式。

如何确保互推的质量？互推质量包括如何确保每一个人都信服你以及如何让大家知道彼此都推了。

先来解决第一个问题：如何确保每一个人都信服你？找人互推的时候，经常会有人持怀疑的眼光来看你，比如我怎么知道别人会推以及质量如何等问题。一般来说，互推讲求的是信任，如果连这点信任都没有，这个人就是不值得你找的。其实在进行合作沟通（一般会建一个微信群）的时候，你需要把一切可能会发生的事情说清楚，只有他们明白了，或者相信你的时候，把他们都拉在一个群里的时候，你才有信服力，才能促进互推成功。

如何让大家知道彼此都推了？这个问题就很好解决，在沟通合作的时候，就要说明一些规则，其中一个就是在互推之后要把推文链接发到群里，这样便于监督，同时还要鼓励其他人互相监督。比如确定 9 号互推，但是时间不做限制，因为大家的互推时间可能不同，但是必须要在当天。在当天晚上 10 点的时候，你就可以在群里“@”一下那些还没把互推链接发出来的人。比如上次互推的时候，就有一个合作方因为体系问题，公众号是他们的下属推广团队去运营的，所以当时忘记了，但是他及时在群里说明情况，第二天就及时补推了。

三、网络广告

近年来，网络广告作为一种全新的广告形式，因为传播速度快、效果理想，成为投放者的理想媒体而备受欢迎。那么，在网络广告中，如何有效地把握物料内容、选择渠道精准投放，让自己的产品得到更好的宣传，从而获取更高效的转化呢？方法是基于以下 3 个维度。

1. 把握物料内容

物料内容好与坏决定其能否对受众人群产生吸引力，从物料内容来讲，可以分为推产品和推活动两种形式。推产品大多是以宣传产品自身的优势为主导，那么就要求产品本身应该具备一定优势，自带市场切入属性，并以此为重点推广；如果产品自身没有优势、创新度不高或者本身是小众服务类型，导致普通用户并不能通过产品介绍对此产生兴趣，这个时候就可以选择推活动这个形式，即通过优质、有吸引力的活动来吸引用户，达到引流的效果。

推产品和推活动通常不是二选一，往往需要两者并行，但要注意选择推产品的渠道和渠道推活动需要提前做的布局。

2. 把握投放范围和精准度

渠道选择永远是市场运营的终极课题，如何才能找到合适的渠道，如何才能玩转渠道，如何在正确时间选择正确的渠道来保证收益最大化，相信在每个人心里都会有不同的答案，但究其根本，在做市场投放之前都应先对自身的产品常熟于心，对于产品的优缺点了如指掌，目标用户的画像是什么，优势有哪些，以此来确定产品怎么推广，并将总结出的推广思路嵌入到产品中，给产品设计出一两个独特的引爆点，增加一些传播属性，这都会让后期的推广效果事半功倍。

3. 把握渠道搭配配比

关于渠道搭配的问题，需要明确的是无论基于哪些渠道做推广，都离不开最终投资回报率（Return On Investment，ROI）的利益最大化。需要注意的是，对于市场新人在找渠道的时候，尽量减少按千人成本（Cost Per Mille，CPM）计费的渠道，因为 CPM 渠道很难保证流量的质量，几百个“M”买进来，到转化成“C”，这中间的损耗是要自己承担的，如果没有很好的物料及文案，这个损耗会很大。而每次行动成本（Cost Per Action，CPA）的渠道又基本没有，几乎没有渠道商敢去承担“C”到“A”这一步的转化损耗，因为乙方渠道商无法直接干预产品本身，如果有渠道敢谈“A”，反而要小心渠道利用高价“A”跑量。

此外，“网络广告每次单击的费用（Cost Per Click，CPC）+ 实时竞价（Real Time Bidding，RTB）”的模式成了绝大多数甲方和乙方的平衡点，这也是为什么越来越多的平台和聚合渠道都发展成了“CPC+RTB”计费的模式，而且这种模式有利于广告透明化，让甲方更清楚地知道自己的钱都花在了哪些地方，甲方操作空间更大，乙方的责任更小。

对于搜索引擎营销（Search Engine Marketing，SEM）和搜索引擎优化（Search Engine Optimization，SEO）乃至技术问题都应该懂一些，这样有利于广告投放后根据数据反馈对广告及渠道做出更准确的调整，也能更好地让投放收益最大化。

四、手机客户端

手机客户端相信大家都不陌生，但对于手机客户端的推广而言，究竟是应用商店的渠道推广，还是媒介广告投放推广，是商务合作推广，还是公关营销推广……需要从以下几个维度进行思考。

1. 手机客户端推广的目的

手机客户端推广的目的可以分为两大类，第一类是效果类营销，即任何以关键绩效指标（Key Performance Indicator，KPI）和结果为导向的推广均可以定义为效果类营销，比如，电商、金融等产品，那么对应的目标结果就是销售额和投资金额；如果是工具类、社区类等产品，那么对应的应该是留存率、使用时长等围绕着用户活跃指数细分的指标，通过明确不同产品的预期效果指标，才能做到为产品进行更加长远的规划和布局。第二类是品牌类营销，主要以曝光量百度指数或传递品牌形象为目的推广，从小到产品的标语，大到媒体 TV 广告，类似于这些难以精确统计实际效果的事件均可以定义为品牌类营销。

2. 应用商店推广

到了 App 时代，这个让大家趋之若鹜的流量入口变成了应用商店。应用市场的广告逻辑比较简单，即位置和展示次数，在各大应用市场都把位置做到最优，展示次数越多，注册量就会越高。应用市场的所有工作，都是基于位置来展开。

应用市场都是综合性平台，没有信息流中用户很强的精准特性，因此，并没有用户上的针对性，推广就是为了展示，为了好的位置。预算需要根据产品周期和用户数据，制定推广的各阶段方案，并根据需要达到的用户数量、付费推广用户占比以及每个用户注册所需的成本，倒推需要的推广预算。

正如大部分人做 App 推广，第一个遇到的渠道就是应用商店，这是开发者最先接触，同时也是安卓推广中最重要的一个渠道，其中，按下载付费（Cost Per Download，CPD）是目前各应用商店的主要推广方式，商店会限定一个最低出价，通过竞价的方式获取商店的流量，具体出价客户可以根据自身产品情况进行调整，相比更早的 CPT，CPD 成本更可控，而且也比较透明。

应用商店 CPD 的广告位置通常可以分为三大类：推荐位、搜索位、激励位。推荐位是指市场的首页、精品推荐、榜单 / 分类推荐等，这类位置曝光量比较大，但是大部分市场在投放过程中不能选择位置，所以需要注意后台转化。搜索位，顾名思义就是关键词搜索排名，主要包括搜索直达（输入搜索词自动出来产品推荐）和搜索排名（单击搜索按钮以后的排名），这个位置的量最精准，转化最好，但是关键词数量很多，不同类型关键词也需要不同的出价策略，所以也是最耗费精力的位置。激励位主要是一些有奖下载的位置，如 vivo 的激励下载、华为的激励专区都属于这类量，一般情况笔者不建议开启，这类量虽然相对下载单价低，量也很大，但是后端转化很差。

3.App 推荐墙推广

App 推荐墙是在应用内以广告墙形式向用户展示的列表广告，主要分为有积分和无积分两种形式。部分 App 为了快速实现变现或换量合作，会选择这种形式的推广，这也是这种形式被广泛应用到推广过程中的主流原因。

其中，有积分的推广形式即积分墙，为获得道具或高级功能而消耗积分。媒体通过嵌入积分墙 SDK 可以展示广告列表，用户通过下载广告可以得到奖励积分。广告商可以快速地在 App 活跃用户中推广应用，积分墙广告通过激励方式吸引用户主动体验，避免向用户生硬推送，这是一种转化率高、用户体验优秀的广告形式。

无积分的推广形式如精品推荐、热门推荐等。如果不想或者不需要在应用中使用虚拟积分的功能，可以在网站上设置关闭，关闭后用户下载产品不会获得积分，但开发者依然能够获得收入。

App 推荐墙的特点主要分为量级和质量两个维度，其中，量级是指受 App 流量主的影响。App 流量主流量大的话，分发能力强，反之则小。有些 App 流量主流量量很大，比如 Wi-Fi 万能钥匙，它的分发能力甚至超过了不少手机厂商。

App 推荐墙的质量则和应用商店类似，都是推荐下载的形式，可以理解为一个小的应用商店。如果是非激励形式的话，质量差不多。

App 推荐墙的收费形式是这种推广的主要合作方式，可以直接与 App 流量主对接，或者对接代理（整合 App 流量的组织，可以把 App 分发到很多的流量主那边），值得注意的是，和 App 流量主的政策有关，一般量小的 App 基本上是 CPA 的形式，一般量大的是 CPC 或者 CPT 的形式。

4. 案例分析

下面就以酷传操作安卓应用商店的 CPD 投放为例，从商店 CPD 的竞价逻辑和优化方向上解析手机客户端的推广模型。

（1）投放前的两个问题

① 需要投放哪个应用商店?

在产品推广前，推广人员一定要有一个比较明确的目标，这个目标可以简单地理解成，想花多少钱获取多少用户。有了这个目标，就可以考虑投放策略了。如果预算充足，可以几个商店同时投放，一般每个商店最低起充金额是 1 万元，如果投放后发现效果不好，与代理沟通后是可以申请退款的，但是会比较慢。如果预算比较少，可以看一下产品在应用商店的自然量情况，哪个应用商店转化好，就优先测试哪个应用商店。这里需要注意，大部分代理商是提供优化服务的，但如果是测试预算不多，建议自己来优化，代理的优化师都会负责多个账户，预算不多，优化师不会分配过多精力给你的产品。

② 开始投放单价应该出多少?

部分应用商店会定期发一些报告，里面会有行业的平均出价，具体可以和代理商要;推广人员也可以根据产品在应用商店自然量的转化情况和 ROI，反推出下载成本，通过这两个方式就可以大概确定自己产品的出价了，这里需要注意，前期价格建议出得高一些，一方面，刚开始投放产品权重会比较高，高价在这阶段能获取更多量；另一方面，高出价和高消耗也能获得更高的权重。

（2）安卓应用商店 CPD 竞价逻辑的简单拆解

接下来就围绕以下问题进行分析。

① 应用商店广告平台追求的目标是什么？

广告平台的最终目的都是获得更大的收益，所以应用商店广告平台要做的，就是需要在保证应用商店不影响用户体验的前提下获得更多的收入；而应用商店的成本是展示量，基于这两方面大部分应用商店会通过一个指标进行评判——每千次展示可以获得的广告收入（Effective Cost Per Mille，ECPM），具体公式为 ECPM= 下载出价 ×CTR×1000。

当然，真实的竞价逻辑会有更多的影响条件，这里只基于可以控制的这些条件来进行分析，从上面的公式可以看出应用商店想获得更高的 ECPM，就需要广告主（推广的 App）出更高的下载单价和更高的 CTR，对于广告主来说，想要获得应用商店更多的展示，也需要从这两方面进行优化。

② 怎样保证产品出价是最优的？

为什么出价要用“最优”这个词呢？因为应用商店和广告主对出价的需求是相反的，应用商店为了追求收益最大化会希望广告主出更高的价格，而广告主在买到同样的量的前提下希望出更低的价格。所以实际投放过程中推广人员需要利用市场规则，获得更多的信息来调整出价。市场就像一个黑盒子，不会主动展示产品在应用商店的具体位置，所以推广人员唯一能做的就是用手机刷排名，通过排名情况调整出价。但是应用商店有多个广告位置，而且同类产品也会参与竞价，每个广告位的竞争压力都会实时变化，对排名监控的频率要求非常高，对于人工来说不可能做到这么高的频率和时长，所以这里可以借助一些第三方工具，如酷传的 Supercpd 平台，会实时监控产品在应用商店广告位置的变化，而且也可以预设目标系统自动出价。

③ 怎样保持更高的 CTR？

做好预算分配。这里的预算分配可以从时间和空间两个维度去分析，时间是指时间段，既包括一天中的不同时间，也包括不同日期；空间是指广告位。不同时间和空间，应用商店的 CTR 差异非常大。

第一，市场大盘流量是波动的，在节假日，市场会比平时高出 20% 的流量；每天 11 点到 13 点和 19 点到 22 点是市场流量的高峰期，不同产品在不同时间的 CTR 差异也很大，需要结合自身产品，针对这些时间段进行重点优化，如果你的产品转化率和市场的流量波动一致，那就需要抓住这些时段重点优化，如果相反，那需要在这些时间控制预算。例如，笔者投放过的某外卖产品，在每天上午 11 点和下午 17 点是高峰期，这两个时间的转化也很好，但是同时投放的一个直播产品，在晚上 20 点到 23 点和节假日的时候转化会明显比别的时间要高。

第二，不同广告位的 CTR 不一样，所以需要根据具体位置的转化情况进行预算分配，整体来看，大部分产品的 CTR 情况为：搜索位 > 推荐位。搜索位中，不同类型的关键词差别也很大，一般排序为：品牌词衍生词 > 直接竞品词 > 行业词 > 其他类词。这里需要注意，如果遇到品牌词本身排名就很靠前，可以把出价调低，或者剔除，具体方法每个商店都不一样，例如，华为可以直接在后台加入否定词，OPPO 需要联系媒体删除。

第三，做好人群定向。有些应用商店支持简单的人群定向，例如，应用宝支持性别、年龄、地域、App 行为等维度的定向，推广人员可以根据自己的产品属性进行人群筛选，提高流量的精准度。

第四，自身产品优化。这里说的优化主要是指产品介绍。包括产品 icon、名称、副标题（小部分商店支持，如 vivo）、短介绍、评论评分、下载量、截图、介绍这些用户在下载过程中可以看到的信息进行优化，这里的短介绍、评论评分、下载量等优化成本都极低，如果能优化出效果，那效果也非常明显。在推广期间产品也可以配合做一些活动，对下载以后的激活率和注册率都会有比较明显的效果。

截至 2018 年 9 月，酷传监控到的数据显示，有 2 000 多款产品在持续做 CPD 投放，金融理财类的行业大概有三四百款产品同时在投放，应用商店广告位有限，竞争非常激烈，同时看到应用商店流量分配也越来越精细化，所以推广人员在投放过程中一定要深入关注各项数据，无论是前段的调价，还是后续的转化，都需要投放过程中处理得更细致①。

五、垂直渠道 - 同行

垂直渠道 - 同行是当下最流行的推广形式之一，它指的是同行和你的用户属性一致，但是因为你们的商业模式存在差异化，所以并不是竞品关系，因此是可以合作的，从而可以通过合作的方式达到推广的效果。

1. 优劣势

基于“同行”这一领域特性，合作方的用户画像与自身产品的用户画像基本一致，因此，选择这种方式的推广优势是用户精准，往往获取的用户转化率高，劣势为可选择的渠道比较少，竞争相对激烈。

2. 合作前提

在合作过程中，拥有用户基础的一方，需要广告变现或者产品变现，所以会需要接入合作方；拥有推广费用的一方，需要通过获取用户和流量去提升收入规模，因此，

---

① 该内容为本书合作方酷传提供。

拥有用户基础的一方可以作为流量方与之合作，这就是合作前提。

以旅游渠道为例，途牛是在线旅行社，有预算，需要找旅游用户。马蜂窝和穷游属于旅游垂直媒体，有用户，需要广告变现。

以汽车渠道为例，人人车是做二手车电商的，需要找二手车用户。车 300 是做二手车估值的，有用户，需要广告变现。

3. 合作形式

不同于常规渠道的广告合作，这类垂直合作一般都是以产品的形式进行合作的。一般是把广告主的产品与流量主的产品深度结合，形成一个对用户有帮助的产品。比如，在车 300 估值的结果页提交卖车线索，在去哪儿网搜索途牛旅游的线路产品等。

4. 合作效果

① 取决于渠道本身的流量规模以及质量。

② 取决于你的渠道给你多少曝光。

5. 其他细节问题

① 推文正文位置顺序如何确定?

可能互推文章是争议比较大的，在互推当中没有绝对的公平，只有相对的公平。一般来说，推文的正文排序是按照新榜指数定的，新榜指数高的排在前面，指数低的就排在后面。

② 推头条还是推次条问题。

因为我们找的公众号虽然阅读量比较接近，平均头条阅读量可能不会超过 3 000，但有些排在较后面的公众号跟排在前面的公众号有些差距，比如大号的头条阅读数在 1 万以上，而小号的可能只有几千，这样的情况就不能大家都推头条，所以就只能找个折中的办法。大号推次条，因为一般来说，大号的头条阅读量在 1 万以上的，次条也只有几千而已，所以推次条对于大号来说是比较可行的，而小号就要推头条。这样就解决了因为有些号差距悬殊的问题。小号沾到大号的光了，大号也乐意这样推。

在组织互推的时候，可以在同行先找一个合作方，因为一个团队来组织策划还是有点累的，所以在大面积招人的时候可以找一个乐意互推的合作方，分工明确，这样效率就会提高很多。

在互推完第一次，觉得效果好之后，肯定会有第二次合作，因为互惠互利的事情大家还是很乐意去做的，所以可以趁热打铁，推出互推的第二期，相对于第一期，优势在于有优秀案例，别人也更加愿意参与进来。

③ 互推之后如何留存粉丝?

其实互推解决的不仅是关注量问题，主要解决的是曝光量的问题，真正能留住粉丝的还需要回归到你的产品本身能否解决用户的需求。例如，当某自媒体的粉丝积累到一定量级的时候，不难发现对于自媒体而言，拥有 60 万粉丝和 100 万粉丝差别可能不大，但是如果这个账号是给用户提供服务的，那么拥有 60 万粉丝所产生的商业价值就已经非常可观了。因此对于这个干货分享的自媒体而言，可以通过定期举办微信群讲座、打造系列在线课程、策划专家在线答疑栏目等完成快速转型，变成以运营类培训的商业模式为粉丝群体提供服务，在增加用户黏性的同时也实现了变现。

> 5.2.2 新媒体推广

新媒体是科学技术发展的产物，它的固定成本较低、传播更快、互动性更好，因此使得新媒体推广运营成本低于传统企业推广成本，从而广泛应用到了每一个领域和人群中。新媒体推广模式基于主流新媒体平台自己的运营体系，它通过平台推广自有产品，从而为产品创造出更好的价值和优势。

一、新媒体推广模式

随着新媒体应用领域的不断开拓，时代在进步，推广模式也在改变，但通过总结这些主流平台不难发现，它们都具备内容多元化、营销个性化、传播双向化、速度裂变化这 4 个特点。如图 5.8 所示，根据这些特点可以将新媒体推广划分为层次不同、重要性不同的三大阵营。

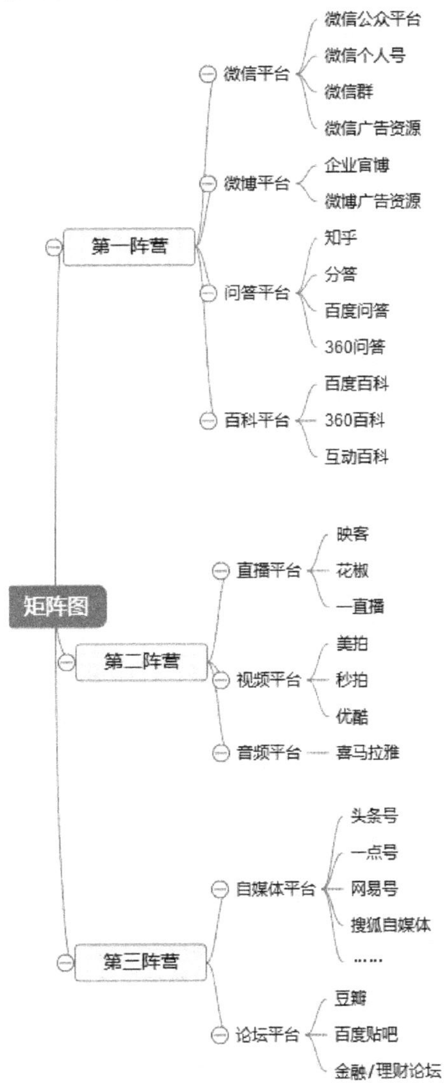

图 5.8 新媒体推广矩阵图

① 第一阵营重推广，包括微信平台、微博平台、问答平台、百科平台 4 类平台，是大中小互联网金融企业都需要深耕的新媒体平台。

其中，微信平台活跃用户 6.5 亿，巨大的用户群体就像一座巨大的富矿，引来众多淘金者，在微信平台上，常用的新媒体工具和资源包括微信公众平台、微信个人号、微信群、微信广告资源，无论作为优质内容的输入出口，还是利用社会化媒体的自传播性推出微信营销活动，抑或通过微社区搭建运营，展开用户运营活动等，基于平台本身的功能性和媒体属性，选择这种推广方式都无疑能达到扩大用户感知度、强化用户互动、提高用户黏性的效果。

与微信平台不同，微博平台属于社交媒体，传播速度极快，往往对于某一事件具有发酵性的传播力度，是品牌话题营销和事件营销的载体，能够快速拉升品牌声量，在微博平台上，常用的新媒体工具和资源包括微博企业自媒体和微博广告资源。

常用于新媒体推广的问答平台有知乎、分答、百度问答和 360 问答，一方面，通过问答推广吸引来的用户，精准度比较高；另一方面，由于问答是“网友与网友之间的观点与经验交流”，信息可信度更高，容易形成用户口碑。

百科平台包括百度百科、360 百科、互动百科等，由于百科类平台权重通常都比较高，在一定程度上为产品提供信任背书，比较容易做的是通过搜索获得比较好的排名顺序，从而触达用户。

② 第二阵营重载体。调查显示，在网上浏览视频的消费者的比例已经超过 53.3%，娱乐化与多媒体化如今已变成营销推广的大趋势，直播平台、视频平台、音频平台 3 类新媒体平台是大中型互联网金融企业的强化阵地，也是初创互联网金融企业的占位阵地。

直播平台的特点是直观性和即时互动性，代入感强，当网络直播与互联网金融结合，网络直播便在信息披露，用户沟通，宣传获客等方面大展身手。

自 2016 年以来，视频平台正经历着前所未有的增长，但到目前为止，视频内容的增长还未到达顶峰，许多的品牌主也开始其视频内容的战略布局，这主要包括品牌介绍、品牌宣传、产品促销、增加用户触达、促进用户参与度、业务推广。

音频平台相比过度开发的开屏（视觉）广告，音频的闭屏特点，更有效地让品牌信息触达用户，这是音频营销的关键点。音频另外一个特点就是伴随式，相比视频、文字等其他媒体，音频具有独特的伴随属性，不需要占用双眼，因此，能在各类生活场景中发挥最大效用。

③ 第三阵营重人群。第三阵营包括自媒体平台（除微信公众平台之外）和论坛平台，这可作为大中型互联网金融平台的占位型阵地，其中，自媒体平台包括 QQ 公众平台、UC 自媒体平台、简书、头条号、企鹅媒体平台、搜狐公众平台、一点号、百家号、网易号、凤凰媒体平台等，这些平台影响力和用户量虽不及微信公众平台，但无疑可以通过这些平台将已有内容进行复制分发，从而做到更加广泛地触达用户人群。

而论坛平台包括豆瓣、百度贴吧、垂直行业论坛，基于用户社群运营特点，通过对关键词的精准把握，定位用户人群，再通过用户与用户之间的交互运营，让用户寻找到社群的归属感，也可以尝试培养 KOL 或塑造“网红”从而产生自推广的口碑营销方式。

二、新媒体推广核心

随着新媒体技术和思维的不断升级和进步，传播渠道也越来越多，涉及领域也日新月异、层出不穷，新媒体作为拥有高价值回报的推广渠道，无论渠道如何变化，推广的核心主要分为以下几点。

1. 新媒体传播的碎片化与受众重聚

在新媒体继续进步的过程中，势必会有两个标志性的转变，即传播方式的转变，在新媒体技术的影响下，会把单向传播转变成双向传播，使得每一个信息接收人员都有可能转变成信息源或者传递者；移动终端产品的广泛应用，使媒介载体更加走向多元化、便利化，二者相结合，最终将相应的受众模式转变成为“碎片化”与受众“重聚”。

2. 新媒体互动营销平台成长空间大

以微博、微信为例，作为快速发展的新媒体推广渠道，以此为重点运营基础的产品，是未来不可忽视的新媒体互动营销平台。

3. 新媒体应用的策略与理念转化

新媒体内容以及内容背后的价值观会受到粉丝很大的影响，在这个分化及重聚的过程中，很显然是基于内容选择的，而这势必会迎来新媒体营销推广领域中企业所应用到的策略与理念的转化。

三、案例分析

2018 年 6 月，抖音公布日活跃用户数量超过 1.5 亿，月活跃用户数量超过 3 亿；7 月，全球月活跃用户数量超过 5 亿。而在 2018 年初，抖音的日活跃用户数量才刚刚达到 7 000 万。这个增长速度可以说是很惊人的。

再看内容，抖音国内版的内容已经从最初的运镜、舞蹈为主变化为政务、美食、人文、亲子、旅行等更多元的内容。主力用户群体从早期的 18 ~ 24 岁，上升到了 24 ~ 30 岁，该年龄段用户占比目前已经超过 40%。

所以，基本可以得出一个结论——无论你是任何行业，目前都是切入抖音的最佳时机，下面通过如何在实践过程中借助抖音这一成熟的新媒体推广形式完成获客引流的内容框架。

1. 搭建抖音的账号体系

绝大多数当然是个人号，这种号注册即可，符合规则的内容都能发，但是基本上高级的权限都没有，60s、购物车等都需要到达一定条件后才能开通。2018 年 6 月 1 日，抖音企业号上线，也就是现在的“蓝 V”，对比可以发现，“蓝 V”是抖音给企业入驻开辟的专区，相对应地给予了个人号不能满足的很多权限。

目前的数据显示，“蓝 V”的最高粉丝数是 240 万，平均下来是 1.2 万粉丝；但从完播率、点赞比和评论比上来看，“蓝 V”的表现低于抖音整体水平，说明了在企业自身内容的甄选、用户对企业号的欢迎度上，还有很大的提升空间。

目前，“蓝 V”的内容主要有 3 种类型。

第一种是热点型，通过跟风抖音或者社会上的热点，获得很高的点赞关注。

第二种是标签型，基于企业的产品、文化、特色等，塑造定位，持续围绕某一卖点进行视频的发布。

第三种是广告型，在关键的营销节点，发布相关的内容，也就是做买卖。

然而，目前来看，企业更好地运用抖音的方式，其实是“蓝 V”加上个人号的矩阵方式，这样更容易产生“爆款”。

例如，小米有“蓝 V”——“小米手机”，同时，它还有一些员工的个人号来做辅助，如“小米员工的日常”。

矩阵最大的好处，就是可以多角度地提升“爆款”的比例，同样的素材和内容，通过不同的账号发布，加上不同的定位，不仅可以重复曝光，更重要的是显得更真实。

2. 做好细分内容定位

在了解了账号之后，更重要的是做内容的定位，核心点只有一个——细分！现在抖音的内容，基本上各个领域都已经有个头部玩家，如果不能差异化定位，很难让用户有深刻的印象，那主要的方法就是细分。

例如，代古拉 K 的定位是“跳舞里笑容最美的”，一禅小和尚的定位是“动漫里最懂情感哲理的”，办公室小野的定位是“做美食只在办公室”等。

当你在大类目下面进行了细分，就很有可能会开拓出空白的一个定位，内容好的话，不仅观众对你印象深刻，抖音的推荐机制对你也会格外有利。

3. 设置好流量的落地方式

关于个人抖音号怎么落地，这个非常关键，如表 5.5 所示。

表 5.5 设置好流量的落地方式

类型	特点	注意事项
个人微信号引流	在个人简介里，增加类似于“VX：XX”之类的文字，注意，由于抖音的审核机制，如果申请没过的话，可以换不同谐音字符尝试	通常来说，如果你的内容个人特色非常突出，用户会非常乐意添加微信跟你沟通

续表

类型	特点	注意事项
微信公众号	这个比个人微信号的审核难度更大，通常来说的文字描述是，公众号：XX	个人不建议这种引流方式，因为加入公众号后的粉丝，通常来说还是无法很好地跟你直接建立互动，会导致用户关系沉淀不够
微博	早期来说，从抖音引流到微博基本无难度；不过现在也需要审核，最好文字描述优化为，微博：XX	
产品嫁接	一种是在视频内容中展露，通常来说，抖音的审核机制是，只要你不是硬性广告，产品属于视频中内容的必须辅助角色，它就不会减少太多的推荐	另一种就是直接电商销售，开通了抖音的购物车权限后，可以在视频中直接植入商品，用户如果感兴趣的话，可以直接跳转到淘宝进行购买

> 5.2.3 社会化营销推广

用户的存在场景、使用场景以及消费场景都在不断变化，社会化营销的推广方式凭借着与用户具有共同价值观的精神联合体和利益共同体的特殊属性，能够更加精准地触达人群，无疑是一个更加高效的流量沉淀载体。

一、社群

作为社会化营销推广的重要载体之一的社群推广如今越来越普遍，每一个用户平均加入的社群都是几十个，社群即是产品，如果你的社群还不能吸引到用户，让他们愿意把时间消耗在你的社群里面，那么这个社群无疑是没有意义的，因此，社群在精不在多，在建立社群之前，需要想好社群规划和变现的路径。

1. 建立社群的三要素

正所谓物以类聚、人以群分，基于人类的本身社交属性，一群人有组织的、有目的地聚集在一起，就是社群建立的雏形，不难看出，在一个称之为社群的体质下，需满足群主、群成员、群价值 3 个基本条件。

一般一个社群，除去裂变而生的社群，基本超过一半的人都是和群主认识的，因此一个社群前期想要运营好，群主占了很重要的角色，除此之外，试想一下，当一个社群邀请了一个“大咖”级别的人入驻，会不会提起你的兴趣进入该社群呢？我想答案是肯定的，正是因为如果群主本身具有一定的知名度或者人际关系极好，那么就能很轻松地与群里每个人维持好关系，从而打造良好的 IP 属性。

一个社群的定位往往是基于群成员自身的特点和性格形成的，不难发现，一个以交流为主的运营者讨论群往往会比一个以商业为目的建立的社群要活跃很多，因为活跃在运营者讨论群中的群成员们，大多是想通过进群学习加强自我的技能突破和解决工作上遇到的困难，通过运营者制造话题引起群里成员的共鸣，即使他们之前根本不熟悉，也能够通过互相理解很快融到一起，长期在社群中发起讨论，让这个社群处于持续活跃的状态。

再来看一下另一个以商业为目的建立的社群，较为典型的是基于在线教育和知识付费兴起的大背景下，由此诞生的很多以变现为目的、公开课为名建立的课程学习群，因为群成员内在性格和特点模糊，大家进群只是为了完成短期的课程学习，大多课程结束后社群的活跃度就会逐渐衰弱，如果不增加特殊的运营方式，就很难保持活跃的状态。

一个人加入一个社群都是抱有目的性和需求的，如果当他在这个社群里面没有及时找到自己需要的东西，就会选择屏蔽掉，因此，社群的价值决定了它的生命周期有多长，需要不断思考自己创建的社群的初衷，能否不断地为这些群成员提供需要的价值。

对于群成员而言，随着时间的推移和其他成员的增加，群内的价值体现逐渐被越来越多的广告或者没有意义的聊天内容替代，毫无价值可言，便会导致群成员流失，而社群的真正价值一般会在这些地方体现出来，如案例共享、资源对接、内容输出、专业分享、干货资料分享等，只有不断让群成员获取所需的价值，社群的生命周期才会不断延伸。

2. 社群运营的 5 个步骤

社群是一个严谨的体系，需要精心地设计，在有了一个社群雏形之后，需要考虑如何打造一个高活跃、高质量的社群，抑或是一个社群运营者该如何去运营好一个社群的问题，如图 5.9 所示。

图 5.9 社群五大要素

（1）价值观找同好

拥有相同需求或者共同身份标签的人很容易就聚到一起，因此，需求和身份是划分社群参与者的两大维度，不论是哪一种维度，参与者更愿意活跃在认为自己能从中获利的社群中，即认为自己在社群内所获得的价值大于自己的付出。

在新群建立和新成员刚加入之时，可以尝试让成员先做个自我介绍，这样能方便大家更好地了解对方，并对于群内成员的需求和身份标签做一个基本了解，同时在互动过程中，也能间接地为社群成员之间打通相互了解的桥梁，正因为所有群成员的相互连接，才能防止在某一个连接点的退群现象而导致整个社群的沉寂。作为社群运营人，要帮助群成员疏通关系、消除陌生感、建立不同的连接，从而形成网状框架。

（2）规则定结构

社群进入 2.0 时代，应更加注重口碑、强调互动、裂变和传播，因此在制定社群结构时，往往更需要搭建鱼塘模型，即把群成员比喻为一条条游动的鱼，把成员们聚集的地方比喻为鱼塘，分析鱼塘里不同用户的喜好和特性，然后抛出不同的鱼饵，最终实现鱼塘中鱼越来越多的目标。

首先，建立一个鱼塘，这个鱼塘可以是微信群、QQ 群；其次，需要把精准用户，意向人群引导到这个鱼塘里面来；然后，不断分析这些鱼想什么、更喜欢什么鱼饵，针对不同的鱼设计不同的鱼饵，把鱼养肥；最后，重复营销，让鱼带动其他的鱼进入鱼塘，形成口碑营销，如图 5.10 所示。

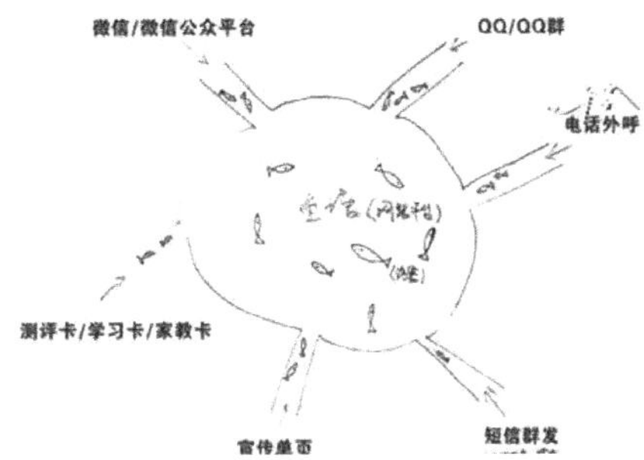

图 5.10 鱼塘营销理论

（3）结构产输出

以社群招生运营体系（见图 5.11）为例，可以先尝试通过活动或优质内容来吸引目标用户，形成潜在用户的社群矩阵池。根据不同的定位和标签，形成不同主题的群，在每一个主题社群下分为“班主任—班长—组长—用户”结构，由专门人员（班主任、班长）负责向用户池子（组长、用户社）中输出内容（专题讲座、答疑或其他），一方面，可以激活用户，另一方面，将用户转为客户，这样，一个基于社群的营销体系就构建完毕。

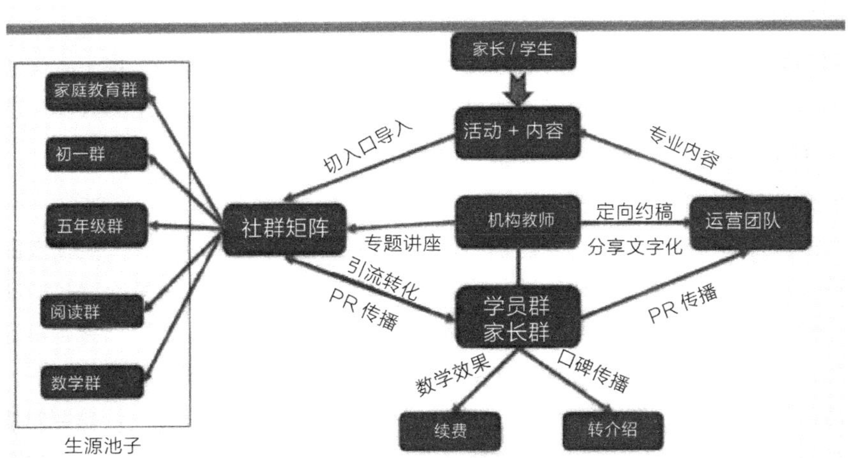

图 5.11 社群招生运营体系

（4）互动巧运营

互动巧运营，简而言之就是通过策划不同的活动，维系群成员的活跃度，这个活动可以是官方策划的，也可以是群内自发的，可以以线上形式来做，也可以在线下执行，如借助一些行业内比较热门的话题，由班长或者组长带动，烘托群内气氛，引起群内成员讨论，提高参与度；借助一些打卡的工具，如制定一本图书、一堂课的目标计划，提高群成员的参与度；也可以举办一些线下活动，将同一个城市的群成员聚集在一起，使成员们更深度地建立连接，增加社群成员之间的感情聚合，更好地保证社群的活跃和生命周期。

当然还可以给社群定个机制，以物质措施激励成员踊跃发表话题参与讨论，如姑婆的星球计划社群定期挑选出每个月前三名活跃的用户，在群里公开颁奖邮寄图书，达到增加群成员活跃度的效果，这里需要注重一个细节，在颁奖的时候一定要在群公开获奖成员名单，可以做到激起没有获奖的成员的斗志。

（5）利益能复制

可复制性意味着你可以有一个社群，然后在另一个地方复制你的社群，社群的影响力越来越大，人数也会越来越多，建立一个可复制社群首先需要有大量的志愿者，他们因为其他的原因加入到这个社群，并愿意把自己的时间和精力花在上面；其次能够很好地把大家维系在一起，让大家通过互相协助来达成某个目标；最后需要具备开放属性，不断欢迎更多人加入进来，基于这 3 点，通过建立一套很清晰的规则来协助社群完成复制，形成质变过程。

二、微信朋友圈

微信朋友圈作为社交平台中的一个重要场景，也是社会化营销微信推广另一个非常重要的载体，与通过某一共同爱好或者需求聚集而成的社群不同，基于微信朋友圈社交的对象多来源于家人、朋友、同事、合作伙伴等与自我更加亲密的人群，信任和吸引往往是这个场景下，触达并转化用户的关键所在。

1. 想清楚发给谁看

有些人尝试在自己朋友圈做微商，每天坚持上货、拍照、修图、发布到朋友圈……刚开始还有朋友礼貌点赞，但销量几乎为零，坚信“念念不忘，必有回响”的这些人在 3 个月之后，终于有了“回报”：所有人都把他给拉黑了……这虽然是则笑话，但其实类似于这样的故事每天都发生在朋友圈中，笑过之后，静下心来回想一下，在这则笑话背后，到底是在哪个环节出了问题，是微商错了，是坚持错了，还是努力错了？其实都不是，只是他把分享的对象搞错了，因此，如果想要把朋友圈作为一个推广渠道去运营的话，首先要明确你的宣传对象是谁，即最有可能对你的推广内容产生兴趣并愿意进行传播的人。

在明确这点之后，常常需要不断地根据微信好友自身的属性特征，通过他们的消费习惯、时尚感、喜欢的购买方式，把好友进行分组，进行一个精准的细分，形成每一个自带属性特征的圈子。这样不仅可以把工作和生活分开，还可以把工作上不同属性的人分开，将相应的推广内容匹配到不同的分组之中，发圈层感兴趣的产品信息，多关心圈层里面所发生的事情，然后通过多个共同好友的参与引发重视效应，在为产品加油的同时，还会与好友（读者 / 潜在用户）建立深层关系和信任感。

2. 想清楚内容核心

发什么内容，取决于两点：你的目标群体想看什么，你想达到什么目的。

在这两点之间，找到最大公约数，就是制作朋友圈推广内容的核心，即在这个标签化的时代，朋友圈里发出去的每一条内容，都要把“强化标签”作为一条重要的质量评价标准，主要来自于如下两个方面。

（1）专业性

一个好的标签化人设，应该是精准的、好记的，并且在你的产品领域是资深的、专业的，可以尝试让用户从你的朋友圈发布的内容获得专业的指导，并逐步建立与用户之间的信任感，然后通过不同的内容形式不断地强化标签，让所有的内容均围绕着这些标签来组织，有目的、有方向地去触达朋友圈分组里的每一个人。

（2）情怀

首先，在写文案的时候，先放下“爆款热销”的念想，一定要怀着一颗真诚的心，保住聚焦专注的态度沉浸在你的用户所在的场景里，并洞察感知他们的“痛点”，其次，如图 5.12 所示的几个角度进行视角转换，把自己代入一个叫“如果是你”的场景中，不断反复问自己，如果是你，为了完成某件事情，你会怎么办；为了避免失败，又会

视觉	心理状态	落差来源	对应心理
任务	完成一件事	完成 - 不完成	目标趋进、目标阻碍等
时间	考虑未来和过去	现在 - 过去 / 未来	恐惧、稀缺、求新、怀旧、经验等
关系	跟某个人的交互	别人 - 自己	亏欠、结识、互惠
群体	群体的参照	群体 - 自己	渴望、从众、回避、融入等
角色	自我角色对比	角色 - 自己	角色、一致性等

图 5.12 文案痛点关系图

怎么做。从而成功地把关注点引导到用户的心理需求和生理需求上，做到与用户感同身受，才能与之产出共振效应。

3. 想清楚如何变现

首先，在朋友圈进行推广时，当其中一个朋友主动把你的推广内容转发，就完成了一次扩大信息的传播范围，通过不断分享，从而形成口碑传播，拥有变现的能力，能够刺激人们转发的内容，主要包含表 5.6 所示特征中的一种或多种。

表 5.6 推广内容的分类、特点与目的

分类	特点	目的
提供谈资	有趣的、新鲜的、颠覆认知的内容	能够在茶余饭后和朋友们谈论
表达想法	深刻阐述某种观点或抒发某种情感	打动用户，在认同之余趁热转发
帮助别人	知识性内容，解决当下某个难题或对日后可能会有帮助	觉得对自己和朋友们会有帮助，从而转发
塑造形象	如“论中产阶级的焦虑”类具有人群标签属性的内容	完成内心希望别人觉得自己是某类人的认同感
利益刺激	各种以集赞、投票、转发等形式有奖活动	可以获取直观的利益

其次，需要思考目标群体的作息规律，即他们在什么样的场景时，刚好能刷到你发的内容，并且引起共鸣并完成分享。例如，对于化妆品牌的目标用户而言，当看完某个热门电视剧，睡前“刷”一会朋友圈，这时刚好看到了你更新的一篇内容是“深扒”这部电视剧中明星最爱的化妆品，这个用户产生兴趣并愿意分享的意愿自然会比发一些不痛不痒的化妆品软文高很多。

最后，除了发布时机之外，频次也很重要，从发布时间和内容类型上，形成节奏，在固定的时间发送固定类型的内容，每天发布的内容最多不要超过 3 条，并且在每则内容里都带有往自己的产品引流的二维码设计图，给用户心理营造出潜意识转化的重复营销。

三、KOL

如果说社群和朋友圈是基于产品功能而形成的社会化营销场景，那么 KOL 就是基于人本身聚集人群从而形成的社会化营销场景，一方面，已晋升为消费市场主力军的年轻群体，疲倦于传统广告的“地毯式轰炸”后，更愿意独立或参考与自己志同道合的 KOL 的建议做出消费决策；另一方面，如今微信、微博等社交媒介攫取了消费者的大量时间，在各垂直领域 KOL 对消费者的高频触达下，品牌传播得更加快速、广泛，使得 KOL 这种推广方式备受欢迎。

1.KOL 营销 4S 方法论

在互联网及社交化浪潮的冲击下，传统广告语境下的 4P 理论逐渐势微，面对年轻消费者个性化的消费需求，传统广告的“一网打尽”已不再现实，通过 KOL 营销 4S 方法论“各个击破”才更能精准地链接品牌与目标消费者，如图 5.13 所示。

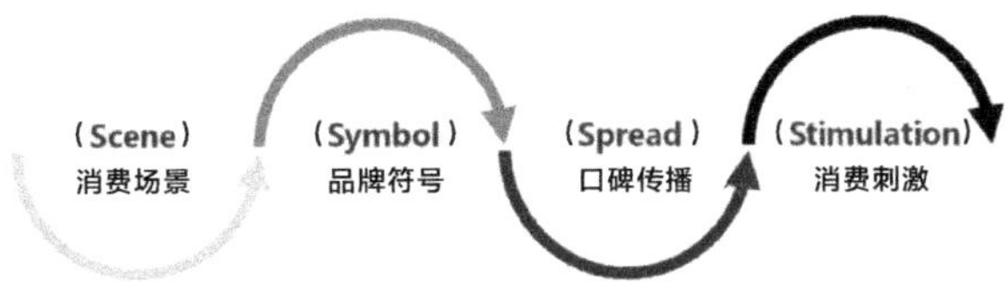

图 5.13 4S 方法论

（1）消费场景

先来想象下这样的场景：你去家居市场买东西，单件的家具堆成“山”放在一边，你连挑选的欲望都没有，可如果把沙发、靠枕、茶几、杯盏装饰成一间客厅，你身临其境，就会觉得这几件物品搭配起来竟然那么美观，这时候购买的欲望就来了。

同理，在 KOL 营销这种新商业模式中，因为 KOL 本身也是消费者之一，把 KOL 对产品的消费体验真实、专业、具体地告诉粉丝，搭建出消费场景（Scene），便可更加有效地影响粉丝的消费决策。

（2）品牌符号

搭建消费场景只是完成了“让用户走进来”，那么如何实现“让用户买单”呢？这就需要给用户一个充足的理由并将其浓缩成一个口语化、易传播的品牌符号（Symbol），一方面，可以通过 KOL 做到不断强化品牌符合的效果；另一方面，在消费者陷入这一消费场景中时，被 KOL 不断强化的品牌符合能快速地抢占消费者的心智，利于转化。

（3）口碑传播

消费场景（Scene）和品牌符号（Symbol）完成的是在 KOL 营销中品牌资产从 0 到 1 的建立，而口碑传播（Spread）则是实现品牌知名度从 1 到 100 的扩张，目前 KOL 营销已深度渗透进微博、微信、微淘、抖音、秒拍、一直播、小红书等主流社交平台，以图文、短视频、直播等形式直接触达用户，尤其在短视频和直播爆发的这两年，KOL 营销可谓水涨船高。

然而 KOL 传播的真正价值并不在于量，而在于口碑。一个真正对品牌有深入了解与热爱并拥有足够影响力的 KOL，往往能让粉丝也爱上该品牌，一旦一个品牌建立起了属于自己的高度忠诚的“粉丝后援团”，那么任何创意活动的推广，都将有可能带来意想不到的指数级增长。

（4）消费刺激

作为 4S 方法论的最后一步，在品牌竞争愈演愈烈的当下，KOL 营销逐渐掌握了更多的话语权，但整个行业仍处于粗放型成长到精细化运作的过渡阶段，值得注意的是，并不是所有的流量“大V”都是带货能手，新生代 KOL 往往也能交出令人惊喜的成绩单。

2. 如何找到高质量的 KOL

众所周知，很多人都是有圈子的，尤其 KOL，当你认识一个 KOL 之后就等于进入了这个 KOL 的自有圈子，从而可以请他们介绍别的 KOL，形成 KOL 矩阵，那么如何找到符合自身产品的 KOL 呢？一般通过以下 3 种方式。

（1）从身边的朋友开始找

一般情况下，你的同行、你的竞品有可能会接触过符合要求的 KOL，那么，你找他们介绍是最合适的方式之一。这个时候就要求助于圈内的资深人士了。

（2）找专门的代理公司

互联网营销很发达，基本上任何推广资源都会有代理，KOL 也不例外。可以找专门做 KOL 营销的代理公司，请他们来做我们的推广代理，帮我们做推广。

（3）主动一个个定向找

如果不靠朋友，也不靠代理，那么只能自己一个个去找了。首先是锁定 KOL 的目标，做个表，然后去微博或微信公众号私信留言。

3. 如何选择 KOL 推广形式

通常是以软文的形式，通过文字、视频、图片等多种形式承载，打造出即可以有效地表达出卖点，又能让用户看了后增加使用或参与欲望的内容，再找到符合产品定位的 KOL 在多个平台进行分发，从而达到触达用户并转化用户的最终目的。

（1）直发

直发即按照发布收费，有报价单，某账号发布一次收 XX 元等。它的优势是简单直接，作弊的可能性很低。弊端是效果受内容影响，可能导致最后的获客成本过高。

（2）效果付费

效果付费指的是按照阅读量、注册量或者下载量等收费。内容发布后，统计数据，最后按照数据进行结算。优势是成本可控，劣势是可能存在作弊风险。

（3）用户属性匹配

一款社交产品，如果其目标用户是 13 ~ 20 岁的学生，那需要找 QQ 空间的 KOL；如果目标用户是 20 ~ 30 岁的女性，那要找微博 KOL。

> 5.2.4 异业合作

行业竞争加剧，用户分流严重，获取新用户难度急剧提高……为了应对如今严峻的市场环境，抱团取暖、互惠共赢的异业合作备受欢迎，总结目前比较成功的异业合作“玩法”，根据异业合作的背景、目的等可以细分为品牌借势型跨界、文化借势型跨界、促销型跨界等八大类型，如图 5.14 所示。

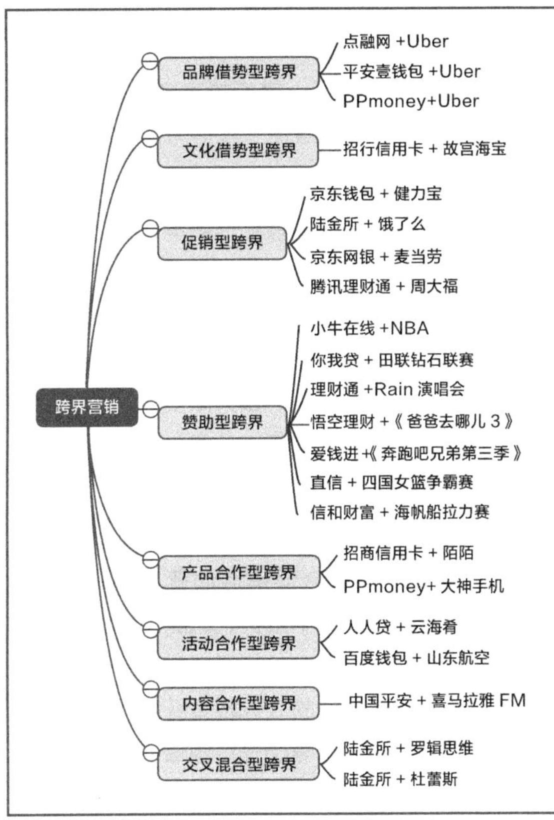

图 5.14 异业合作分类图

一、品牌借势型跨界

这类跨界营销的核心目标在于品牌借势和品牌造势两个维度，主要通过与知名品牌创意合作制造话题，形成传播势能，最终转化为品牌资产，如点融网曾与 Uber 在浙江地区 4 个城市联合推出了“一键呼叫一个亿”营销活动。

当天，这 4 个城市的 Uber 用户，打开 Uber App 便会看到“一个亿”专属按钮，单击该按钮后，成功打到专属“一个亿运钞车”，即可在上车后获得该 P2P 平台 1 亿元理财体验金。体验金会在 1 天内的收益将自动打入用户账户中，可随时提现，不难看出，活动的本质依然是给予投资者奖励，但这个活动，有效利用商务合作双方的特点，打造出“一键呼叫一个亿”“运钞车”的概念，大大提高了活动的参与度，同时，“一键呼叫一个亿”“运钞车”“Uber”具有极强的话题性，在社会化媒体平台具有比较强的自传播力，进一步提升品牌的知名度，达到一举两得的效果。

二、文化借势型跨界

简而言之，就是通过借势文化价值或用户认同价值，从而强化自己的品牌资产的跨界营销方式，通过文化和价值认同为纽带的消费行为，显然比通过利益来绑定的消费者有更强的忠诚度和认可度，如图 5.15 所示，“招商银行信用卡”联合“故宫淘宝”推出“奉招出行”定制行李牌，将“奉诏出行”的“诏”换为“招”，在名称上打出双关，完成文化和价值认同的关联，借势故宫淘宝的价值认同，借势故宫文化，和用户搭建情感上的交流，在精神层面上获得消费者的深度认同。

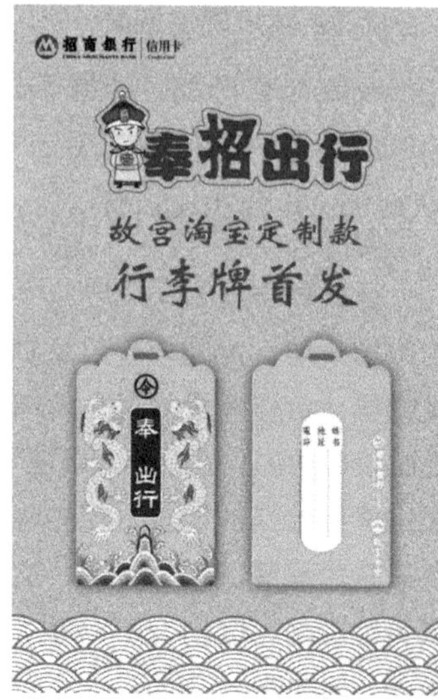

图 5.15 “奉招出行”定制行李牌

三、促销型跨界

此类推广的目的与一般的促销类似，以拉动销量、用户量等数据为主要目标，不同的是，进行促销型跨界的企业不止在自己品牌上做文章，而是需要两个或两个以上的企业主体，在资源共享、互利互惠的基础上，共同策划，最大限度地利用销售资源，实现最佳的促销效果，也是目前最为常见的跨界营销形式之一。

图 5.16 “5 元红包 100% 中奖”活动

健力宝和京东钱包联手推出“5 元红包 100% 中奖”的联合促销活动就是促销型跨界非常典型的一个案例，如图 5.16 所示，当首次购买健力宝，扫描二维码，即可获得京东钱包赠送的 5 元现金红包，这对于消费者而言，就等于是白喝健力宝还送钱，再次复购还有机会获京东钱包送出的话费优惠券、流量优惠券及健力宝 3.18 元微信裂变红包、健力宝 1.18 元微信现金红包。凭借着强大的返利机制，京东钱包 App 以健力宝产品上的二维码作为流量入口及引流路径，从而拉动消费者下载和使用京东钱包，而健力宝则以奖励为吸引点提高了销量和品牌声量。

四、赞助型跨界

赞助型跨界，通常以赞助演唱会、比赛、电视节目等形式出现，使企业品牌和产品品牌恰到好处地站在公众注意力焦点的边缘，既不喧宾夺主，又巧妙地借助了公众视线的余光，有效地达到宣传的目的。

2015 年，一只互联网金融圈的“小牛”也闯入了 NBA 赛场，它就是网贷平台小牛在线，其母公司小牛资本管理集团与 NBA 达拉斯独行侠队（原名为达拉斯小牛队）达成了战略合作，合作内容包括比赛现场广告投放、球员互动、小牛会员现场观赛、邀请球队访问中国、开展友谊赛等。小牛在线与同名为“小牛”的世界知名运动队合作，无疑会让小牛的人气更上一层楼。但这些跨界合作基本是建立在商业赞助基础上的。

五、产品合作型跨界

产品合作型跨界营销是两个或者多个不同领域的品牌依据自身的优势，联合进行产品开发的模式，双方达成互利共赢的效果。

当国内信用卡发行量总体增速放缓，发行联名信用卡，似乎已经成了一种流行的营销方式。陌陌和招商银行两个品牌因为在年轻用户群体上有一定重合度。2016 年初，合作推出了一张联名信用卡，并在双方平台上线。这张信用卡命名“新奇世界卡”，开卡用户可以获得 6 个月陌陌会员资格，以及陌陌旗下游戏“心动庄园”的道具礼包。对陌陌来说，联名信用卡可以增强陌陌的用户认同感，加深品牌印象；对招商银行来说，则有效拉升信用卡的发行量，也是产品合作型跨界的一个很好的体现。

六、活动合作型跨界

活动合作型跨界是指两个或者多个不同领域的品牌依据自身的优势，联合发起活动的模式，其主要目标在于，通过活动的影响力，提升品牌价值或者达成促销效果。

人人贷跨界餐饮品牌云海肴曾在父亲节合作推出 “爱の霸王餐”专题活动，在父亲节当天，人人贷请到当红歌手在北京某云海肴餐厅活动现场，邀请路人给自己的父亲打电话，以“用一句话表达爱”为主题，鼓励人们将对父亲的爱意勇敢表达出来，同时活动全程在一直播平台进行直播。此外，云海肴餐厅还提供了“爱の霸王餐”抽奖福利，参加活动的就有机会获得父亲节免单套餐。据了解，除了现场参与人数众多，直播活动累计收看人数也超过 80 万人，微博话题“# 一句话感动老爸 #”累计收获超 6 000 多万阅读和 9.8 万讨论，当天在微博热门话题社会榜中排名第一。目前，大多数互联网金融品牌过度依赖红包、补贴等营销手法，人人贷与云海肴跨界合作推出的专题活动，在情感层面与用户进行沟通，找到了很好的角度，有效地避开同质化竞争。

七、内容合作型跨界

内容合作型跨界相信大家并不陌生，即是两个或者多个不同领域的品牌依据自身的优势联合生产内容的模式，主要目标在于，通过内容的影响力，提升品牌价值。

例如中国平安曾联合在线移动音频分享平台喜马拉雅 FM 打造了一款音频节目《车主进化论》，完成了一次金融与互联网电台的花式碰撞。本次活动传播亮点在于，通过洞察车主开车时的习惯方式，聚焦在电台平台上，联合吴晓波、龚琳娜、华少、窦超 4 位“大咖”，在喜马拉雅 FM 开设原创电台，讲述日常生活中的用车经历、趣闻轶事，聊聊想象中的“未来车生活”。

八、交叉混合型跨界

交叉混合型跨界是多种跨界方式的综合，是以上多种类型的融合体，中国平安集团打造的投资理财平台陆金所与知识付费平台罗辑思维达成合作，从为陆金所用户及罗辑思维会员提供不一样的思考、提供不一样的选择、提供不一样的玩法 3 个维度进行跨界合作，是交叉混合型跨界一个很好的体现。

合作过程中，陆金所与罗辑思维携手主办“谈钱说爱”讲座，专门为罗辑思维二期与三期付费会员订制“送别礼”和“迎新礼”，举办“谈钱说爱”主题派对。一场场跨界、混搭的活动，让人觉得“原来投资理财还可以这样好玩”，吸引了众多媒体报道和社交网络的热议。这个案例中，还包含了内容合作型和活动合作型两种跨界形式，通过一系列活动，更多的人关注陆金所品牌，并实质地参与到陆金所平台，享受到各类优质金融服务。

5.3 借助裂变工具的推广方式

一个推广方案为了更好地获取用户需要使用工具，值得注意的是，这个工具的核心点在于：参与低门槛、进度可视化，如策划一个拼团活动，在用户完成拼团过程中，不断提示他拼团的进度，通过现在已邀请了几个人、离第一名还差多少人、现在已获得收益是多少等信息提醒，做到有效地刺激用户完成拼团过程中的好友邀请，达到最终的传播效果。

“用户裂变增长”可以说是最近很“火”的概念，有人的确通过裂变“玩法”“涨粉”数百万，短短几个月做成头部大号；更有短短一年时间，团队微信好友数裂变到百万，销售额翻了10 倍。无论是“刷爆”了朋友圈的网易戏精课，还是参加各种“大咖群”活动，抑或是免费送奖品活动……不难看出，用裂变思维做运营活动拉动用户增长的确行之有效，这种基于黑客增长“玩法”的裂变活动应该怎么做，流程又是怎样的？接下来以裂变工具小裂变为例，从公众号、个人客服号、社群、小程序等入手一一解析。

> 5.3.1 公众号裂变“涨粉”

公众号的裂变，想必见得也比较多，俗称任务宝。

裂变效率：★★★★★

裂变成本：低

裂变用户精准度：★★★★

裂变增长关键因素：裂变奖品、裂变规则、裂变海报、裂变一级渠道

适用类型：认证的服务号、认证的订阅号

一、裂变增长原理

公众号的裂变之所以被称为任务宝，是因为裂变活动通过奖品吸引用户，让用户完成固定的任务方能领取奖品。简单来说，使用"策划活动奖品→设置领取奖品规则→引导用户分享裂变海报→用户影响用户"的金字塔模式，获得源源不断的新用户的关注。

二、裂变用户增长路径

以一级用户 A 为例，如图 5.17 所示，裂变海报推送给 A 用户，A 用户扫码参与会收到公众号消息规则和活动海报图，A 用户为了拿到活动奖品需要邀请新用户参与助力，A 用户邀请好友 B 用户，B 用户为 A 用户扫码接关注公众号，完成助力活动任务，A 用户通过公众号收到 B 用户的助力消息，同时 B 用户进入裂变流程，公众号会推送属于 B 用户的个人邀请海报，B 用户为了领取奖品会再去分享邀请他的好友 C 用户，C 用户为 B 用户扫码接关注公众号，完成助力活动任务。

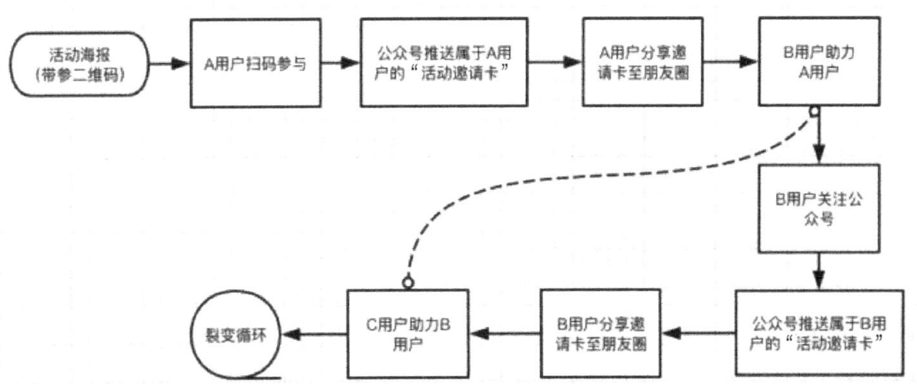

图 5.17 裂变用户增长路径

以此活动循环往复，达到裂变传播效果。不难看出，可以更直观地感受裂变的原理和用户增长，如图 5.18 所示。在金字塔顶端的用户称为一级用户，通过一级用户扩散的称为二级用户，以此类推。所以，请注意：裂变活动要想获取足够的精准用户，你的活动一级用户的数量和质量非常重要！

三、裂变案例流程

一次裂变案例的流程可以分为“制作裂变海报→发布裂变文案→发动好友扫描支持→发起好友完成任务后的成功提醒→发放奖品链接”。

图 5.18 金字塔模式

值得注意的是，对于不同行业可以根据用户属性，设置不一样的裂变奖品和规则，如美容行业可以选择美妆、口红、面膜等奖品，教育行业可以选择图书、线上“大咖”课程作为奖品，即从用户需求出发设置的裂变奖品才是目标用户想要的奖品！

> 5.3.2 个人客服号裂变“涨粉”

个人客服号也是可以做裂变增长的，调用的是微信客户端接口，实现个人客服号自动被用户添加。

裂变效率：★★★

裂变成本：中

裂变用户精准度：★★★★

裂变增长关键因素：裂变奖品、裂变规则、裂变海报、裂变一级渠道

适用类型：个人微信号（新号、老号都适用）

一、个人客服号裂变获客的价值

很多企业都知道通过发起裂变活动可以带来有效的用户增长，从而实现变现，但却唯独忽略了个人客服号裂变。其实，纵观所有实现产品变现的运营工作无非是围绕用户增长、业务转化、品牌传播 3 点展开的，而微信个人客服号恰恰是承载业务转化的最好流量触点之一，对于做业务的团队来说，如果你的业务来源于微信流量，请一定要重视个人客服号的流量积累。

那么个人客服号获客的好处在哪里呢？回忆一下“微商”这个群体的营销思路，可以总结出个人客服号获客的三大优势。

① 反复营销用户，通过朋友圈、群发。

② 公众号流量的后备军，当想做裂变活动的时候，个人客服号群起而发之，将会极大促使你的裂变活动爆炸式增长。

③ 品牌价值的传递，个人客服号代表着品牌形象，更加人格化的品牌，贴近用户，增强品牌友好度。

二、个人客服号裂变用户增长路径

个人客服号裂变增长的原理和公众号裂变增长的原理是一样的：通过奖品吸引用户，让用户完成固定的任务方能领取奖品，在"玩法"上和订阅号裂变的逻辑相同，需要一张裂变海报作为载体去完成传播。

如图 5.19 所示，需要注意的是，用户之间的助力关系是通过向个人客服号发送数字码而产生关联关系，因此，用户识别裂变海报上的二维码应是个人客服号的引流入口。利用这种方法既能够保证用户新增到个人客服号上，又能够实时反馈给用户最新裂变活动进度，效果极佳。

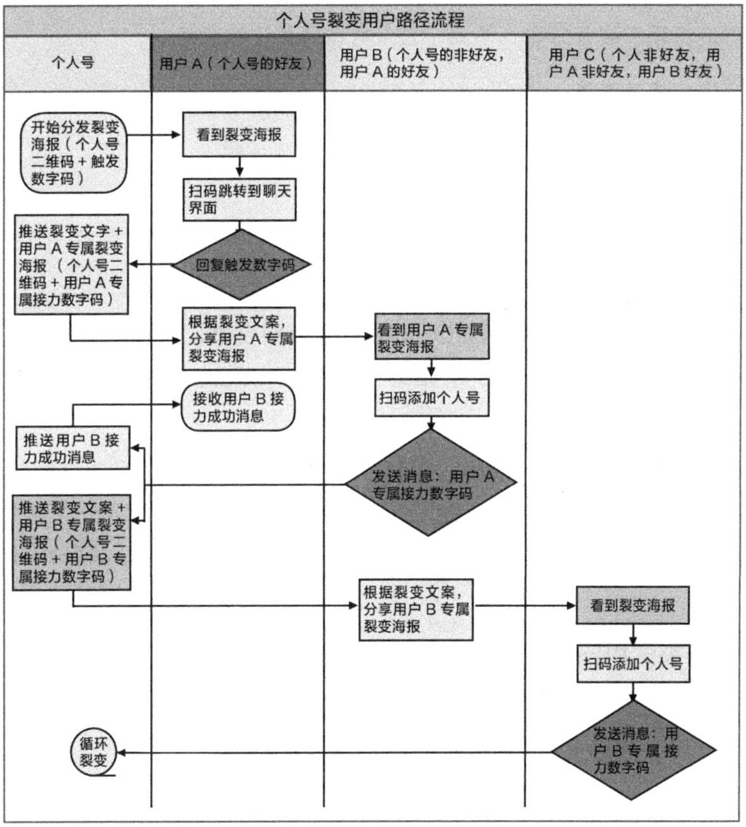

图 5.19 用户路径流程

杭州一位创业者今年的销售目标为1亿，为了快速完成这一目标，曾尝试举公司之力做个人号流量，发起了100多个个人客服号同时做裂变活动，每天新增3万~5万用户，基于都是用户好友关系，价值也非常高，短短数月已完成全年销售目标的70%，因此，个人号裂变获客相对于微信公众号、微信群，在用户质量上略胜一筹，也是做裂变增长的重心！

三、个人客服号裂变案例流程

最后规划个人服务号的案例流程，即“制作裂变海报→发起扫描添加好友→好友发送邀请码助力→好友助力成功后并推送奖励”。

> 5.3.3 社群裂变“涨粉”获客

目前通过社群裂变起家的有：有书、轻课、笔稿、十点读书等。

社群裂变是目前裂变“涨粉”活动中最为安全的裂变“涨粉”方法之一，因为是基于微信群进行用户裂变分享，不属于公众号诱导关注的范畴。

裂变效率：★★★★

裂变成本：中

裂变用户精准度：★★★

裂变增长关键因素：裂变奖品、裂变规则、裂变海报、裂变社群KOL

一、社群裂变的原理

社群裂变的原理是基于活动线上分享课程、资料合集、优惠福利等为吸引点的社群内用户一起转发分享的裂变行为，借助社群的群体效应，共同目标，推动引导用户进行线上分享转发和推荐。

社群最神奇的地方在于社群用户拥有共同标签、去中心化、利益共同体、可组织这四大特征。一个社群能形成的前提是每个在社群里的人都认为自己能够从中获利，而社群裂变恰好是利用群体获利的效应，激发了这个利益共同体，进行爆炸式的扩散和传播。

二、社群裂变用户增长路径

如图5.20所示，在社群裂变过程中，用户需完成从关注公众号→进群→分享传播的完整路径。

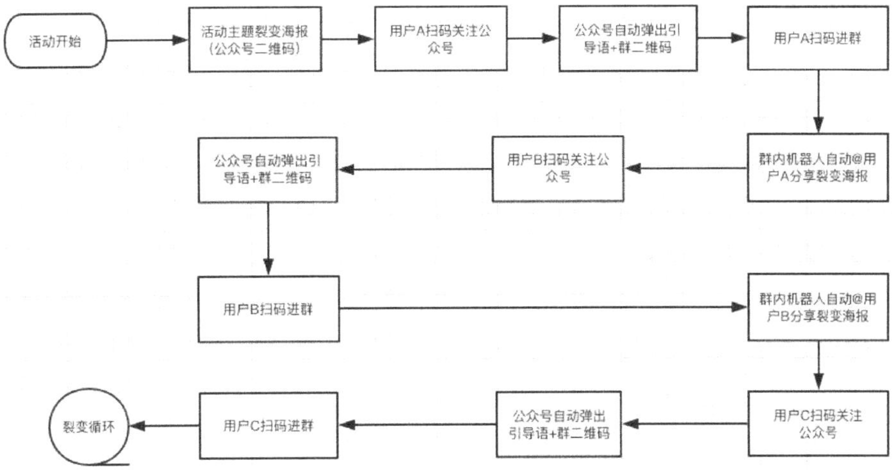

图 5.20　裂变用户增长路径

以一级用户 A 为例，首先推送社群裂变活动海报，在基础的一级用户群内扩散裂变海报并推送给 A 用户，A 用户扫码关注公众号，公众号自动弹出“引导语言 + 社群二维码”（也可以放置在菜单栏，引导用户通过触发菜单获得社群二维码），A 用户开始扫码进群。进群后，群内设定好的群机器人自动“@”A 用户，推送“裂变引导文案 + 裂变海报”。

A 用户为了获得社群奖励，按照机器人的要求，分享裂变海报。A 用户的好友 B 看到 A 用户在参加此活动，识别裂变海报二维码关注公众号。公众号再推送 B 用户“引导语言 + 社群二维码”。

B 用户扫码进群，进群后，群内设定好的群机器人自动“@”B 用户，推送“裂变引导文案 + 裂变海报”。B 用户为了获得社群奖励，按照机器人的要求，分享裂变海报。

B 用户的好友 C 看到用户 B 在参加此活动，识别裂变海报二维码关注公众号。公众号再推送 C 用户“引导语言 + 社群二维码”。

C 用户扫码进群，进群后，群内设定好的群机器人自动“@”C 用户，推送“裂变引导文案 + 裂变海报”。C 用户为了获得社群奖励，按照机器人的要求，分享裂变海报。以此，活动循环往复，达到裂变传播效果。

三、社群裂变案例流程

社群裂变的流程为：通过完成制作裂变海报→扫描进群→引导用户转发→审核用户转发截图→推送奖励一系列动作，整个社群裂变案例流程就显而易见了。

> 5.3.4 小程序裂变

小程序的出现激活了整个微信生态的流量，让变现难、流量贵的微信生态瞬间生机盎然，随着拼多多流量爆炸式的增长，一款又一款小程序“爆红”，如今已形成了一个巨大的流量池，大部分小程序增长是靠 App 那套产品逻辑进行产品式的自增长，逐渐成熟的小程序第三方运营工具也将为小程序的用户裂变增长助力。

裂变效率：★★★★

裂变成本：低

裂变用户精准度：★★★

裂变增长关键因素：小程序产品自增长

一、拼团类小程序裂变

拼多多小程序的成功自然不必多说，追踪其裂变模式其实就是拼团，拼多多上的一件商品通过“拼团”的方式“引诱”用户主动为了得到低价产品去转发分享，用户在微信环境中发起分享后可分享给微信群、微信好友，邀请好友一起完成拼团（见图 5.21）。

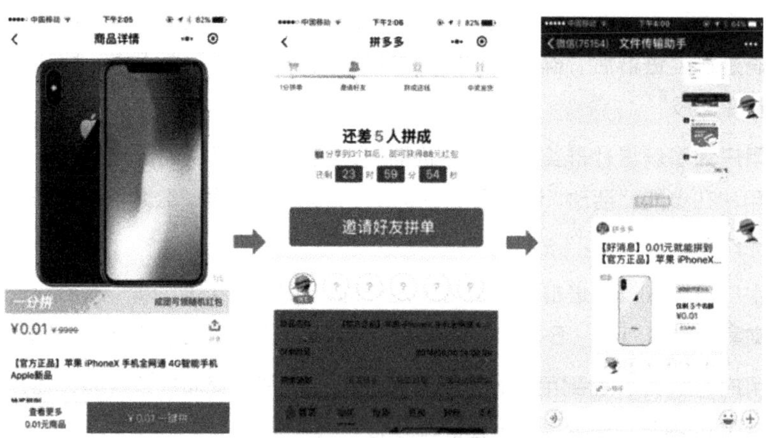

图 5.21 拼多多小程序

而且用户在分享成功之后，支付环节也能在小程序一键完成，十分方便。

二、助力类小程序裂变

这类小程序的裂变增长和公众号任务裂变思路是一致的，通过课程或奖品作为吸引点，引导用户分享号召用户助力，达成固定人数助力，即可免费领取课程获得奖品。如图 5.22 所示，知识付费类产品小灯塔这方面做得尤为出众。

5.22 小灯塔小程序

三、抽奖类小程序裂变

最近礼物说凭借抽奖的创新，基于送礼的特殊场景，并借助抽奖形式实现传播增长。如图 5.23 所示，趁着即将到来的端午，礼物说联合真功夫与多家知名企业、自媒体、行业社群等进行合作，“刷爆”了互联网社交圈。

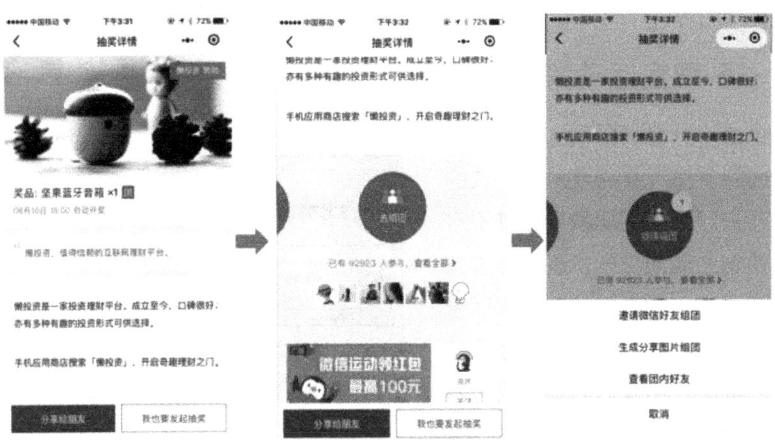

图 5.23 抽奖类小程序裂变

同时，冯大辉开发的抽奖助手小程序，方便好用，在各大场景里频频出现，作为典型的互动工具性产品，深受用户喜爱。

四、复活类小程序裂变

小程序开放了许多小游戏开发组件及权限，众多开发者也把小游戏的分享功能用得淋漓尽致，所以才会出现小游戏复活群，各种群被“求复活”等字眼的小游戏分享卡片刷屏，其原理很简单，玩小游戏闯关过程会死掉，想要继续进行游戏，引导用户分享方能复活，虽然这种强制用户分享的方式已被微信官方禁止，但其通过找到刺激用户的触达点的思路仍值得借鉴。

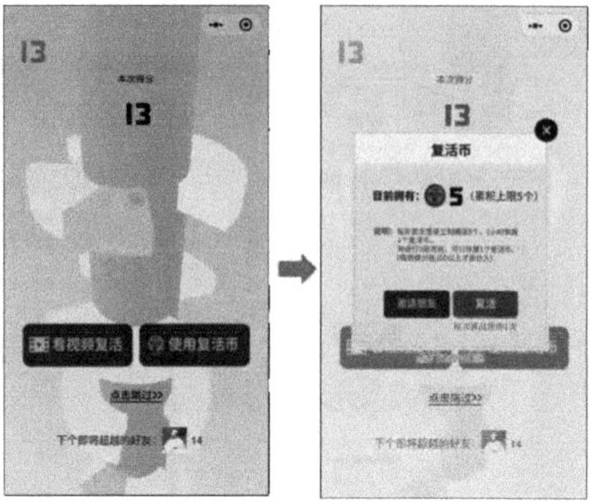

图 5.24 复活类小程序裂变

除此之外，还有测试类小程序裂变、炫耀类小程序裂变，这两种“玩法”在 H5 营销中用得比较多，如图 5.24 与图 5.25 所示。是不是特别眼熟？这些都是曾经“刷爆”朋友圈的营销案例，放在小程序环境下同样适用。所以，小程序的裂变增长，对于开发团队来说，产品自身的裂变在目前小程序官方还在小范围做的情况下比较适合，考验的更多是产品裂变能力①。

图 5.25 其他小程序裂变

> 5.3.5 裂变活动策划流程

无论基于什么样的裂变工具和方式，回归到本质，都需要对每一次的裂变活动进行清晰的把控，与基于产品本身策划的活动不同，基于通过自有的内部渠道用户进行扩散，从而带来外部渠道的用户进行流量落地沉淀这一裂变本质，裂变活动本身的内容对于用户来说必须具备价值，一次成功的裂变活动在策划阶段需要完成以下步骤。

一、设定活动目标

做裂变活动的目标就是为了实现用户增长，小裂变团队每次做活动之前会设定一

① 内容来源：小裂变创始人张东晴。

个活动目标，并根据此活动目标进行计算本次活动需要的人力成本、物资成本、运营成本等，以此规划出大概的活动主体框架。

二、明确活动奖品

一个裂变活动的核心点就是这次裂变活动的奖品，奖品的质量、吸引点能否吸引到更多的精准用户。奖品可分为两类，一类是实体奖品，另一类是虚拟奖品。实体奖品对于用户来说更注重的是奖品在现实生活中的可用性，虚拟奖品更加注重这类奖品的内容质量。

三、确定活动规则

明确了活动奖品后，就是设定这一次活动的规则。规则一般从以下几个方面进行考虑：用户邀请人数、活动奖品数量、活动进行时间、活动排名设置、用户地域划分等。活动规则必须讲明、易懂，不能出现活动规则漏洞。

四、设计活动海报

裂变海报以及海报上展示出来的活动吸引点，是最直观、最直接地展示给用户的信息。海报上展示的产品信息一定要戳中用户的痛点，海报文案一定要具有逻辑性，海报设计的质量会直接影响到活动的传播效果，以下附上裂变海报七大要素，如图 5.26 所示。

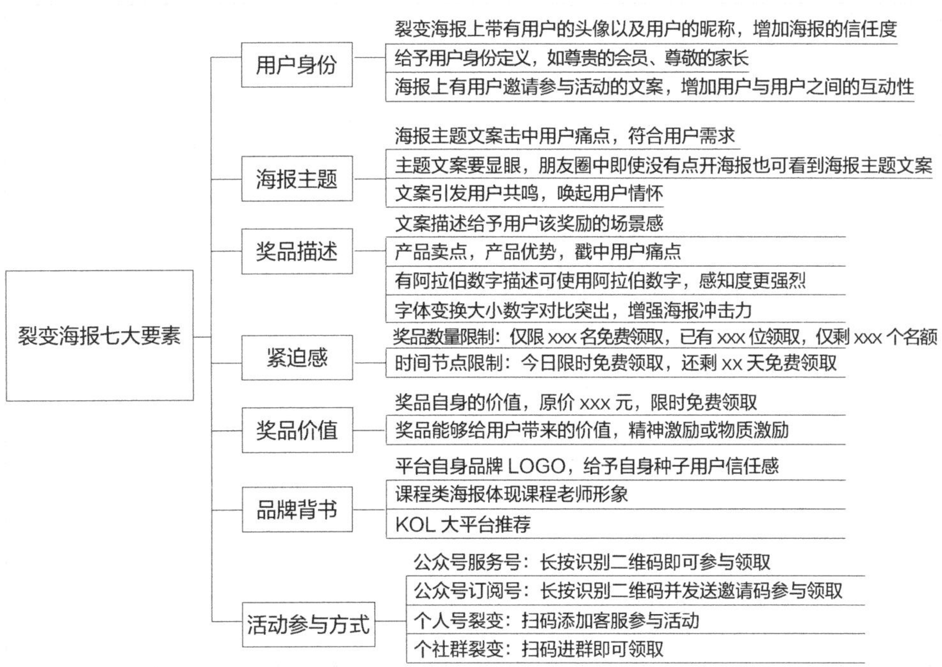

图 5.26 裂变海报七大要素

五、设计裂变路径

裂变活动的“玩法”确定过后，就要考虑用户参与裂变活动的完整路径，设计裂变活动参与路径的时候须从小白用户的角度出发，分析活动投放渠道、活动投放方式、活动开放入口、活动进行载体这 4 个方面，思考每一步过程中用户接收到的文案或者图片是否能清晰引导用户，方可画出完整闭环的裂变活动的用户参与路径。

六、活动上线测试

活动准备一切就绪后，必须先进行活动测试，通过不同的海报、不同的文案以及不同的推广渠道进行小范围测试，经过 A/B 测试后选出最佳的效果进行组合。在测试过程中，必须仔细地验证上一步画出来的用户参与活动的路径，并做适当的调整。

七、活动正式推广

活动测试完后，在推广活动的过程中，渠道推广须步步为营，不宜一次性使用完所有推送渠道，将活动的进度牢牢地把控在自己的手中。活动正式推广的过程，时刻关注活动的数据变化，如裂变参与率即裂变人数 / 活动参与总人数，一般该数据在 6% ~ 12%。完成率即完成任务人数 / 裂变人数 ×100%，该数据正常范围在 50% ~ 70%，根据活动的数据变化进行适当的调整，对活动进行优化迭代，值得注意的，以上活动数据并不适用于所有裂变活动，活动具体数据根据活动规则、渠道等变化。

5.4 借助数据优化推广方案

在《2018 年互联网趋势报告》（互联网女皇趋势报告）中公布了这样一组数字：2017 年互联网用户增长率为 7%，低于 2016 年的 12%，全球互联网渗透率达到 49%，全球网络用户已超过全球人口的一半以上，尚未接入互联网的人口变得越来越少。

互联网人口红利的缺失导致用户转化成本越来越高，即便是出现新的互联网赛道，如小程序，获客成本也在半年内从几角钱上升至几元钱。在各个行业中，互联网产品的差异化程度越来越低，而同类产品数量越来越高，用户获客成本越来越低，但用户流失却越来越高。

互联网运营行业纷纷寻求新的增长之道，数据驱动的精细化运营就成了企业降低获客成本、提升用户转化的新尝试。

本节将围绕“数据优化推广方案”这个主题，从用户行为数据化、数据驱动的推广方案优化以及复盘总结推广策略优化 3 个维度说明精细化运营的实践方式。

> 5.4.1 用户行为数据化

数据驱动的推广方案优化的前提在于掌握准确的用户行为数据，通过数据读懂用户需求，找到用户在使用产品时的真实痛点。所谓用户行为数据化，是将用户在访问时的单击次数、访问时长、阅读速度等数据进行记录，通过数据分析的方式建立用户喜好标签、还原用户访问路径等个性化特征。然而企业在采集用户数据时，往往会面临无法采集同一用户的完整行为数据的问题。

一、多平台运营的用户数据采集需求

某在线教育行业为用户提供了多个服务入口，通过官网、App、小程序以及公众号都可以进行在线学习，并且通过第三方平台上传了一些免费课程内容进行推广。运营者希望看到同一用户在不同平台的使用频次、时间、学习时长等相关行为，同时想要看到免费课程转化用户的后续行为。

针对上面案例的需求，需要统计同一用户在多平台、多设备、多状态下的行为数据。

多平台：同一用户在官网、App、小程序等平台上的访问行为。

多设备：同一用户通过平板电脑、手机、电脑及其他多个终端设备上的访问行为。

多状态：用户注册前与注册后，用户登录前与登录后的访问记录。

用户行为数据的记录可以通过 UTM、SDK、API 这 3 种数据采集方式分别采集推广渠道数据、网站 /App/ 小程序数据以及 CRM、业务数据库等历史数据，而将数据信息与用户相匹配，需要通过完善的用户模型来实现。

以诸葛 io 的 UTSE 用户模型为例，需要通过 3 套 ID 标识记录同一用户的全面行为数据，3 套 ID 标识包括了用户 ID、诸葛 ID 和 identifyID，实现同一用户在不同设备、不同终端以及不同访问状态下的全行为记录。

图 5.27 为用户生命周期数据。

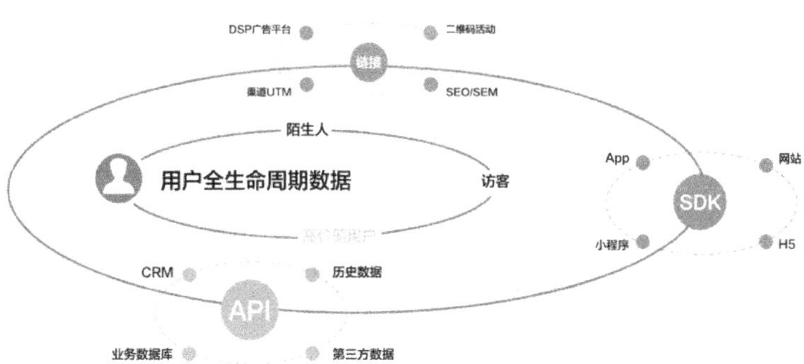

图 5.27 用户生命周期数据

二、从转化数据衡量

通过用户模型对采集的数据进行关联匹配与加工处理，可以利用数据建立清晰的用户画像，包括用户首次访问时间、30 天访问次数、访问设备信息以及与产品相关的用户等级、积分、优惠券等一系列用户个性化信息。同时，可以观察用户具体访问时间与访问行为，例如，用户查看商品详情信息包括查看的商品内容、金额、关键词等相关内容（见图 5.28）。

图 5.28 利用数据建立清晰的用户画像

用户行为数据除建立用户个性化标签外，通过事件分析模型自定义用户某一行为的发生频次，用于监测核心指标数据。例如，在理财产品分析中，绑定银行卡是一个关键行为事件，可以通过查看绑定银行卡用户的相关行为进行推广优化。

> 5.4.2 数据驱动的推广方案优化

采集并分析用户行为数据的目的在于指导运营决策、推广渠道、活动设计等相关企业运营行为，主要实现降低获客成本、提升运营效率、提高用户转化三大运营目标。

数据驱动的企业推广营销行为包括定义推广目标、定义目标人群、定义活动策略、选择推广渠道、确定推广时机 5 个关键环节，下面将从这 5 个环节说明具体操作方式。

一、定义推广目标：确定推广行为的关键指标

一般来说，将用户生命周期定义为潜客、新手、成长、成熟、衰退 5 个关键阶段（见图 5.29），分别对应精准获客、精细化运营和智能触达 3 种数据驱动方式，在产品的不同运营阶段，对用户的侧重点也有所不同。

初始期产品更看重用户数量的快速增长，成熟期产品需要提升用户的付费转化行为，衰退期产品需要根据用户需求的变化进行产品升级迭代。因此在定义推广行为目标时，需要把握目标用户的关键行为指标。

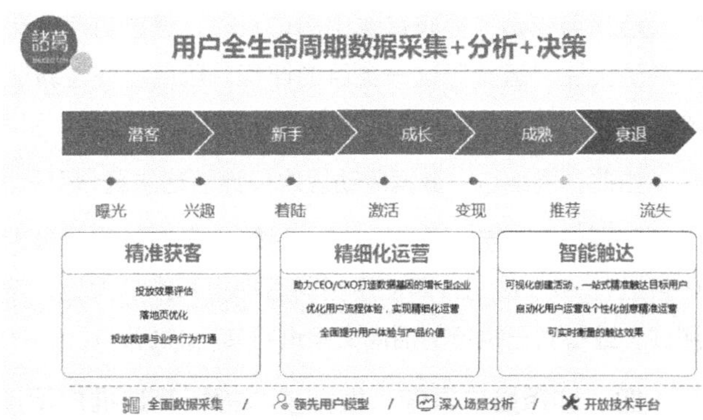

图 5.29 用户全生命周期数据采集

例如，某在线教育行业在初始期进行推广投放，但由于对推广目标的定义不清晰，后续用户转化效果并不好。通过对前期转化用户的行为分析，发现试听课程完成度高于 60% 的用户的付费转化率要比其他用户高 45%，因此在定义“有效新增”这个指标时，将“试听课程完成度 60% 以上”的用户作为关键指标。

通过对“有效新增”这一关键指标的定义，让“拉新”这一运营行为的目的性更强，同时对目标人群特征、推广渠道进行有效定义。

二、定义目标人群：通过数据发现用户行为特征

在做好明确的推广目标后，需要对阶段内的推广人群进行数据化定义，区别于传统意义上的用户画像，数据驱动的人群定义是通过数据揭示用户的行为特征。

在前文的案例中，将试听课完成度 60% 的用户定义为“有效新增”用户，通过对存量“有效新增”用户的其他行为和标签进行洞察，可以发现用户地域、使用机型、高频访问时间等用户属性标签，用户属性标签可以用于指导后续的投放渠道与投放策略。

同时，通过用户行为数据，分析查看不同课程内容的用户转化效果，通过课程主题分析用户需求。例如，“有效新增”用户中查看运营类课程的用户较多，说明平台上的运营类内容质量较高并且用户需求较大，既可以对已有的“有效新增”用户开展下一步运营行为，又可以将此作为用户需求特征，指导后续推广活动中的主题设计、落地页设计等相关推广优化。

三、定义活动策略：根据用户需求策划推广内容

活动策略的设计包括活动主题、活动内容、引导文案、落地页设计等多个实操层面，活动内容的策划同样需要围绕“有效新增”用户的需求和行为展开。

同样以上述案例为例，想要提升用户试听课的完成度，需要设计满足用户需求的试听课程，向产品经理推送活动策划的课程就不如向活动运营推送活动策划的课程。

活动目标是“提升有效用户增长”，通过对存量有效用户行为的洞察，发现有效用户更关注“运营”这一类目的课程，因此，在拉新活动中，可以设计“运营”类目的试听课，并且在试听课的后半部分设置额外福利，引导用户提升“试听完成度”。

由此，围绕这一数据驱动思路设计活动主题、引导语与转化落地页。

不同的文案与页面设计样式对转化率的影响同样大，利用数据分析，可以对文案内容进行 A/B 测试，即使用相同落地页和推广渠道，设计多个主题文案风格进行投放测试，或者对已执行的活动文案进行转化分析，找出转化关键词。

四、选择推广渠道：根据核心指标筛选推广渠道

一次推广活动常常使用多个推广渠道，以前文所述的在线教育行业为例，推广渠道可以包括 SEM、信息流等推广方式，还可以包括平台 banner、广告等推广方式，传统意义上的渠道优化是针对不同渠道的转化效果与转化成本进行衡量，判断优质渠道。

而在数据驱动的思维指导下，以“有效用户”为平衡维度，而不是单纯地看用户的新增量与新增成本。

在进行活动策略设计后，针对不同渠道进行小范围的投放测试，以图 5.30 为例，通过观察不同渠道的转化用户量、转化成本与“有效用户”转化量，综合判断渠道质量，提升优质用户的转化效果，降低盲目投放的推广成本。

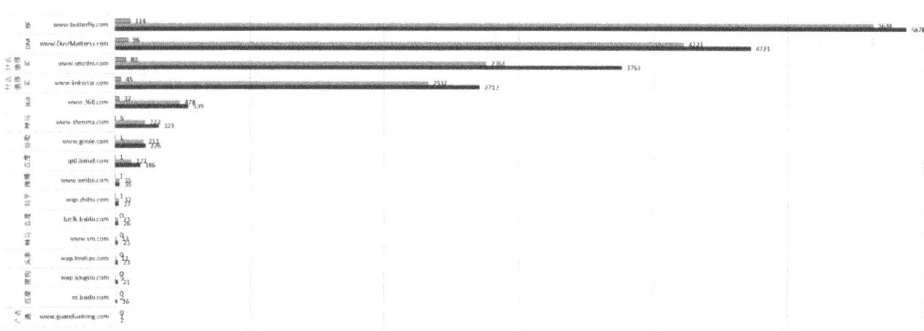

图 5.30 根据核心指标筛选推广渠道

五、确定推广时机：有效提升用户转化效果

常规的推广方式是一种“告知”式的信息展示行为，通过渠道的内容展示方式，告知用户相关活动信息，但往往无法抓住用户的“需求时间”。

数据驱动的推广投放优化一方面可以根据存量“有效新增”用户的高频使用时间和转化节点，对于投放广告的时间点进行相关优化；另一方面，通过对用户行为的洞察，找到促进转化的“关键节点”。

例如，用户在试听免费课程后没有进一步的购买行为，可以设置“智能触达”事件，引导用户进行课程反馈、引导加入社群等相关行为进行下一步转化，对于试听完成度高于 60% 同时浏览过付费课程页面的用户，再次推送例如优惠券信息促进用户转化。

智能触达的方式是对数据驱动的有效应用，关键在于触达用户的时机，通过诸葛 io 的“智能触达”功能，运营者可以根据需要定义关键时机。

以图 5.31 为例，针对查看过商品详情但在 30 天内没有再次登录或其他访问行为的用户推送 20 元优惠券，促进唤醒用户与付费转化，而消息触达用户的方式包括短信、推送、EDM 等。

以上，通过定义推广目标、定义目标人群、定义活动策略、选择活动渠道、确定推广时机这 5 个关键环节，利用数据优化策划决策方式，进一步提升推广策略与用户的关联性，提升新增用户质量与转化效果。

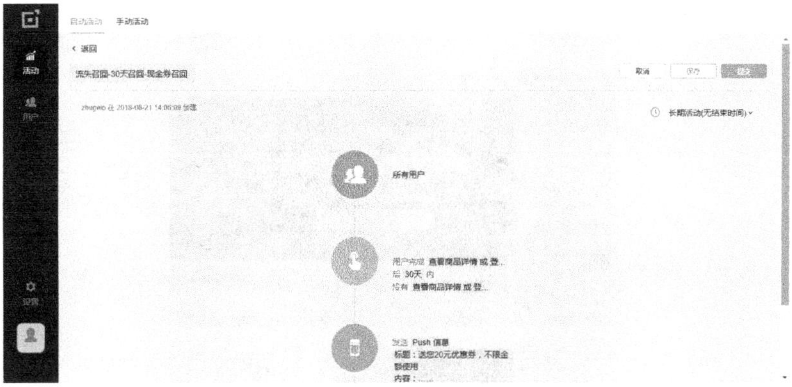

图 5.31　有效提升用户转化效果

> 5.4.3 复盘总结推广策略优化

推广活动结束后，通常需要对活动进行复盘，常规复盘的内容包括转化数量、获客成本、渠道质量等相关指标，而数据驱动的活动复盘有 6 个方面。

一、活动的独立访客 / 访问量和转化率

了解本次活动总的参与用户是多少？活动页面的打开率是多少？其中，转化率是活动运营的重要指标之一，不同行业的转化率也各不相同，电商类产品需要关注销售转化，看看参与活动的用户中有多少是在活动后完成支付的，有需要的还可根据数据

分析出人均购买次数和订单金额，对于拉新类活动来说，更关注注册转化率，看看这个活动为产品带来多少新增用户。

二、活动在哪个时段打开率比较高

对比各时段的独立访客 / 访问量，观察哪个时段的用户参与度比较高，用户比较活跃；再比较日常活跃度时段，观察是否有所出入。

三、对比参与活动的新老用户

通过各渠道监控到的新老用户的分布情况，更进一步了解新老用户的喜好，对于此后的用户运营有非常大的价值（见图 5.32）。

说明：通过单击分析，不仅可对比新老用户的行为差异，而且还可对比不同渠道来源、购买与未购买等不同用户的行为差异，针对不同用户特点采取有针对的活动策略。

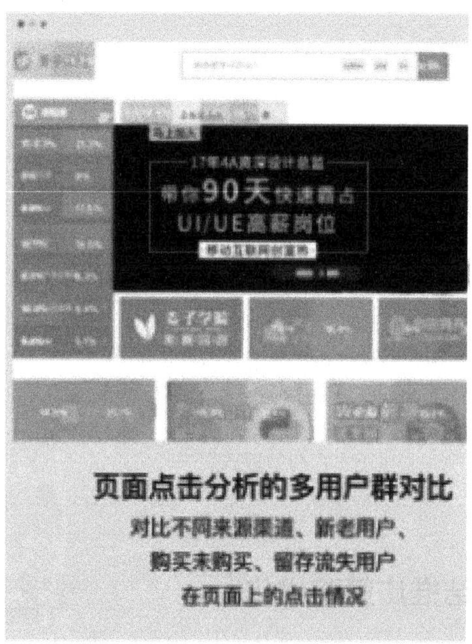

图 5.32 对比参与活动的新老用户

四、活动渠道投放转化

缺少渠道投放环节，活动效果也会大打折扣。如果是针对产品内的用户进行活动运营，那么可通过消息推送、开屏广告、banner 等进行投放，在活动结束后，针对各大活动投放位置，计算出相应的打开率和转化率等（见图 5.33）。

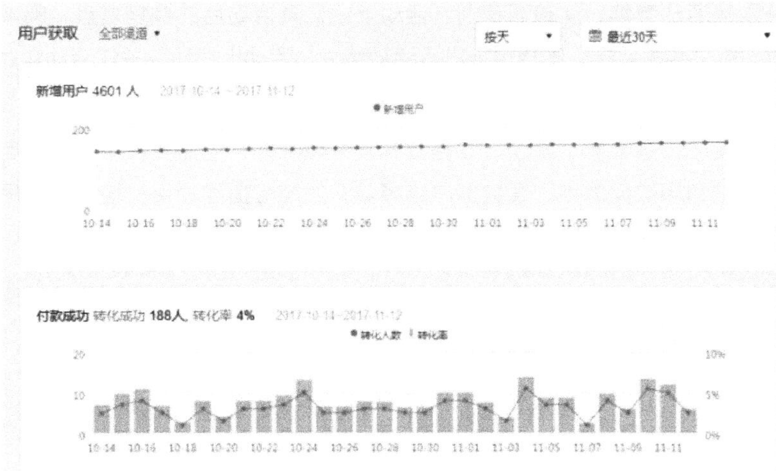

图 5.33 活动渠道投放转化

如果是在产品外做活动渠道投放，更多是为了用户拉新，那么需要计算出单个渠道投放的独立访客 / 访问量、注册转化、一个新增用户的成本等。

五、活动预算和分享

本次活动的花费，比如投放了多少优惠券 / 奖品，带来多少新用户，每个新用户的成本是多少。

除此之外，通过活动分享次数的分析，衡量活动传播的效果。此外，对于一个短期活动来说，还有必要追踪活动结束后的结果型指标如何变化。比较理想的情况是，一个活动结束后，结果型指标依然保持在活动时的优秀水准，也就意味着，一个短期活动带来了长期的正向效益，不能忽视有些运营活动带来的滞后效应和连带效应。

六、结果型指标与过程型指标

以电商类产品为例，某次促销活动，目的是提升 A 产品的销售业绩。

流量、单击量、收藏量就是过程型指标，销售额则是结果型指标。购买数和客单价，是用户购买过程中的指标，隶属整个转化漏斗，因此这两个指标是过程型指标；而购买数 × 客单价 = 销售额，则是结果型指标。

不同时期进行的相似活动甚至是相同活动，我们要做好活动数据的存档，来观察活动间的对比。许多探索性的活动，我们是有必要计划成系列活动以达到我们的实验目的的，比如价格探底测试，分阶段、分地域类型进行系列测试，从各次活动的数据存档中总结规律。

每一次的活动策划，从前期策划、活动上线以及活动后的数据复盘，都需要用数据来支撑；有了数据目标，围绕目标进行活动策划；活动上线后，关注活动实时数据，确保活动正常运作；活动下线后复盘，总结数据和经验。

作为运营人，除了要了解以上业务数据整体概况外，还需要在每一个项目、每一个策略中时刻利用数据思维，凭数据总结经验，凭经验指导项目。培养数据思维，从每天的各种数据洞察、数据探索开始[①]。

5.5 章节练习——酷传

假如你是酷传的运营，写一个渠道推广方案，包括有哪些渠道可以用，推广节奏是什么，要做哪些事情，如何评估效果。

① 该内容为本书合作方诸葛 io 提供。

第 6 章

用户增长企业案例

经过前面章节的学习，相信读者已经掌握了用户增长的相关知识，本章将通过企业的真实案例，进一步介绍用户增长的具体做法。

6.1 AppBK 海外投放 ASM 经验及案例

> 6.1.1 背景

近期苹果应用商店搜索市场（App Store Search Marketing，ASM）越来越受欢迎，AppBK 团队早在 2014 年初，就开始从事 App 的搜索优化工作，累计服务了数万个 App，其中不乏美团、百度等知名客户。和很多主要从事“刷排名”的搜索优化企业不同，AppBK 走的是技术路线，致力于用人工智能和大数据技术，为运营推广人员构建高效的数据工具，下面就分享一些该团队在海外投放 ASM 的经验以及案例。

> 6.1.2 ASM 的介绍

ASM 是苹果官方在苹果全球开发者大会 WWDC2016 后首次推出的苹果商店付费推广，简单来说，也就是官方商店广告位。

> 6.1.3 ASM 的基本原理

一、优化目标

就竞价广告而言，根据不同的推广需求，往往会有不同的优化目标，如要求展示最多，单击最多等，不同的目标，就有不同的“玩法”。但就按 App 广告而言，一般是在设定了每日预算和最高 CPC 的前提下，希望每日带来最多的下载量，具体如表 6.1 所示。

表 6.1 优化目标与限制条件

优化目标	限制条件
日下载量最大化	日预算额度限制
	最高 CPC 价格限制
	最高 CPA 价格限制（可选）

在确定了基本的目标后，就可以逐个确定 ASM 各个环节的策略，作为搜索类广告，一般包含选词、竞价、关键词调整几个环节。

二、选词策略

根据 ASM 的指导原则，选词需要选择和 App“相关性”较高的词，同时需要具备一定的搜索热度，故选词主要为以下几个来源。

App 覆盖的搜索词。热度大于等于 4 605 的，且排名大于 3 的关键词，英文单词数小于等于 3 个，中文小于等于 5 个汉字。目前只上线美国区的，故按照英文的来做（见图 6.1）。

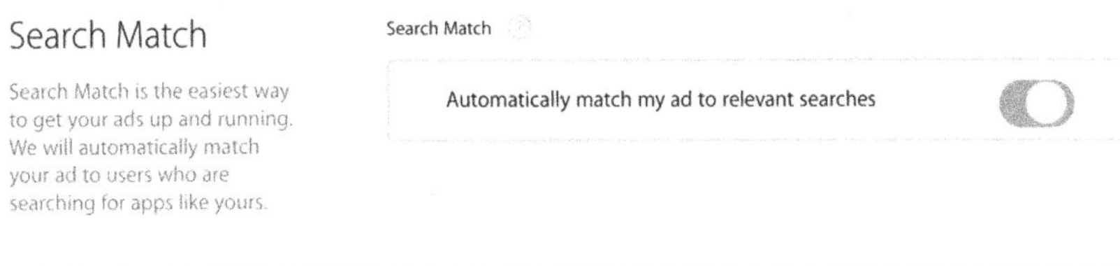

图 6.1　打开搜索自动匹配

搜索广告匹配的搜索词。设置关键词时，均设置为广泛匹配，另外，还需要打开自动匹配搜索词选项。这样在关键词统计中，会有“搜索词 (search term)”的效果统计，选择其中单击率和搜索量较高的词，加入选词列表（见图 6.2）。

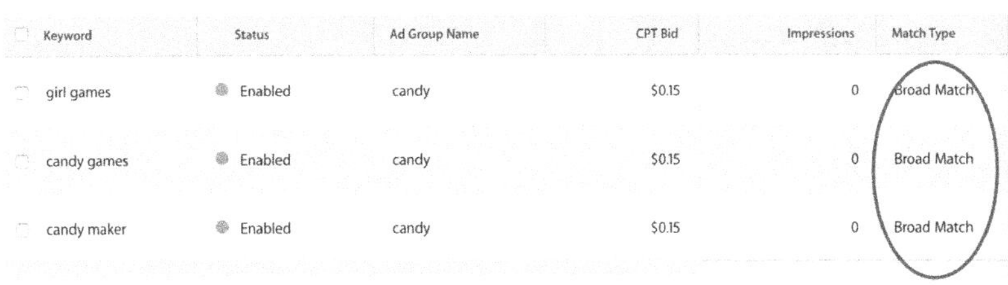

图 6.2　关键词匹配模式均选广泛匹配

初始选词，最好不要太多，特别是人工选择的话，选择 10 个左右热度均匀分布的词即可，然后根据 Reports，优先增加效果较好的热度区间的词（见图 6.3）。

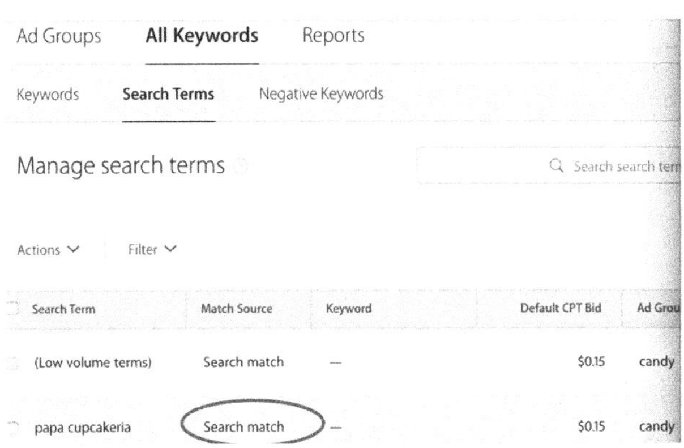

图 6.3　选择 Search Terms 中效果好的词添加到广告关键词中

三、竞价策略

目前 ASM 基本情况是流量相对不足，投放成功率较低，故采取从高到低的“锯齿形”竞价策略（见图 6.4），具体如下。

起始：关键词初始定价为最高 CPC 定价。

达到平衡点：每天递减 0.1 美元，直到达到一个平衡点，平衡点判断方式是，展示量 (Impressions) 比前一天降低超过 30%。达到均衡点后，增加 0.1 美元（根据类别设定），保持该价格不变，持续投放。

重启：平衡点状态投放效果出现大幅降低，如展示量降低超过 30%，或者单击率降低超过 30%。重新进入“起始”状态，开始新一轮投放。

该策略的优势主要是简单有效，同时可以避免展示率过低、没有投放的情况。即使起始阶段出价可能过高，但按照第二高竞价原则，也会按照下一位置的价格定价。

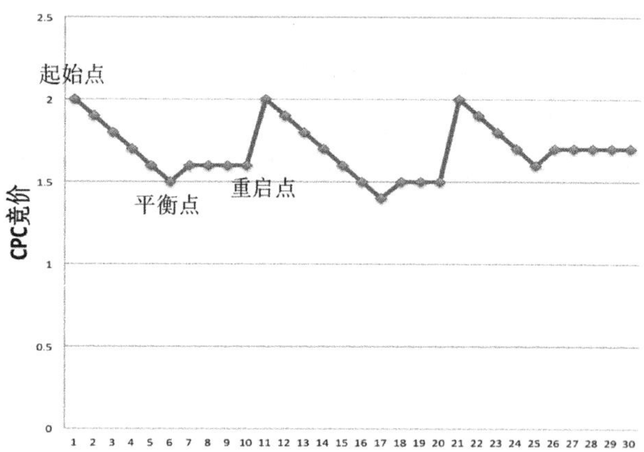

图 6.4 锯齿形竞价策略

CPC 的最高定价，可以大致根据 CPA 的价格来确定，因为大部分的广告计划定制的 KPI 都要求一个最高的 CPA。目前 ASM 系统平均转化率在 50% 左右，因此，可以简单地用 CPA 价格除以 2，即可得到 CPC 的参考价格。

四、调整策略

投放过程中的调整策略，目前按照每天调整一次的周期进行，依次执行如下操作。

① 删除效果较差的词。

② 根据竞争策略调整关键词价格。

③ 新增词。

第①步中的删词策略如下。

- 删除没有消耗的词（持续 3 天，没消耗的词）。
- 删除 CPA 成本过高的词（超过预设最大 CPA 价格）。

• 删除单击率过低的词。

• 删除转化率过低的词。

• 删除的词，可以加入否定词词表。

结合一些国内外的报告，以及自己的一些案例，给出一个 ASM 各项指标的参考值，具体如表 6.2 所示。

表 6.2　ASM 基本指标参考值

指标	均值	最大	最小
CPA（安装价格）	0.4	2.5	0.05
CPT(单击价格)	0.2	1.25	0.05
CR（转化率）	45%	72%	0%
TTR(单击率)	13.50%	26.50%	2.40%

第②步中的调价策略。

根据每个关键词的展示量情况，判断当前所处的阶段，进行调价。

第③步中的新增词策略。

• 新增词的来源为选词策略中确定的词，定价为最高 CPC 价格。

• 根据删除词数量，补充同等数量的新词。

• 考虑到账号质量问题，词的总体数量，每次新增控制在 30% 以内。人工操作投放，一个广告计划控制在 100 词以内。

五、规则调优

上面的策略主要给定了基础的投放规则，对大多数广告计划而言，基本够用。但对一些非常大的广告计划而言，其往往需要更细致的规则，这些规则大多来源于资深投放人员的经验。

为了能将人的“经验”转化为机器可执行的策略，本系统设置的规则有模块，可以把经验分解为“if-then-else”的工作流程，设计了基于规则引擎的工作流模块。目前本模块主要支持关键词的删除和调价规则。

上述的选词策略，主要根据关键词的热度选择，在投放过程中，根据效果反馈持续调整。这样的策略对关键词较少的广告计划是适用的，但如果广告计划关键词较大，试错成本就比较高，典型的情况就是无效词过多，造成账号质量降低，广告平台对账号降级，后续投放展示量大幅缩水。

因此，大型的广告计划，一般都需要对关键词的效果进行估计，其核心就是关键词的 CTR 预估。本系统对关键词较多的广告计划，会启动 CTR 预估流程，在新增关键词的时候，预估关键词的 CTR，择优选择关键词。

本系统的 CTR 预估，主要采用了 LR 和一些深度学习算法，使用数据为关键词的热度、App 的排名等信息。

1. 用户画像

搜索广告的效果，主要依赖于关键词的选择和竞价策略。但用户地域、使用时间等用户画像设置，可以在一定程度上提高关键词的 CTR，可以间接地降低广告出价，本系统将用户画像信息，融入到 CTR 预估模块中，配合关键词的选择。

2. 全局优化

上述优化策略，主要为关键词的级别，暂未考虑全局的广告计划优化，主要是因为一个 App 可投放的关键词很少能超过上万的，故局部的关键词优化与全局优化效果差别不大。如果出现单个 App 可投关键词大幅度增加的情况，本系统会引入基于 Efficient frontier 等投资组合方法的全局优化模块。

3. ASO+ASM

根据 ASM 基本策略，其相关性和 ASO 的要求基本一致，包括选词相关性、评论数等多个要素，因此，App 自然排名越好，其相关性就越高，考虑到广告得分的公式，可以得到两个结论。

① 同一个关键词下，相同的竞价，自然排名较好的 App 能获得更多的流量。

② 同一个关键词下，自然排名较好的 App，能以较低的价格获得较多的流量。

针对这两个结论，也可进行一些验证，具体如表 6.3 所示。

表 6.3 ASO 对 ASM 的影响

产品	搜索排名	竞价	展示量
A	11	0.8	3 421
B	4	0.8	6 123
C	4	0.4	1 230
D	100+	0.4	233

表 6.3 的数据基本证明了我们的推测。ASO 和 ASM 的配合问题，一直是大家关注的问题，基础 ASO 优化，也会对 ASM 产生正面影响。至于干预型 ASO 刷排名，理论上对 ASM 也是有益的，但考虑到刷排名和 ASM 的竞争关系，实际大规模操作就会有很大的不确定性。

> 6.1.4 ASM 投放实例

一、预算分配（广告计划设置）

用户总预算 5 000 元人民币。

用户主要目的是测试 App 投放基本数据，因此分两个阶段投放，第一是探索阶段，一共 7 天时间，每天设置投放预算为 290 元人民币（大约为当时 42.58 美元），共计 2030 元人民币。第二是放量阶段，一共 7 天时间，每天设置投放预算为 424.28 元人民币（大约为当时 62.29 美元 ），共计 2969.96 元人民币。

二、出价上限 （广告组设置）

大盘参考数据 CPA：2.5 美元

电商类 CPA 大致分布：3 ~ 5 美元

CPT 最高定价：根据大盘数据，电商类平均 CPA 约为 3 美元，转化率按照 50% 计算，则平均 CPT 为 1.5 美元，第一阶段暂定 CPT 最高价格为 1.95 美元，（平均 CPT 乘以 1.3 为 CPT 最高价格）。

CPA 最高定价：根据大盘数据，平均 CPA 为 3 美元，最高定价为 3.9 美元，（平均 CPA 乘以 1.3 为 CPA 最高价格）。

三、选词

初始化关键词： 点卡充值，爱淘卡，老友卡充值，海外点卡商城，点卡，ka 商城，充值卡，友点卡，kacn 海外点卡商城，老友卡，卡 cn，kacn，Selfridges，Yamibuy，Gift Card Granny，Newegg Mobile，Amazon App，Wish。

关键词默认都打开“广泛匹配”。CPT 初始出价设置为 CPT 最高出价。后续调价按照首次投放的反馈效果进行调整。

注意：美国中文关键词的广告效果相对较差。

> 6.1.5 总结

以上是一个比较有典型意义的投放案例，也能清晰地看出苹果目前 ASM 的一些策略和“玩法”，以后还会有怎样的“玩法”呢？让我们拭目以待。

6.2 构建免费流量池做实体增长裂变拉新 10 万粉丝——萌新运营苑（大头）

无论针对哪个裂变，都需要明确最优路径，如能够将此四者形成闭环那最好不过了，以下裂变增长复盘案例就围绕“公众号→社群→个人→小程序”闭环路径进行设计。本案例是萌新运营苑（简称“萌新”）帮客户“中国黑科技智能酒店——英卓未来公寓”做增长裂变。为公众号沉淀用户拿到项目的第一件事就是做用户需求确认，根据项目需求标准作业程序（Standard Operating Procedare，SOP）表来完善内容。

> 6.2.1 裂变路径沉淀用户分类

一次完整裂变，需要多次多处优化调整，不仅仅是海报、文案话术、流程设计等，更需专业人员配置、技术支持、渠道调整、防封措施、社群维护、QA 准备、用户沉淀、留存策略、转化服务等整体体系化准备。

① 公众号——产品依托服务号来进行完成闭环，英卓未来公寓就是此种需求，所有用户住店全部通过服务号在线实现。

② 社群——沉淀种子用户、目标用户，和用户能够实时沟通，从而提升转化率，此种路径适用高频词消费产品。

③ 个人号——公众号取关、社群退群都有较高可能造成用户流失，但是个人号添加为好友，一般没有过多骚扰，不发负能量朋友圈内容，被删除概率较低，所以当下最能够触达用户的其实是个人号。

④ 小程序——不能够主动触达用户，它更适用高频大众的群体，显然对于酒店这种非高频大众的产品来说，通过小程序难以多次触达用户，所以只能当作最佳路径的服务者。

针对以上 4 种用户沉淀分析，结合本次产品，把每一次裂变进行“产品品牌 + 用户双重认知”结合，这才是最好的裂变效果！

> 6.2.2 开始准备

裂变路径沉淀用户的分类如图 6.5 所示。

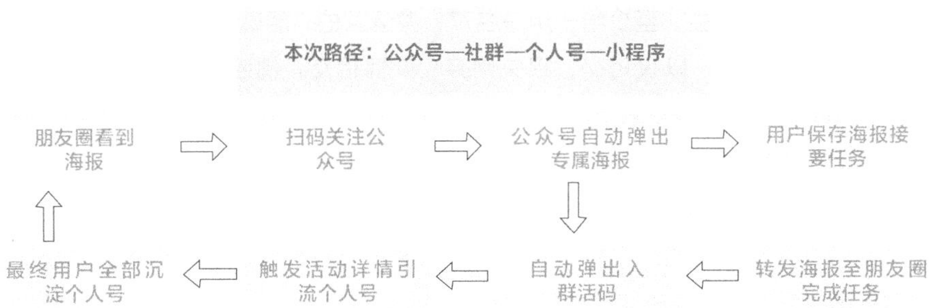

图 6.5　裂变路径沉淀用户分类

以下是萌新设计的“有形资产 + 品牌 + 裂变”增长模型：如何先通过构建“免费流量池 + 付费渠道”在短时间内“刷屏”朋友圈，公众号粉丝数量增加 10 万以上。

一、种子用户招募

2018 年 8 月 18 日，萌新发起了一个《5 星级全智能黑科技酒店——英卓未来公寓“金牌试睡师”招募，全城新店开业免费住》的招募报名表，截至 2018 年 8 月 24 日，已有近 500 人申请（见图 6.6）。

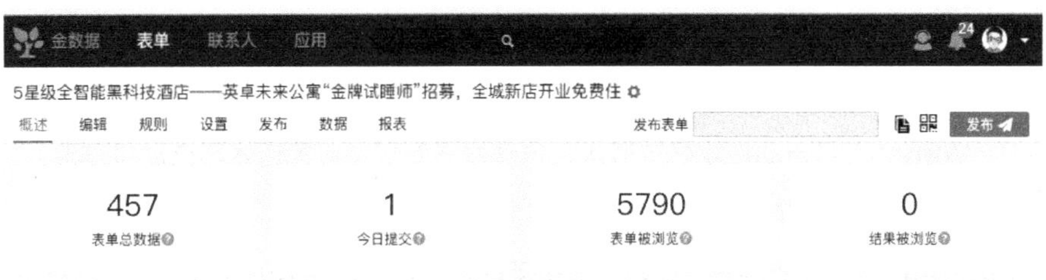

图 6.6　申请人数

二、用户埋点

① 金牌试睡师称号。

② 专属邀请函。

③ 符合拥有微信好友 1000 以上。

正是因为这 3 个筛选条件，为萌新构建了第一波核心种子用户或流量池。如果没有好友限制，是个好友申请都可以，这个 KOL 的筛选就很难实现；赋予荣誉称号和专属邀请函，这样即使发到朋友圈，好友也会觉得是赋能内容。

三、构建流量池

如何构建可持续发展的种子用户流量池？抓住两点：人性和人心。

① 给不了用户利益，至少给予用户名声。做运营的，明确“以利相交，利尽则散；以势相交，势败则倾；以权相交，权失则弃；以情相交，情断则伤；唯以心相交，淡泊明志，友不失矣”，做运营是和用户打交道，如果本次只以利相交，相信活动结束，这些人也很快会散掉。

② 通过产品资源置换是远远不够的，更多是以心相交，给予用户利益之外的名声。金牌试睡师不是每次都招，只招一次，这意味着审核符合通过者，将永久享受新店开业免费试睡权限，这批用户将成为英卓始终的核心用户。

③ 种子用户构建启示：不管任何企业，都可以通过“免费 + 权益 + 荣誉”进行构建适合自己企业产品的核心用户流量池，抓住人性和人心，以心交之。

> 6.2.3 具体执行

一、建立社群

时间：2018 年 8 月 20 日 ~ 2018 年 8 月 27 日。

填完申请表后，先添加工作人员微信，截图审核，审核通过后加入大群，大群公告活动详情。

这个步骤可复用的两个公式如下。

① Wetool 工具自动接收好友请求，自动发送新好友应答话术和自动拉群。

② 建群要比解散群快。

• 这是用户申请过来的第一个群，很多用户认为进入群后就万事大吉了，消息不看，公告不会，到最后坐享其成。对于负责人来说，一定要明确一个概念：覆盖用户和可调用用户，这两个有天壤之别，很多时候，“坑”就在这里。

• 为了避免这个“坑”，可以在人数快到 400 的时候，群内发公告，要求所有人退出当下这个群，重新进入另外一个大群和准备预约入住日期的小群。结果表明这个“坑”已完美避过。

• 解散群的目的。很多人进群其实是盲目的，并未用心去关注，所以这部分用户一定不是目标用户，失去了也不可惜。

• 建立新群的目的。能够关注群消息，并且跟着节奏走的，经过二次筛选的用户，至少在参与关注度上始终是一致的，这种用户可称为核心用户。

关于回复关键词用的就是 Wetool 工具的关键词拉群功能，可省去很多人力成本（见图 6.7）。

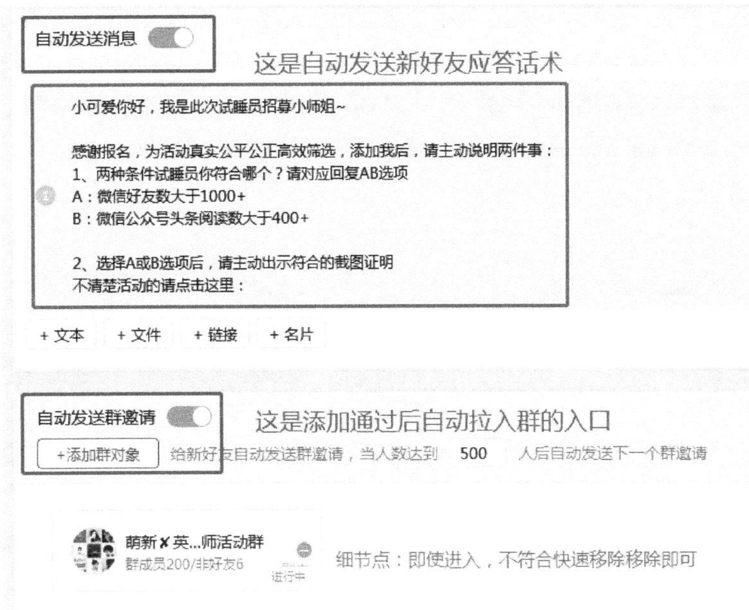

图 6.7 自动发送

二、AB 测试

首先建群，如图 6.8 所示。

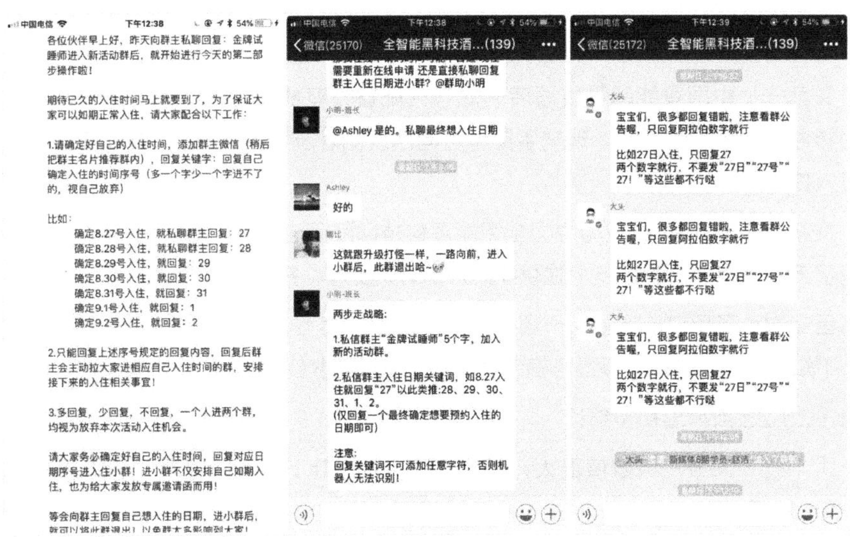

图 6.8 建群

时间：2018 年 8 月 26 日 ~ 2018 年 8 月 27 日。

到了 AB 测试阶段，裂变核心的 3 个点为：诱饵 / 产品、渠道、运营。

1. 诱饵 / 产品：全城 4 家店，其中 2 家店免费入住——五星级黑科技配置

毕竟本次诱饵价值较高，裂变数量到底设置多少合适，需要测试后方可知道。根据以往运营类群体裂变活动，数值为“1 裂 3”效果比较好，但本次诱饵成本非其他虚拟产品可比，所以采用了 ABC 测试，分别设置了 1 裂 5、1 裂 8、1 裂 10，如图 6.9 所示。

图 6.9 活动管理

2. 渠道：3 个渠道分别启用了转发 20 个试睡师邀请函和在一个有 150 人左右的群内发布群公告模式

（1）8 月 27 日 19 点 ~ 20 点分发

① 1 裂 5 海报：发布在运营群体。

② 1 裂 8 海报：发布在大学生 KOL 群体。

③ 1 裂 10 海报：发布在西安本地 KOL 群体。

文案一：中国智能黑科技酒店到底什么配置？竟成西安“C 位”网红酒店，有幸成为特邀“金牌试睡师”，现携手英卓特向朋友圈好友们提供 10 000 间免费房，扫码即可入住。

文案二：感谢邀请，成为中国全智能黑科技网红酒店——英卓未来公寓金牌试睡师。现携手英卓特向朋友圈好友们提供 10 000 间免费房，扫码即可入住。

因本次种子用户非运营人员居多，在朋友圈文案上，故意设置成选择不多，避免很多人不知道如何操作，所以最终确定了两条如上适合 KOL 自己身份和荣誉的文案。

（2）22 点得出初步结论

① 1 裂 5 海报一级数值最大，但二三级传播不足，此足以说明，运营圈群体做裂变效果的确会大打折扣（和以往经验一样，运营群体的类似这种“玩法”，人人得以熟悉，非运营群体外的人很多未曾见过，此时诱饵决定了裂变率）。

② 1 裂 10 海报一级次之，但二三级传播数远远高于 1 裂 5、1 裂 8，此足以说明诱饵可以，传播群体筛选至关重要。

③1 裂 8 目前效果最差，截至目前并不能判定最终应确定多少数值，待进一步测试，最终判定结果。

3. 运营：社群维护和路径调整

（1）开始路径

在关注公众号后，完成任务者添加的是个人号活码裂变，经过测试，用户会有很多共性的问题，比如不回复用户信息，导致用户体验差，回复的话又忙不过来（见图 6.10）。

图 6.10 初期路径

（2）优化路径

最后直接将路径改为，在关注公众号后，完成任务者直接扫码入群，进群后，第一时间触发群公告语（见图 6.11）。即使这样，用户依然有问题，所以最后把用户所有的问答通过石墨文档实时更新，每新进 20 人左右统一公告一次。

最后发现这样容易打扰用户，所以直接将问答植入到自动触发话术中，此步骤大大提高了工作人员效率。

在 8 月 30 日，正式大号发文后，也引入了“全能小宝宝”社群运营者，“小宝宝”在配合“大宝宝”的基础上，基本做到 1 分钟内回复用户问题，从而出现用户社群仪式感。

截至 2018 年 8 月 27 日 12 点，60 个 KOL 渠道和 3 个群（大概 450 人）裂变“增粉”1 500 名，裂变率为 49%。

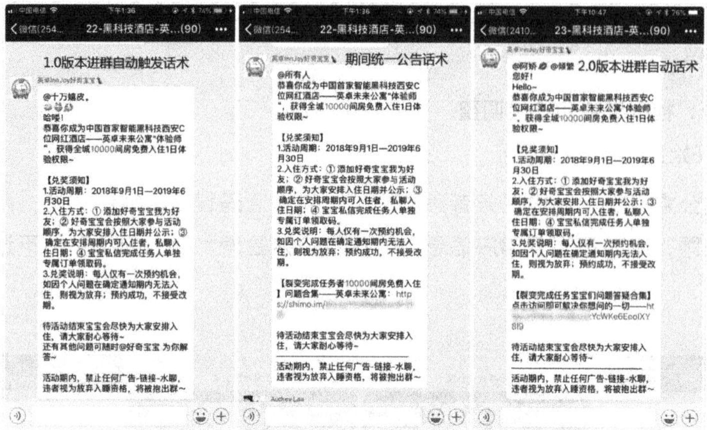

图 6.11 后期路径

4. 测试优化 A 阶段

（1）公众号后台文案及海报优化

2018 年 8 月 28 日开始文案及海报的优化工作。

① 老用户参与优化。老用户如果参与活动，不能够直接生成海报，单击出来只能是默认 AB 测试源头海报，若老用户参与，只能取关后重新关注；优化后，老用户扫码弹出文案由图 6.12（a）变为图 6.12（b）。

（a）　　　　（b）

图 6.12 老用户参与优化

② 新用户扫码弹出的文案优化。任务宝裂变除了海报重要外，文案推荐语也同重要，2018 年 8 月 27 日设置新用户扫码关注后，并未有文案弹出，只是有提示操作和海报；优化后，提示语、文案、海报均同步出现，此操作也极大提高了裂变率（见图 6.13）。

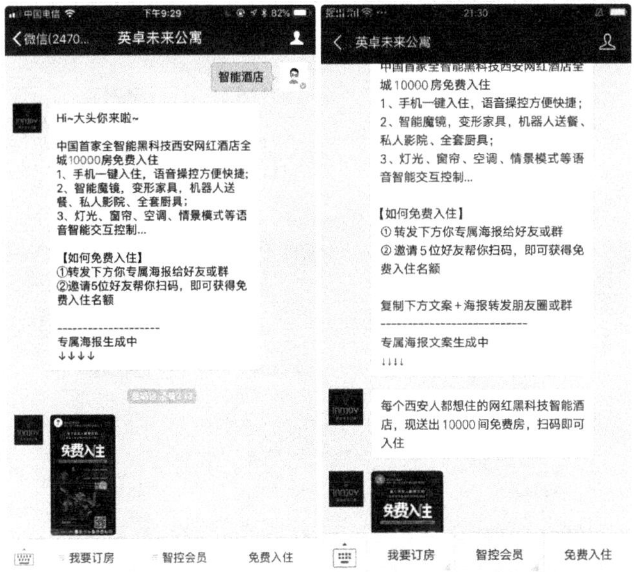

图 6.13 新用户扫码弹出的文案

（2）裂变数值提高

根据数据表明，裂变率 1 裂 10 虽低，但拉新人数最多，于是拟在 12 点将数据全部提高，分别设置为 1 裂 10、1 裂 15、1 裂 20 进行测试，静等数据结果。

裂变进群新用户维护优化：每个完成任务的新用户入群都想第一时间知道免费入住到底怎么入住，所以各种问题层出不穷。好在此阶段问题在优化前的用户路径处已考虑过，即将问答时时更新和直接放在入群触发文案话术中，新入群的用户都可看到。

因房间入住时间在 9 月 10 日后，担心兑奖周期较长，用户流失或者用户期间违规抑或用户会问很多此阶段不需要知道的问题，客服回复不及时，此时只做了一个简单的调整，即将由原来的名称“21- 黑科技酒店 - 英卓未来公寓”改为“21- 黑科技酒店英卓 - 入住禁言群”。

改完之后，将现在机器人群主号转给需要导流的个人号，这样需导流的个人即可在群发公告，所有入住者添加个人号，遵循“一群一号一入住原则”进行展开预约，从而顺利进行兑奖及用户安排。

此举目的，可将所有入住用户全部 100% 导流个人号，从而形成“公众号 - 社群 - 个人号闭环”，而小程序则在三者流量之间任意穿插，从而形成四者完美闭环！

截至 2018 年 8 月 28 日 12 点，60 个 KOL 渠道裂变“增粉”8 500 名，平均裂变率为 56.7%（见图 6.14）。

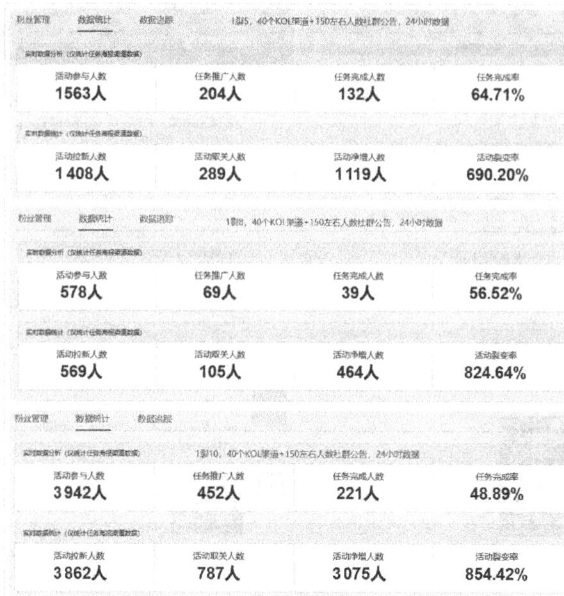

图 6.14 裂变数据

5. 测试优化 B 阶段

2018 年 8 月 29 日，开始测试优化 B 阶段。

（1）在原有自然裂变渠道上，将数值进行了修改

① 1 裂 10 海报：自然裂变流量。

② 1 裂 15 海报：自然裂变流量。

③ 1 裂 20 海报：自然裂变流量。

具体如图 6.15 ~ 图 6.17 所示。

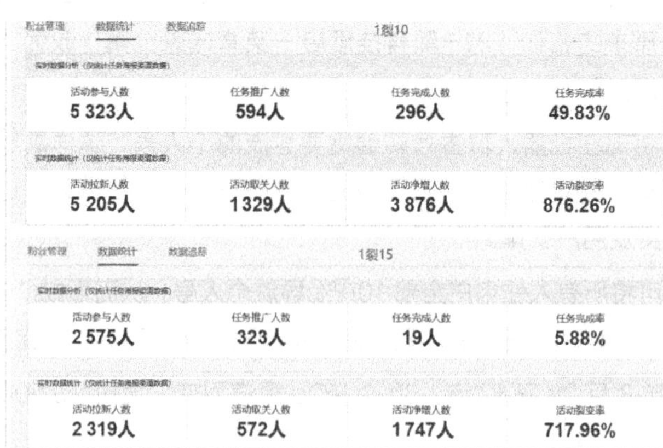

图 6.15 更改后，8 月 29 日 12：30 裂变数据结果

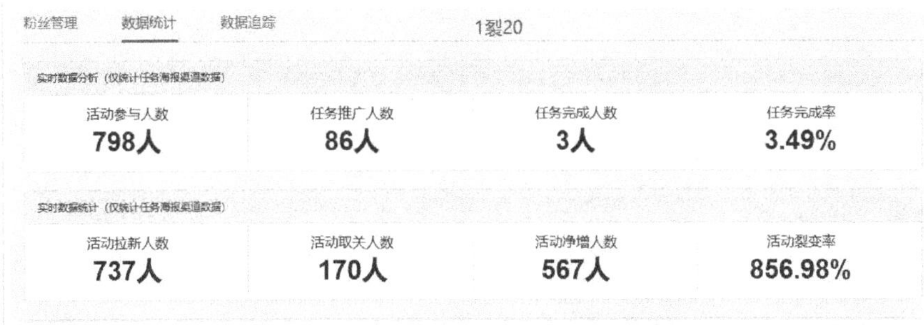

图 6.15 更改后，8 月 29 日 12：30 裂变数据结果（续）

图 6.16 截至 8 月 29 日 12：30 裂变人数调整前源头数据结果

图 6.17 8 月 29 日 19：00 调整裂变人数后，AB 测试自然增长数据

（2）得出结论

根据裂变测试结果可得出：1 裂 10 为目前最佳数值。无论在传播级数、活动参与人数、任务推广人数、任务完成人数、任务完成率等方面，均高于其他数值，属最佳裂变数值。

三、大号集中发声导流

1. 大号正式发文

大流量到来之前应做好防封措施，本次活动从前一天 24：00 暂停活动，到第二天 21：30 开启。虽测试最佳数值为 10，但为了防封，在一个平均阅读量为 2.5 万左右的本地号投放时选择了 1 裂 20 进行。

数据截图迟缓了大概 15 分钟，实际流量开始于 8 月 30 日 21：15，活动参与人数显示为1 100左右，截图时间为21: 30，由第一个中大号“西安出发”发文（见图6.18）。

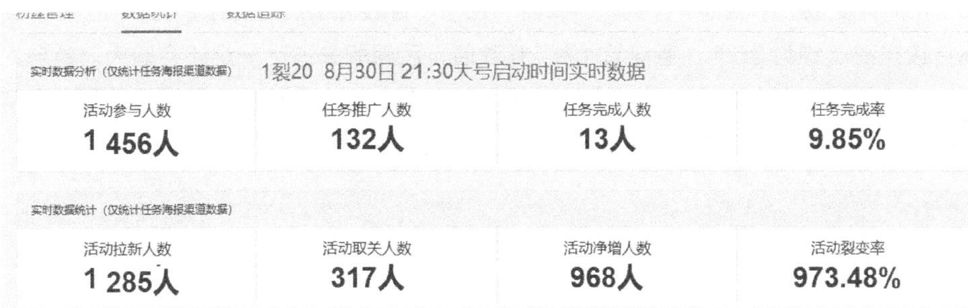

图 6.18 第一个中大号“西安出发”发文后数据

此后，第二个大号也开始发文（见图 6.19、图 6.20）。

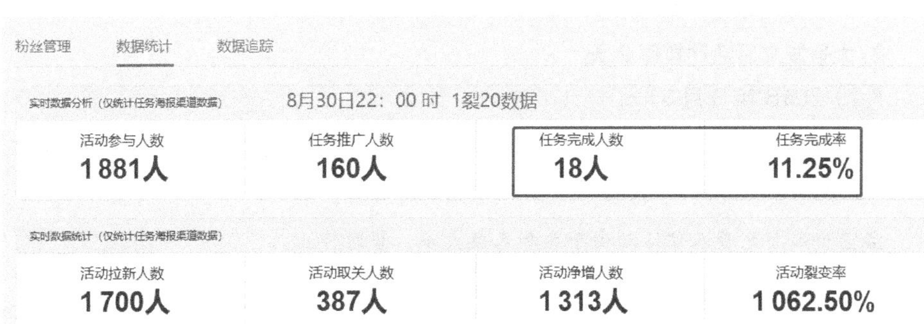

图 6.19 第二个发文号“西安全接触”22：00 发出后的数据

图 6.20 截至 8 月 30 日 24：00 的数据

4 天裂变取关率数据：出现这种情况，由于门槛较高，裂变完成率低于 8%，取关率持续走高，约为 26%，意味着 1 裂 20 数值，后期取关占比一定还会增大。参与人数非任务完成人数，参与了但未完成，此用户也很难转化和触达，此处也为裂变应避免的“大坑”，如果新用户未能获奖，流失一定很大（见图 6.21）。

统计日期	活动参与人数	任务推广人数	任务完成人数	活动拉新人数	活动取关人数	任务完成率	任务取关率	任务裂变率	数据更新时间
08月30日	2801	337	21	2535	681	6.23%	26.86%	752.23%	08-30 23:08:24
08月29日	2783	336	26	2520	638	7.74%	25.32%	750.00%	08-29 19:08:25
08月28日	1781	230	151	1599	327	65.65%	20.45%	695.22%	08-28 23:08:23
08月27日	352	51	29	348	62	56.86%	17.82%	682.35%	08-27 23:08:22

图 6.21 取关率数据

与其这样，不如将门槛降低，让更多用户真实获得，从而达到“有形资产 + 品牌 + 裂变”增长模型最大化效果。

2. 大号发文后活动暂停 2 天

（1）2018 年 8 月 31 日

因 8 月 30 日 22 点大号发推文，数据上升较快，8 月 31 日 12 点再一次停止活动，本次停止是将裂变源头关闭，新用户关注后看到的是如下话术。

宝宝，本次免费入住活动由于参加人数太多，暂时停止。

活动暂停期间，没有生成自己专属海报的用户，不要担心，活动 48h 后继续开启！48h 后，用户单击右下角“免费入住”菜单按钮即可弹出自己专属海报，继续参与活动就可获得入住机会啦。

已关注的用户，记得不要取关，只要参与活动，完成任务，每个用户都有机会免费入住，10 000 间黑科技智能网红酒店等着你。

通过这个话术，可将活动暂停原因和再次启动时间告知，便于用户及时了解，避免被用户投诉为虚假活动。

这部分用户进入，虽短期内未获得参与获奖机会，但后期重新启动时，再次触达他们，即可重新作为裂变源头持续进行。

截至 8 月 31 日 23 点，23 小时新增用户过 1 万，如果未关闭，想必活动已然爆满（见图 6.22）。

图 6.22 截至 8 月 31 日 23 点的数据

重要提示：裂变期间，流量不缺的时候，最重要的是做好防封，此举可保证裂变结果。

（2）2018 年 9 月 2 日

活动暂停两天，日平均依然有 500 人的有效“增粉”（见图 6.23）。

图 6.23 9 月 2 日 18：00 的数据

第三次启动的时候，伴随“西安吃货团”发文，有效增长数据 1 万（见图 6.24）。

图 6.24 “西安吃货团”发文后的数据

这里有一个规律，除了一个大号在推文中直接放裂变海报二维码外，其他大号发文，均放 H5 二维码，由 H5 进行传播。

这样有个过渡，即使封，也是先封 H5 链接，公众号不至于有风险。

3. 重大调整，两号联合“涨粉”再迁移粉丝

在经过连续 2 天“涨粉”的冲击下，9 月 3 日一天“涨粉”近 2 万，按照活动的正常防封机制，9 月 3 日晚不得不再次停止。如果再次停止，这样对于活动的裂变绝对是一种资源浪费、消耗，甚至会被用户“吐槽”，所以启动了新的做法“两号联合裂变”，新的推广用 B 服务号——InnJoySmart 英卓智能。

这样活动开启后，新的用户直接关注 B 号，待活动结束后，粉丝迁移至主号即可。这样既能够防封，又可以持续裂变，不至于将活动停止造成用户的流失。

截至 2018 年 9 月 3 日 23：50，英卓未来公寓“涨粉”数据如图 6.25 所示。

图 6.25 裂变数据

接下来几天都是一个缓冲期，没有进行渠道投放，也没有刻意让 KOL 宣发，全部自然流量增长，当然这个期间发了一篇比“较硬”的英卓内部招聘广告，致使活动以来第一次呈负增长。

4. 思考

① 如果将公众号作为第一沉淀用户平台，那在这个基础上，运营人员更应该考虑的是留存，即如何有高质量的文章内容呈现，而不能将公众号作为公司的媒介渠道。如果重心在第二点上，即使拉新 100 万粉丝，也会很快被取关。

② 如果将社群作为第一沉淀用户平台，那在这个基础上，运营人员更应该考虑的是拉新，毕竟取关的概率很高，退群的成本会略低，那此时要做的就是降低任务门槛，比如本次活动：最佳裂变数值为 10，但是考虑到成本以及大流量，从正式开始后，始终用的是 1 裂 20，所以任务完成率在 25% 左右。如果是拉新，活动任务门槛适当降低，可增加活动裂变率及完成人数。

但因本次活动在成本较高、流量不缺的情况下，选择裂变数值 20 目前依然是最佳攻略。所以运营人员在这两种策略上，一定要权衡利弊，自己企业到底适合哪种，应该如何选择。

6.3 衣二三如何巧用 A/B 测试实现高效增长

> 6.3.1 背景

衣二三是一款针对都市女性用户的服饰类分时租赁产品。与大多数共享经济难以描述的实际需求相比，这款产品切入点非常明确——女人的衣柜里总是少一件衣服。每月以几百元的成本就可以定期享受到精心遴选和经过穿搭推荐的优势服饰，这对于生活质量、穿衣品味或社交场合有较高需求的都市女性来说，具有较大的吸引力。

与大多数共享类服务类似，衣二三的线上流量也主要来自微信公众号和支付宝。支付宝上线小程序功能，衣二三也是第一批支持并上线的产品之一。但是，一个非常严肃的问题摆在了产品运营人员面前：入口隐藏较深，流量转化低。用户首先需要打开支付宝，找到芝麻信用，在首页找到衣二三点开才能真正来到落地页。首次进入的用户还需要在推送“玩法”介绍中，进行体验或注册才能最终转化成付费客户——转化路径太长了！

因此，提升落地页付费转化率对于产品运营来说变得至关重要。传统的分析实际上是一种后验的数据驱动方式，当某个落地页方案被发现转化率较低时，实际上已经流失了大量的客户。对于一个尚在起步阶段的创业公司而言，这是不能够接受的。

此时，产品运营团队认识到 A/B 测试能够帮助快速确定更优解，但是内部自行搭建一个可用的测试平台对于创业公司来说性价比太低了，并且时间方面也不允许。吆喝科技 Appadhoc A/B Testing 第三方云服务平台能够满足他们的需求：该平台是国内领先的较为全面的，也是覆盖试验场景最多的第三方 A/B 测试平台，支持同时运行两组或多组对照试验，而且经过科学的统计分析后，试验数据结论具有普遍适用性，科学流量调节能够帮助初创团队快速试验验证假设并依此迭代运营方案。依靠吆喝科技强大的试验平台，衣二三针对落地页的付费转化率优化上线了多组 A/B 测试。

> 6.3.2 第一组 A/B 测试

第一组 A/B 测试主要是为了优化支付宝推送落地页面的不同素材，对该渠道新用户付费转化的影响，从而找到有助于核心业务指标增长的优化方案。将首页“立即体验”按钮的单击情况作为本次试验的核心优化指标设计了以下试验（见图 6.26）。

最试验结果显示，试验版本胜出，相比原始版本“立即体验”单击率提升 34%；根据试验数据，产品运营部门决定将优化后的落地页全量发布给所有用户，并在此基础上进一步考虑后续的优化方向。

图 6.26 A/B 测试

> 6.3.3 第二组 A/B 测试

尝到了 A/B 测试优点的衣二三，紧接着开始了第二组 A/B 测试，这一次是为了找到能够进一步提升邀请传播的产品设计方案。试验目标比第一次更加明确：比较不同风格的两套好友邀请页面，找到能够最大限度地促进分享转化率的设计方案，进行下一步优化迭代。

试验结果显示：试验版本获胜，核心指标方案下的页面分享转化率相比原始版本提升了 32%。

考虑到优化后的版本可以带来更多的口碑传播，产品运营部门决定将试验版方案全量推广至所有客户（见图 6.27）。

图 6.27　A/B 测试

6.4 墨迹天气电商转型时期的入口选择试验

> 6.4.1 背景

墨迹天气是一款免费天气工具产品，其界面美观、功能强大，早期通过支持自定义美化的 Widget 插件收获了一批忠实用户。随着移动互联网行业的爆发，在同类产品拼命追赶的过程中，墨迹天气始终保持着推陈出新——加入了社交属性的用户分享天气的功能和实景天气的功能。

目前，墨迹天气处于流量变现阶段。众所周知，工具类产品变现是一个非常棘手的问题，有多少口碑较好的工具就是在商业化的过程中要么操之过急，要么谨小慎微错失良机。墨迹天气同样也面临着如何在免费的基础上扩大付费转化率同时又不过度影响用户体验。

墨迹天气产品运营团队思考的结果：在主页 Tab 中接入电商入口，通过“精选”按钮引导用户进入在线商城。但是问题来了：稳定性对于墨迹天气的这次转型异常关键，体验是工具类产品的生命。考虑到该功能的稳定性、对现有功能的使用影响，贸然上线实属下下策。有没有一种方法可以既检验商城上线后的实际效果，又能有效规避可能存在的稳定性问题呢？

此时，咍喝科技的 Appadhoc A/B Testing 云服务平台帮助墨迹天气迈出了关键的一步：该平台支持科学的流量分割技术，墨迹天气只需拿出一部分流量就可以完成科学的线上对照试验，经过专业的统计分析，依据关键指标数据，就可以验证产品运营团队的假设。

> 6.4.2 将 Tab 按钮的单击情况设置为本次试验的核心关注指标

将 Tab 按钮的单击情况设置为本次试验的核心关注指标，验证“商城”功能的稳定性，以及该功能上线后用户的使用情况及留存，并且观察是否会对原有功能的使用热度造成影响。如图 6.28 所示，可以在原始版本的基础上，再设计两个对照版本 A 和 B。

图 6.28 A/B 测试

原始版本：主页 Tab 共有 3 个功能入口，分别为天气、时景、我。

试验版本 A：将主页 Tab 增加一个“商城”入口，用户单击进入功能页后，访问有 banner 位的商城页面。

试验版本 B：将主页 Tab 增加一个“商城”入口，用户单击进入功能页后，访问有 8 个主题版块的商城页面。

本次试验在 Appadhoc A/B Testing 云服务平台上运行一段时间后，试验数据特征开始收敛，在达到置信区间后，得到了如下的 A/B 测试结果。

相对原始版本，两个试验版本在现有功能 Tab 的单击上，都出现了不同程度的下降，其中对“时景”功能的影响最为明显，降幅在 20% 以上。

> 6.4.3 总结

据此，墨迹天气的产品运营团队判定新功能的上线必然会更多地吸引用户的注意和精力，虽然能够带来一定的电商转化，但是也给原有的产品和体验带来较大的冲击，这种冲击是否会对公司长久发展带来积极影响，还有待持续观察。

上线之初，团队内部仅仅担心稳定性问题，但是在运行 A/B 测试后，对这次商业化探索有了更加深刻的认知，表示将基于公司发展方向、电商业务实际转化以及对用户使用影响的几个方向去综合考量，从而决定是否会正式上线“商城”模块。

6.5 华住集团自主流量主战场官网首页优化试验

> 6.5.1 背景

华住集团是国内的酒店连锁品牌。经过前几年在线旅行社平台大力度、大范围跑马圈地，一批国内的品牌商从中获得大量的流量，同时也受到了许多启发，其中之一便是要拥有自主可控流量入口。作为品牌门面的重要展现平台，华住集团的产品运营部门希望能够改版现有的官网样式，但是如何更改才能达到体验和转化平衡，却让华住集团犯难。对于传统行业而言，互联网运营推广是一道阻碍它们拥抱更多用户的大门。选用合适的工具开启这扇大门，成为问题的关键。A/B 测试，尤其是集成度较高的第三方平台，是华住集团能够使用的最简便的工具（见图 6.29）。

因此，华住集团最终决定采用吆喝科技提供的 Appadhoc A/B Testing 云服务平台，来观察对比两个不同页面样式的官网首屏，对用户搜索酒店、加入会员和注册账号这些关键指标数据的影响情况，从中找到用户体验最佳的设计方案。

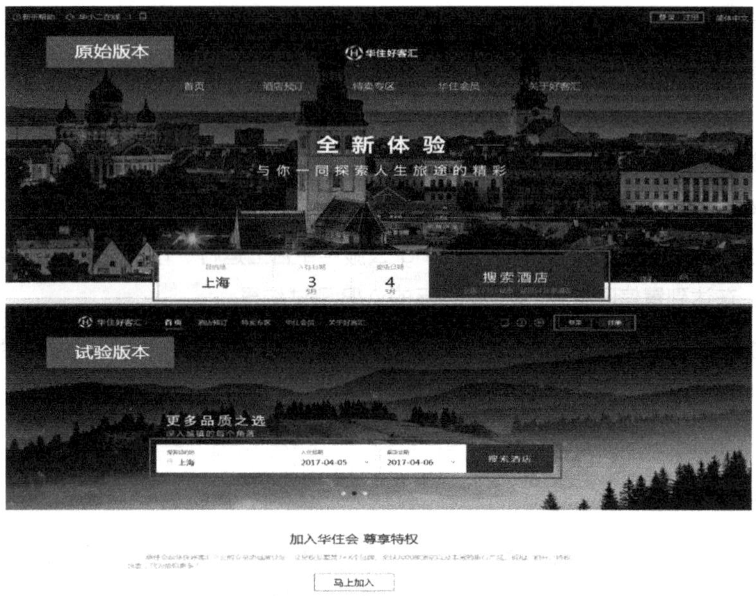

图 6.29 A/B 测试

> 6.5.2 用户体验设计方案

在吆喝科技客户成功和技术人员的帮助下，华住集团的产品运营团队设计了科学的 A/B 测试方案，原始版本和试验版本差异如下。

① 将“立即加入”华住会放到滚到条的第一屏。

② 强化右上角“注册”按钮颜色，从透明调至紫红色。

③ 将搜索条移动至更加显著的页面中下方，同时对品牌描述位置做出相应改变。

经过一段时间的在线试验后，华住集团发现虽然只有用户 20% 参与试验，但是已经有 2 个指标达到了非常显著的效果，证明试验版本的优化对用户影响还是非常可观的，其中“立即加入”华住会的按钮指标提升幅度达到 81.44%；“搜索酒店”的提升效果也达到了 13.51%。“马上加入”和“搜索”的转化也有所提升，证明首屏位置的重要性以及对用户行为的影响。

> 6.5.3 总结

这次华住集团官网页面优化的 A/B 测试，不仅是华住集团一次非常规互联网产品优化迭代尝试，也为后续持续提升官网流量转化以及加速真正的互联网转型提供了方法和思路。

6.6 追书神器用试验实现体验与付费转化的双赢

> 6.6.1 背景

随着国民阅读习惯从 PC 端和纸质书大量迁移到移动端，不断有新老成员钟爱移动阅读。腾讯、阅文、掌阅、多看等平台实现阅读、网文、漫画多管齐下，更多的则是在细分领域持续深耕的创业团队，追书神器就是其中之一。追书神器聚合了丰富的网文资源，为用户提供了优质、清新的阅读体验，一直以来口碑较好。

但是，越来越庞大的用户基数也让追书神器面临着较大的变现压力，该如何通过阅读进行收费呢？这或许是该领域一个非常正常但又非常敏感的话题——主推包月为主的订阅制，还是主推章节购买的买断制，两种方法各有利弊，追书神器进入了创新和风险的两难境地。

正在犹豫之际，追书神器的产品运营团队接触到吆喝科技的解决方案，了解到 Appadhoc A/B Testing 云服务平台支持在线 A/B 测试，能够通过试验的方式解决现在最头疼的迭代试错及产品决策问题。

> 6.6.2 布局修改

在开始 A/B 测试之前，追书神器 App 在章节解锁页面，“开通包月”和“购买章节”的按钮权重不一，产品运营部门提出假设：如果改变两个按钮的顺序和权重，应该可以有效提升用户开通包月的转化率。因此，在吆喝科技客户成功和技术团队的帮助下，根据这两个按钮的权重设计了不同的版本，如图 6.30 所示。

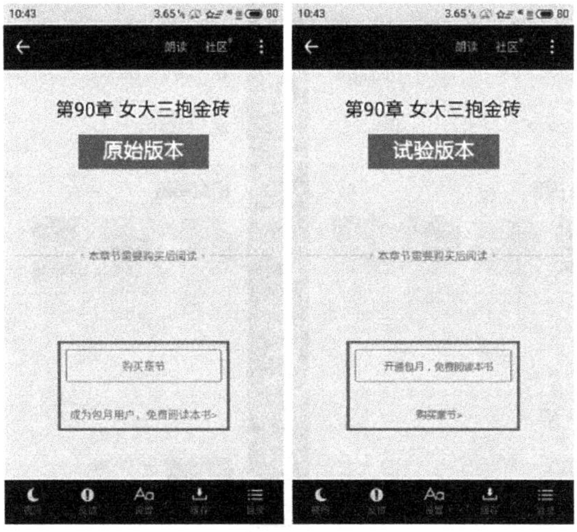

图 6.30　A/B 测试

原始版本：在引导用户购买行为时，“购买章节”的引导权重大于“开通包月”。

试验版本：与原始版本相反，提高“开通包月”的引导权重，将“开通包月”的按钮置于“购买章节”按钮上方。

这样设计的目的就是为了对比两种权重下“开通包月”按钮的转化率，以及对后续付费流程的影响情况，从而验证该方案是否有助于促进用户成功购买包月产品。而如何量化考查这一目标呢？这时就需要确立一个合适的指标——“开通包月”按钮的单击情况，同时设置包月支付页面展示次数、支付页面按钮单击、包月开通成功情况为次要优化指标。

经过试验运行、数据收集与科学统计分析后，我们发现：试验版本以绝对优势胜出，本次试验核心关注指标是“包月付费按钮单击数”和“包月开通成功次数”，试验数据很明显地反映出试验版本对关键指标的影响是远远大于原始版本的，且提升的幅度均在 1.5 倍以上。

追书神器在验证假设后上线了这次布局修改，但是并没有停止在付费转化方面的探索。追书神器 App 中另一处能够产生付费转化的入口“书籍推荐栏目”，当时有“精品书籍”和“相似书籍”两个思路，两者同样各有利弊，很难确定哪种一定能够带来更高的付费转化，于是其产品运营团队决定再次使用 A/B 测试来找到更好的书籍推荐方案（见图 6.31）。这一次的试验以 “添加到书架单击量、展示书籍单击量、更多选

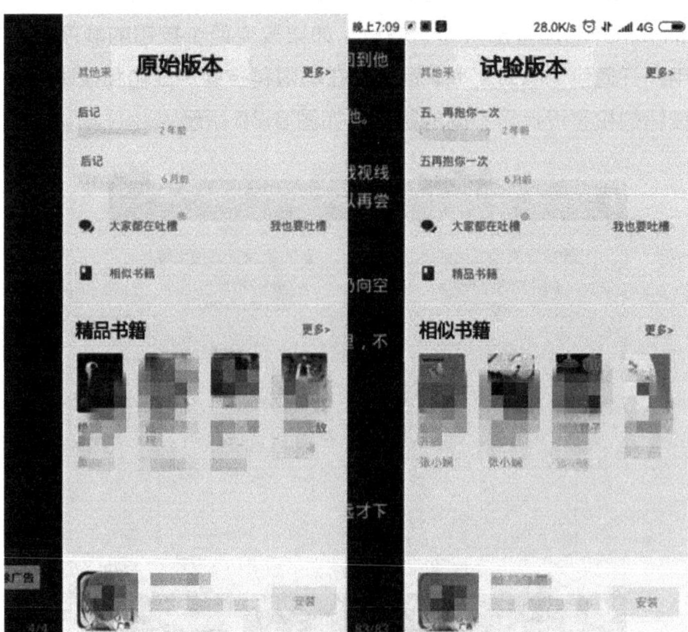

图 6.31 A/B 测试

项单击量、文字单击量、开始阅读单击量”作为本次试验的核心优化指标，同时设定“总消费金额”为辅助观察指标。

原始版本：主推“精品书籍”版块，即当下优质书目推荐，与用户阅读的书籍类型无关。

试验版本：主推“相似书籍”版块，即根据用户当前阅读的书籍类型，推荐与之相似的其他书目。

最终，试验版本胜出，主推“相似书籍”的方式对用户继续阅读并添加追新等指标有明显的提升效果，其中“添加到书架”的单击数据增加了 354% 以上；然而试验版本对“总消费”指标的影响不大，尽管样本数据显示有非常微小的降低，但置信区间未收敛说明没有确定的增减影响。

> 6.6.3 总结

虽然本次试验并没有给出直接的答案，却给产品运营团队开辟了新的优化思路：相似书籍添加到书架的转化提升，是一个可以后续持续优化的方向。通过追书神器的案例可以发现，A/B 测试在产品运营的过程中降低试错成本和迭代风险方面确实具有优势，但是这并不意味着决策者和运营人员可以一劳永逸，要想真正发挥出 A/B 测试的巨大威力，应该找准方向，不断通过试验发现问题和优化方向，用高频快节奏的 A/B 测试来促进用户和指标的不断增长[①]。

① 该内容由吆喝科技提供。

附录 购书福利

姑婆那些事儿人气运营课程包（线上）任性送：7 节微课 +1 节专栏。

领取方式：关注姑婆学习社公众号（gupoxxs），并回复关键词“姑婆”即可获取上述福利。

人气微课	精品专栏（任选其一）
三步打造公众号高颜值排版风格！	8 堂课让你熟练掌握 App 推广技巧
App 推广过程中的“坑坑坑”和解决方法！	运营的逻辑
如何玩转 20 个平台的信息流投放	从 0 到 1，精通小程序
鉴锋大咖教你如何玩转社群、小程序裂变，变身增长黑客	4 节课让你学会裂变“涨粉”
获取百万流量的渠道思维	运营入门与进阶
短视频迎来风口，如何实现 0 到百万粉丝增长？	0 基础玩转校园新媒体运营
从初级运营到高级运营的进阶之路	企业公众号裂变“涨粉”实训营